城镇化与社会变革丛书

URBANIZATION AND SOCIAL TRANSFORMATION SERIES

丛书主编▶李 铁

会客厅里谈城市

DIALOGUE ON URBAN DEVELOPMENT

李 铁 冯 奎 郑明媚◎编著

中国发展出版社

CHINA DEVELOPMENT PRESS

图书在版编目（CIP）数据

会客厅里谈城市/李铁等编著．—北京：中国发展出版社，
2013.10
（城镇化与社会变革丛书/李铁主编）
ISBN 978-7-80234-907-0

I. ①会… Ⅱ. ①李… Ⅲ. ①城市—发展—研究—中国
Ⅳ. ①F299.21

中国版本图书馆 CIP 数据核字（2013）第 040035 号

书　　　名：会客厅里谈城市
著作责任者：李　铁　冯　奎　郑明媚
出 版 发 行：中国发展出版社
　　　　　　（北京市西城区百万庄大街 16 号 8 层　100037）
标 准 书 号：ISBN 978-7-80234-907-0
经 　销 　者：各地新华书店
印 　刷 　者：北京广益印刷有限公司
开 　　　本：700mm×1000mm　1/16
印 　　　张：19.5
字 　　　数：280 千字
版 　　　次：2013 年 10 月第 1 版
印 　　　次：2013 年 10 月第 1 次印刷
定 　　　价：50.00 元

联 系 电 话：(010) 68990630　68990692
购 书 热 线：(010) 68990682　68990686
网 络 订 购：http://zgfzcbs.tmall.com//
网 购 电 话：(010) 88333349　68990639
本 社 网 址：http://www.develpress.com.cn
电 子 邮 件：bianjibu16@ vip.sohu.com

总　序

　　中央政府又一次把城镇化作为拉动内需和带动经济增长的引擎，使得城镇化问题再次成为社会关注的热点。巧合的是，两次提出城镇化问题都和国际金融危机有关，上一次是亚洲金融危机，而这一次是全球金融危机。作为长期从事城镇化政策研究的团队，我们的研究积累对于中国的城镇化问题应该有着清醒的认识，但是对于社会，对于各级政府、企业家、学者和媒体人来说，如何去理解城镇化问题，就涉及将来可能出台什么样的政策，以及相关政策如何落实。因此，我们决定把多年的研究成果公诸于世，以"城镇化与社会变革"系列丛书的形式出版。丛书之所以以改革为主题，就是要清楚地表明，未来推进城镇化最大的难点在于制度障碍，只有通过改革，才能破除传统体制对城乡和城镇间要素流动的约束和限制，城镇化带动内需增长的潜力才能得到真正释放。

　　丛书出版之际，出版社邀请我作序，一方面希望从宏观的角度来评价十八大以来的城镇化政策要点，另一方面希望对国家发改委城市和小城镇改革发展中心（以下简称"中心"）从事城镇化政策研究的历程做一个简要的回顾。毕竟我全程参与了中心的组建和发展，也基本上经历了从城镇化政策研究到一系列政策文件出台的过程。其实，我内心的想法，无论目前把城镇化政策提到怎样的高度，毕竟与可操作的政策出台以及贯彻落实都还有很长的距离。我能更多地体会到，这项研究，凝聚着许多长期从事农村政策研究和城镇化研究的领导和专家的心血，也汇集了一些地方基层政府的长期实践。我们只是作为一个团队集中了所有的智慧，利用我们的平台优势把这些成果和资料积累下来。

　　1992年，我在国家体改委农村司工作，有一次参加国土经济学会在新华社举办的关于小城镇问题的研讨会，原中央农研室的老领导杜润生先生发言，提到小城镇对于农村乡镇企业发展和农村资源整合的重要意义，回来后感受颇深。在年底农村司提出1993年度研究课题重点时，把小城镇和城镇化问题作为六个重点研究课题的选题之一，报告给了时任国家体改委副主任马凯同志。我记得其他选题还有农村税费改革、城乡商品流通和土地问题等等。马凯副主任只是在小城镇这个课题上画了一个圈，要求我们重点进行研究。这一个圈就决定了我后半生的命运，至今已经20年了。当时马凯同志分管农村司工作，他之所以要求我们从事小城镇和城镇化问题的研究，他的基本论断是"减少农民，才能富裕农民"。

在后来的城镇化研究中，很多人不理解，为什么当时中央提出"小城镇，大战略"？特别是一些经济和规划工作者，他们认为城镇化政策重点不应该是积极发展小城镇，而应该是发展大城市，可是谁也不去追问。当时城镇化的提法还是禁忌，户籍问题更是没人敢提。几千年来确保农产品供给问题似乎成为一种现实的担忧；已经形成的城乡福利上的二元差距，更是各级城市政府不愿意推进户籍管理制度改革的借口。只有在小城镇，因为福利差距没有那么大，基础设施和公共服务条件没有那么好，与农村有着天然的接壤和联系，而且许多乡镇企业又直接办在小城镇，在这里实现有关城镇化的一系列体制上的突破，应该引起的社会波动比较小。1993～1995年，在马凯同志的直接领导下，我们开始了小城镇和城镇化的研究。马凯同志亲自带队到各部委征求意见，1995年4月，协调国务院十一个有关部、委、局制定并印发了《全国小城镇综合改革试点指导意见》，这是第一个从全方位改革政策入手，以小城镇作为突破口，全面实行综合改革试点的指导性意见。其中涉及的内容包括户籍管理制度、土地流转制度、小城镇的行政管理体制、地方财税管理体制、机构改革和乡镇行政区划调整、基础设施的投融资改革、统计制度等多方面。

1998年国务院机构改革，国家体改委和国务院特区办合并为国务院经济体制改革办公室，原来的16个司局缩编成6个司局，涉及大量的司局级干部重组和自寻出路。为了坚持小城镇和城镇化的政策研究，把试点工作持续下去，在各方面的支持下，我放弃了留在机关内工作的机会。1998年6月，经中编委批准，以原国家体改委农村司为主体成立了小城镇改革发展中心。从此我开始了漫长而又寂寞的城镇化政策研究之路。

1997年的亚洲金融危机，我国的外向型经济受挫，很多专家提出扩大内需的思路，城镇化和小城镇终于第一次走上了政府宏观政策的台面。

1998 年十五届三中全会开始提出"小城镇，大战略"。1999 年，时任国务院副秘书长的马凯同志和中农办主任段应碧同志，把起草向中央政治局常委汇报的"小城镇发展和城镇化问题"的任务交给了国务院体改办。之后，我们又在国务院体改办副主任邵秉仁同志的领导下，直接参与起草了 2000 年 6 月中共中央、国务院颁布的《关于促进小城镇健康发展的若干指导意见》。这个文件下达之后，户籍管理制度原则上在全国县级市以下的城镇基本放开，农村进城务工人员只要在城里有了住所和稳定的就业条件，就可以办理落户手续，而其在农村的承包地和宅基地仍可保留。根据中央有关文件精神，2000 年第五次全国人口普查后，我国把进城务工的农民第一次统计为城镇人口，我国的城镇化率一下子从原来的 29% 提高到 36%。

2002 年，党的十六大报告第一次写进了有关城镇化的内容，其中把"繁荣农村经济，加快城镇化进程"写到一起，这充分说明了城镇化对于"三农"问题的重要性。值得特别提出的是，我们的城镇化研究也从小城镇开始深入到进城的农民工，中心全体研究人员就农民工问题进行了大量的调查研究。2002 年，根据马凯副秘书长和段应碧主任的安排，由中心组织人员起草了 2003 年国务院办公厅 1 号文件《关于做好农民进城务工就业管理和服务工作的通知》。

2003 年，中心被并入了国家发改委，城镇化的研究工作转向了深入积累阶段。原来曾经全方位开展的改革试点工作虽然还在进行，但是实质性内容越来越少。在这一阶段反思城镇化，站在农村的角度去推进城市的各项相关改革，看来是越来越难了。中国的体制，城市实际上是行政管理等级的一个层面，而不是西方国家那种独立自治的城市。中国城市管理农村的体制，使得从农村的角度提出任何问题都是带有补贴和扶助的性质。而实际上，由于利益格局的确立，城市仍然没有摆脱依赖于从农村剥夺资源，来维持城市公共福利的积累和企业成本降低的局面。原来简单明了的城乡二元结构，已经被行政区的公共福利利益格局多元化了，因此要改革的内容已经远远超出了 20 世纪 90 年代凸显的城乡二元结构的范畴。原来长期研究农村改革、试图解决农村问题，现在成为城镇化出发点的思路，肯定也要相应地转型，使我们的研究团队站在城市的决策角度考虑问题。2009 年，我们开始把中心研究的重点彻底地转向城市，单位的名称也同时作出了调整，改为"城市和小城镇改革发展中心"。这种转型的最大效果就是可以更多地偏重于决策者的思维，了解决策阶层所更关注的城市角度，有利于提出更好的政策咨询建议。

中心成立15年来，我和同事们到20多个省（直辖市、自治区）的数千个不同类型、不同规模的城镇调研，积累了大量的材料，并为一批城镇特别制定了发展规划。

我们所理解的城镇化政策是改革，这也是我们长期和社会上的一些学者，甚至包括政府决策系统的部分研究人员在观点上的一些重要分歧。因为城镇化要解决的是几亿进城农民的公共服务均等化问题，关系到利益结构的调整，所以必须通过改革来解决有关制度层面的问题。仅靠投资是无法带动城镇化的，否则只会固化当地居民和外来人口的福利格局。只有在改革的基础上，打破户籍、土地和行政管理体制上的障碍，提高城镇化质量，改善外来人口的公共服务，提升投资效率才能变为可能。

幸运的是，从2012年起，中央领导同志对于城镇化的重视达到了前所未有的高度。在国家发改委副主任徐宪平同志的支持下，我们终于把多年的研究积累作为基础性咨询，提供给政策研究和制定的部门。虽然关于城镇化所涉及的改革政策的全面铺开还需要时日，还需要观点上进一步的统一，但无论怎样，问题提到了台面，总会有解决的办法，任何事情都不能一蹴而就，但毕竟有一个非常好的开始。

同事们提议，是不是可以把这些年我们团队有关城镇化的研究成果出版成书？我同意了。2013年是全国深入贯彻落实十八大精神的开局之年，是一个好时候，全社会都在关注城镇化进程。此举可以把我们的观点奉献给社会，以求有一个更充分的讨论环境，寻求共识，推进城镇化改革政策的持续出台。

国家发改委城市和小城镇改革发展中心主任

李铁

2013年3月

前　言

2011年，中国城镇化率达到51.27%，城镇人口首次超过农村人口，中国由农村占主导地位的国家转变成为城镇占主导地位的国家。以城镇化、城市发展为访谈主题的城市中国网"城市会客厅"也在这一年应运而生。

城市中国网城市会客厅是我们创作本书的重要载体。这个栏目自2011年开办以来，在一年多的时间内，共举办22期访谈活动，本书将前八期访谈作为编撰基础。编入本书的文稿分为四个部分，分别是城市会客厅访谈的录音整理稿；访谈嘉宾已发表的学术文章；媒体对访谈中涉及城市及事件的评论；会客厅外其他学者对访谈提到类似事件的观点。

《会客厅里谈城市》能够编辑出版，要感谢"城市会客厅"栏目所邀的各方面嘉宾。他们有的是城市领域著名的专家学者，有的是城市管理者，有的是参与国家城镇化政策制定的部委官员。他们不仅积极参与城市会客厅的访谈，还积极贡献完整的学术观点。此外，也要特别感谢相关媒体的大力支持，每期会客厅都引起媒体的广泛关注，他们编发的大量观点新闻成为本书的重要组成部分。

本书是第一辑出版物，我们会在此基础上，不断改进，不断推出更多的成果，希望对关注城市的研究者、决策者提供有价值的信息。

由于时间紧，本书的编撰还存在着这样那样的问题，希望读者提出宝贵意见，共建我们的交流平台。

"城市会客厅"是国家发改委城市和小城镇改革发展中心官方网站——城市中国网主办的对话栏目。本栏目通过构建有影响力的平台，传播有影响力的声音，评述有影响力的事件，向大众传播中国城镇发展的趋势和规律。

目录 >>> CONTENTS

第五章 如何对待城镇化过程中的土地整治

第六章　政务微博如何给力城市管理 ············· 177

第八章　现阶段如何看待生态城市 ····················· 241

第一章
城市与规划
病灶和病因

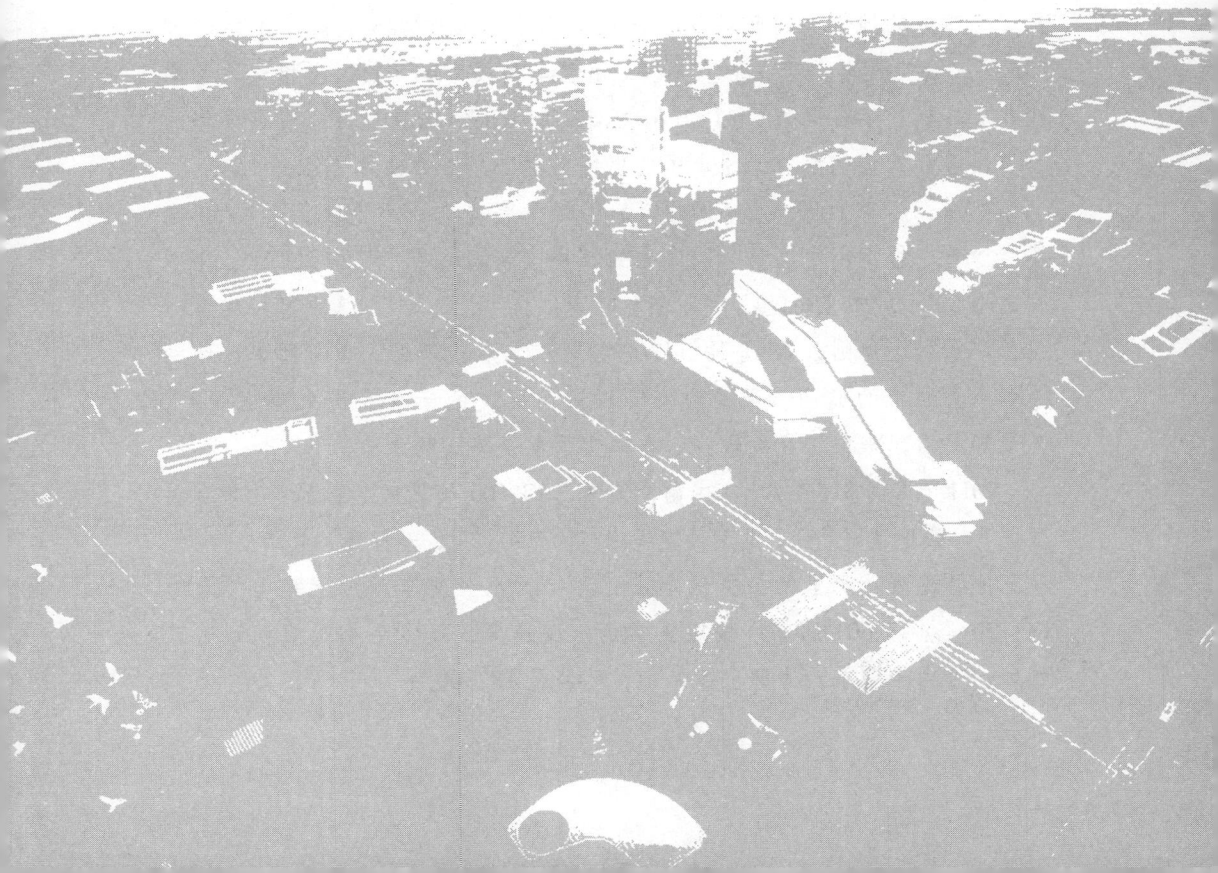

一、案例

案例① 北京：地上堵车，地下堵人，首都变"首堵"

北京是中国的首都，是全国的政治、文化中心和国际交往的枢纽。相较于其他城市，它有着较为完善的交通设施和丰富的公共交通资源。据官方统计，截至 2009 年，北京全市共有立交桥数 381 座，公路里程总数达 20670 公里，城市道路里程 6206 公里，公共交通运营里程 18498 公里。已建成的地铁和轻轨共 9 条，运营线路总长度 228 公里，车站总计 135 座；公交汽车运营线路 701 条，运营车辆共 2.4 万辆；出租车运营车辆 6.7 万辆，年客运量 6.41 亿人次。四通八达的轨道交通，遍布全市的公交线路和低廉的票价，为市民的出行提供了充裕的公共资源。

然而，尽管如此，北京的通勤时间还是高居内地百万以上人口 50 城排名榜首。根据由中国科学院发布的《中国新型城市化报告 2012》，在中国内地 50 个城市上班路上平均花费时间排名中，北京以 52 分钟排在第一位，广州、上海则以 48 分钟、47 分钟紧随其后。可见，交通拥堵已经成为各个大城市的通病。下面我们就以一位网友的亲身经历来验证一下，上述那些看起来很漂亮的数字，在事实面前是多么的无力。

2011 年 8 月 31 日，北京中雨，某网友 17：00 从北京工业大学出发，去国贸 1 号线地铁口赴约，这两处直线距离仅为 4 公里，却耗费了 1.25 个小时。

他首选直达那里的公交汽车出行。步行至公交车站加上等车，大约 17：20 坐上了 601 路车。按照正常的行驶速度，最多半小时便可到达目的地，可由于堵车，才开出 5 站地，已经是 18：00 了。

于是这位网友下车，转乘地铁 10 号线，很顺利，12 分钟抵达国贸站。但是，堵满人的换乘通道挡住了通往 1 号线出站口的去路。

这位网友挤回到 10 号线出站口，想从地面走到 1 号线出站口。那么，他不得不面对国贸的超长过街。短暂的绿灯时间，逼得行人要么一路小跑，要么被留在马路中间，享受繁华街道中的尴尬与风险。终于，18：45 左右，这位网友才抵达目的地。

安全、通畅、便捷、舒适，是所有出行者的需求。北京繁华的街道与大量的交通建设背后，隐藏着公交出行者的时间成本、私家车驾驶者的燃油消耗和慢行者的安全隐患。

案例② 广州：笼屋——文化蚁族收容站

广州是中国第三大城市，是国务院定位的国家三大综合性门户城市和国际大都市，有中国南大门之称。它还是中国最大、历史最悠久的对外通商口岸，社会经济文化辐射力直指东南亚。广州与北京、上海并称"北上广"。这三个国际化大都市的通病就是住房问题，特别是外来人口的住房严重紧缺，外地人的居住环境极其恶劣。外来人口无法很好地融入广州这样的大城市，这也是城市包容度较低的一个体现。

2010 年 6 月，广州的笼屋受到媒体广泛关注。这种热门地段的多人群租的房子，大多经由二房东改造后，再分租给有需求的人。笼屋内都配有宽带、床被、公用卫生间和公共洗衣机，不少去过笼屋的人都觉得那里的氛围更像个大学宿舍。目前最便宜的笼屋只要 10 元/晚，最贵也不过 30 元/晚。它的目标群体正是想要融入这个大城市的都市蚁族。他们负担不起整套房的租金，只求在广州有个安身立命之地。低廉的租金、优越的区位，笼屋对蚁族的吸引力不言而喻。

不少二房东也曾是都市蚁族的一分子，深知笼屋对蚁族的重要性，便想利用好这个商机。但是严格来说，笼屋属于"群租房"，是被政令严禁的，所以绝大多数笼屋都处于地下状态，生意不好开展。为了避免招来投诉，防范安全隐患，笼屋的管理十分严格，大多由二房东亲自把关。入住要查身份证、学生证或毕业证；大门钥匙只有二房东有，长租客也只给配防盗门钥匙；租客每人一个储物柜，自己财务自己管好。尽管管理严格，还是有笼屋被投诉的情况，一旦被投诉，二房东就麻烦了。因此，谨慎起见，笼屋的租户大都是熟客介绍的。二房东们也希望能够得见天日，好把生意做大。

都说"存在即是道理"，笼屋之所以会受到蚁族的青睐，归根结底还是市场需求驱使。保障性住房显然不及笼屋符合都市蚁族的胃口。到大城市来找工作的人、仍处于试用期的大学生、临时短期来备考或考试的外地学生，如何让这些外来人口更好地被城市所包容？如何做到让他们来得起也住得起？笼屋现象能否为解决大城市外来人口住房问题带来新的思路呢？我们的城市应该有选择性地吸纳外来人口，并保障他们的利益，让他们在大城市里找到家的感觉。

（来源：广州日报）

案例③ 南京：城市环境隐形杀手 PM2.5

南京位于长江下游，是华东第二大城市。它是国家重要的政治、军事、科教、文化、工业和金融商业中心、综合交通枢纽，有着长江航运物流中心和滨江生态宜居之城的美称。可是，这座历史悠久的宜居城市，也没能逃过 PM2.5 的侵害。

什么是 PM2.5？

PM2.5 是指大气中直径小于或等于 2.5 微米的颗粒物，也称为可入肺颗粒物。它粒径小，富含大量有毒、有害物质，且在大气中的停留时间长、输送距离远，因而对人体健康和大气环境质量的影响更大。国家新《环境空气质量标准》中规定，PM2.5 日平均浓度 75 微克/立方米为达标，这个值越高，空气污染越严重。

PM2.5 来自哪里？

PM2.5 产生的主要来源，是日常发电、工业生产、汽车尾气排放等过程中经过燃烧而排放的残留物，大多含有重金属等有毒物质。

PM2.5 对人体有哪些危害？

PM2.5 被吸入人体后会直接进入支气管，干扰肺部的气体交换，引发包括哮喘、支气管炎和心血管病等方面的疾病。人体的生理结构决定了对 PM2.5 没有任何过滤或阻拦能力。

（来源：新民网）

2012 年 6 月 10 日，以南京为首的江苏大部分地区出现了恶劣的雾霾天气，PM2.5 严重超标。据当地市民回忆：早上拉开窗帘，只见天色如黄土一般，浑浊不堪，空气异常沉闷；出来走在大街上，总觉得空气里有股焦味，引人咳嗽。

上午 8：55 分，南京气象台发布了霾黄色预警信号，提醒司机小心驾驶。路上的能见度较低，空气质量极差。包括昆山在内的不少地区能见度在 2 公里以下，属于重度霾。虽然是白天，可是过往车辆都打开大灯，紧闭车窗。行人更是纷纷蒙上围巾，戴上墨镜，尽可能地把自己与这糟糕的天气隔离开。

下午 2：00 左右，南京的 PM2.5 飙升至 380 微克/立方米多，大大超出了标准值。截至晚 6：30，PM2.5 仍处于严重超标的值域范围内。据南京多家医院的数据显示，小儿科、消化科、呼吸科、心血管科病人增多，想必与恶劣的城市环境脱不了干系。

多数市民认为南京 PM2.5 事件的"元凶"是焚烧秸秆。但江苏省政协委员、南京大学环境科学研究所所长朱晓东教授表示，除了秸秆焚烧，梅前期的极端气候条件不利于空气污染物扩散，也是导致多市空气质量大滑坡的原因。

（来源：和讯网）

如何治愈城市的 PM2.5？

在监测的基础上，我们需要制定出合理、有效的城市环境保护法规，这才是治理城市环境的根本方法。通过法规的制定，能够有效地约束城市工厂数目、减少车辆尾气排放、增加城市有效绿地面积，从而提高城市整体环境质量，增加城市竞争力。

（来源：新民网、和讯网）

案例④ 武汉：大都市闹水灾，城市安全何处寻

武汉是我国中部唯一的副省级城市，是华中地区最大都市及中心城

市。它是长江中下游地区重要的产业城市和经济中心，中国重要的文教中心，也是全国重要的交通枢纽。身为南方城市的武汉夏季多雨，按说城市的基础设施，特别是防洪排涝的设施应该很健全，可事实上，强降雨却让武汉几经瘫痪。

2011年6月20日，南方第四轮强降雨过后，包括武汉在内的多个城市内涝。城市排水防汛能力再受考验。根据武汉中心气象台降水量实况统计，武汉24小时降雨量达到193.4毫米，相当于15个东湖的水，这是武汉1998年以来出现的最大一次降水过程。长达20多个小时的大暴雨，致使武汉中心城区82处路段出现积水，其中76处地段水深超过50厘米，汉口新华下路铁路涵洞积水竟深达两米多，城市交通瘫痪。一些车辆淹入水中动弹不得，更有多名群众被困，城市安全堪忧。

城市建设规划"重地表，轻地下"的弊病在暴雨中显露无遗。高楼林立、光鲜亮丽的城市地上建设，"繁荣"和"政绩"一览无余。而排水管网等看不见、摸不着的地下市政工程，却很难引起有关部门的重视。城市开发建设的"急功近利"和"盲目扩张"，阻挡了雨水的去路。在大城市里看海的城市窘态是否能给城市管理者和决策者敲响醒钟呢？更新城市规划建设理念，加强建设城市公共管理和应急机制，才是真正实现未雨绸缪的好方法。

（来源：中国广播网）

二、对话

主　题	谁来规划我们的城市？
嘉　宾	毛其智　清华大学建筑学院副院长
	李　铁　国家发改委城市和小城镇改革发展中心主任
主持人	叶建国　21世纪经济报道《国家经济地理》版总策划
时　间	2011年6月21日

图1 城市会客厅第01期现场

（左起：毛其智、李铁、叶建国）

叶建国：最近一段时间，我们对城市的讨论热烈。这里有分歧，也有共识。在分歧和共识里，我们看到，争论的来源之一就是我们现在所遭遇的"城市病"问题。"城市病"和我们的规划之间到底有什么样的关系？能不能说我们的城市现在有"病"了？这样的命题能否经得起专家的判断呢？

李铁：就我来看，没有任何一个城市没"病"。就像一个人一样，没有百分之百健康的人。随着城市的发展，更多的人口、更多的资源配备到城市中，就一定会有问题。那么，规划会起到什么样的作用呢？准确地讲，规划是政府通过规划行为和方式，来解决城市的公共服务问题。就像解决一个人未来可能的发展方向、发展思路，或者说来解决怎么避免"生病"的问题，"有病"的时候用什么方法来治疗的问题。

但是我们现在面临的城市，并不会严格按照我们想象的去发展。它的未来有着太多的不确定因素。我们谁也没有想到，北京今天能成为一个2000多万人口的城市；我们谁也没有想到，到2010年，我们城市化率达到了49.68%；我们谁也没有想到，在城市里，有2亿多外来人口在流动；我们更没有想到，我们的城市会发展得如此之迅速，以至于城乡形成巨大的反差。

在仅仅几十年内，有一半的人口进入了城市，我们在想，是不是所有的规划师、所有的决策者都想到了今天的发展状况呢？我觉得，任何一个城市的发展，包括人的发展都具有不确定性。作为规划者，只能在一定程度上去矫正，让这个城市的发展尽可能地合理，而不是完全地合理，这就是规划的作用。

毛其智：医治"城市病"或预防"城市病"，这已经为越来越多的人所关注。什么是"城市病"呢？我们目前把"城市病"简单归纳为：城市中交通、住房、环境以及社会安全等方面的问题。从业内人士的角度，我们呼吁更多的专业、更多的部门甚至全社会能够逐渐走到一起来，在一个共同的平台上探讨城市的发展，而不要再走分门别类的老路。

叶建国：我们现在之所以将更多的目光投向城市，是因为城市已经出现了让人生活感觉不舒服的地方。目前我国城市发展中出现的这些问题，与我们"规划之失败"有什么样的联系？即城市发展中出现的问题与我们的规划师思虑不周之间，有什么关系以及如何看待？可不可以说是"规划之失败"导致了目前城市发展中这么多问题的出现？或者在多大程度上前者导致了后者？

李铁：城市出问题，不能全赖规划师

城市出现这么多的问题，是不是规划应该承担最大责任？我觉得这种说法让规划承担了过重的负担。为什么呢？因为规划师不是万能的，城市的发展中也有很多规划师无法解决的问题。

首先，规划师不能解决城市的发展历史。第二，在市场经济条件下，大量要素的跟进都由市场来决定，带有很多不确定性——这是规划师难以预料的。第三，特别是在中国这种体制下，我们政府的公共长官的意志对规划的干预比较多。俗话说铁打的衙门流水的官。一任的官就有一任的规划，这是中国普遍的现实。毕竟我们规划的体制还和政府的管理体制和决策绑在一起。第四，规划很少得到公众的参与——这也是目前我们体制上存在的很大的弊病。当体制受到公共监督和参与的时候，规划本身也会受到公众的监督和参与，各种利益主体、各种利益结构、各种公众权利的基本反映和公众需求的基本反映，可以尽可能通过规划来体现。但是如果缺少这种公众参与，把这种决策转化为一个人或少数人的决策，这种偏差就会越来越大。

最近我们看到南方特别是武汉的暴雨洪灾。有人提出，武汉中心区的下水管道还是清朝的。我们的政府把过多的精力注重于城市表面建设，比如说要在武汉建世界最高的摩天大楼。过多的政府决策把目标放在地表形象、地面建筑、地面规划上，那么，很可能在遇到危机的时候就会出现问题。我们曾经和一些房地产商交流的时候，就谈到了"水"的问题。北京号称要走向世界型城市、国际性大都市，为什么到目前水还不能直接饮用？一位内行人讲，自来水的标准是没有问题的，管道的标准是有问题的——北京的管道质量不能符合饮用水的标准。但是为什么这么多年来，长安街路面的砖换了4次，修了这么多的花园广场，可是我们的管道却没有修呢？我们能说是规划师没尽到责任吗？还是政府长官的决策目标发生了变化呢？恐怕我们不能简单地归罪于规划师，而应该更多地考虑到我们现行的体制问题。体制问题，决定了我们城市发展的道路走向和形态，以及公共服务水平及公共服务标准。我觉得这是最重要的。

三、观点

观点1 >>> 王桂新：应理性看待"大城市病"

1. 大城市一定会产生"大城市病"吗？

第一，大城市可能产生"大城市病"，但大城市未必一定产生"大城市病"，大城市与"大城市病"之间并没有必然的关系；第二，发展中国家一些大城市之所以产生"大城市病"，其原因并不在于其"大"，而主要是由于更复杂的原因；第三，由于大城市与"大城市病"之间没有必然的关系，所以一些大城市的"大城市病"可以通过改造而得到很好的克服和治理；第四，一些大城市的所谓"大城市病"，只是城市发展中的问题，只要其带来的负效应并未超过人口集中、城市发展所带来的集聚经济性，大城市仍会持续发展。所以在这种情况下，无须盲目作茧自缚，片面以"大城市病"来否定和阻止大城市的发展。

2. 为什么会产生"大城市病"？

首先，"大城市病"只是一个国家社会经济发展到一定阶段的产物。其次，市场短期行为的作用或市场的"失灵"，可能造成或加剧"大城市病"。第三，政府"失灵"也可能造成或加剧"大城市病"。第四，空间结构规划发展不合理，也是造成"大城市病"的重要原因。

（王桂新，复旦大学城市与区域研究中心主任、教授。原文载于《南京社会科学》，2011年第12期）

观点2 >>> 石忆邵：用发展的眼光看待"城市病"

由外来流动人口膨胀导致的大城市规模扩张不是引致城市犯罪率上升的本质原因；城市失业率的空间分布与城市规模呈逆相关关系；城市交通问题与城市规模之间并不存在必然的、固定不变的因果联系；郊区小城镇及农村小城镇的环境污染程度已明显高于大城市中心区。因此，要客观分析"城市病"产生的深层原因，不能单纯地归咎于城市规模过大。

①"城市病"与城市规模并无必然的、固定不变的因果联系。我国"城市病"的出现，并不在于城市规模过大，而在于体制磨合、结构失调、政策失误、技术失当、管理失控及道德失范等方面。中国的大城市数量与国土面积和人口基数相比较，仍显得太少而不是太多，特别是在中西部地区，城市数量和现有城市规模仍有较大发展潜力。

②"城市病"是一种社会经济"发展病"而非"窒息病"。我国"城市病"的发生并非缘起于城市的停滞和衰退，而是城市在发展和进步时负面效应一时"失控"所致。"城市病"无论还要持续多久，但从历史眼光视之，毕竟只是"暂时"的，只要我们时刻保持清醒的头脑，采取适宜的发展策略，是可以最终治愈的。一旦转型完成，由"失序"进入

新的"有序"，城市将实现一次新的飞跃。

③过度城市化（即超规模城市化）会带来许多弊端，使"城市病"恶化；收入差别的大小往往同城市化过度的程度呈正相关。只有适时适度地调整收入政策，方可从根本上抑制过度城市化现象。但同样不可忽视的是，过度小城镇化产生的"农村病"（如乡镇工业分散、小城镇建设无序化、离农人口"两栖化"等）则是一种"停滞病"。这种病不仅比一般"城市病"难治，而且还会引发更严重的"城市病"。由此，发展小城镇不能遍地开花，只能依托大中城市和交通轴线择优和适度发展。

（石忆邵，同济大学测量与国土信息工程系土地资源管理教研室主任，教授。原文载于《城市规划汇刊》，1998 年第 5 期）

观点3 >>> 穆光宗：治理大城市病是一项系统工程

首先，要大力建设便捷、立体、和谐的城市交通体系。

①完善公共交通网络。经验表明，国际上城市运行良好的地方都以准时、便捷、安全的地铁系统取胜。纵横密集的地下交通网络保证了城市居民出行的便利，是各国大城市解决交通拥堵难题的最好办法。地铁交通可以发挥巨大的替代地面交通的作用，是最重要、最安全、最经济的路径。不过，地下交通和地面交通也要衔接好，特别是地铁出站口的地面交通。一些长路线则要增加公交车辆发车的数量、减少出车的间隔，大大增加出行的便利程度。

②倡导地面绿色出行。减少小汽车的使用量和使用率，减少不良天气状况的汽车出行率，适当控制小汽车的消费量。但这一方面要实现城市交通公交化，大城市的动脉是快捷的公共交通网络，要确保一个公民能够顺利抵达任何一个想去的地方。例如，2008 年奥运会期间北京开始采取单双号尾数限行的措施，明显缓和了道路交通的压力。

其次，设置错时上班制度。2008 年奥运会期间临时启动了国有企业、大型商场等单位错时上下班措施。2010 年 4 月起，北京党政机关、企事业单位实行错时上下班。

再次，实行垃圾分类，可望缓解生活垃圾压力。垃圾分类是解决目前北京垃圾困境的可靠办法，但任重道远。和垃圾无害化处理相比，垃圾资源化和减量化是更高层次的解决垃圾围城问题的途径。2009 年废旧物资回收量达 400 万吨，体积相当于两个景山。2010 年北京"十一"黄金周的垃圾总量为 91 吨，是过去 5 年来最低水平。这得益于天安门等垃圾"生产大户"地区在这期间增加了作业设备以及安放了分类垃圾桶等。

最后，打造合理的区域城镇体系，鼓励人口有序流动和合理分布，缩小城乡、区域和城镇的差距对于实现人口有序流动具有战略意义。北京不能继续在"一枝独秀"的格局中实现自己的都市梦想，而是需要在全国一盘棋、区域一盘棋和城镇一盘棋中实现自身的和谐、持续的发展。培育和发展若干都市副城中心，发展环首都人口居住区和居住带，分散都市人口压力，减少人口对北京核心区的向往和聚集。

（穆光宗，北京大学人口研究所教授、博导。载《人民论坛学术前沿》，总第 308 期）

观点4 >> 崔承印："扬汤止沸，不如去薪"
——调控北京过快增长的人口规模

俗话说："扬汤止沸，不如去薪。"意思是说水开了，只靠浇一两瓢凉水是不行的，要从根本上采取措施。对于解决北京人口规模的问题而言，就是把造成人口沸腾的薪柴抽掉，才能让过度增长的人口规模逐渐平稳下来。

北京城市人口增长的根本原因是我国目前的城乡、区域发展不平衡和经济增长比较粗放的方式。城乡、区域经济发展水平的差异，使"人往高处走"，形成了人口向大城市集中的动力；粗放的经济增长方式造成了发展对人口的过度依赖，形成了大城市对人口需求的拉力。北京市经济发展与城市建设规模的扩大，创造了大量的就业岗位，"就业"吸引了大量人口；首都的特殊地位和创业机会，创造了良好的创业环境，"创业"也吸引了大量人口；高等教育资源雄厚，"学业"吸引了大量人口；首都的政策、政治环境稳定，管理水平比较高，房地产市场活跃，"置业"吸引了大量人口。

就业、创业、学业、置业可以说是造成北京人口膨胀的四大原因，是造成大锅里人口沸腾的四根薪柴。而其中最重要也是最根本的原因是就业的吸引，是经济的发展方式和发展速度的吸引。只有转变经济发展方式，把速度适当降下来，从源头上控制而非末端治理，北京的人口调控才能奏效。所以转变发展方式，适当放慢速度，疏解城市功能，是北京控制人口规模的首要措施。稳定高校招生规模、优化招生结构，是北京控制人口规模的重要措施。适当提高创业门槛，合理设置置业条件，是北京控制人口规模的重要手段。

（崔承印，北京市城市规划设计研究院高级工程师。原文载于《北京规划建设》，2011 年第 6 期）

观点5 >>> 陆化普：综合解决城市交通问题需要系统对策

城市交通拥堵的根本原因是交通供求不平衡。对于一个具体的城市来说，抓住导致城市交通拥堵的主要矛盾，以解决该主要矛盾为核心，制定综合解决城市交通问题的系统对策是至关重要的。我国城市交通问题很多。以北京为例，城市交通设施建设速度跟不上迅速增长的交通需求，加之过去长期欠账过多，导致交通供给能力不足，尤其是缺少大运量的快速轨道交通系统；交通管理设施不足和交通组织管理水平不高；交通参与者缺乏交通法规意识和现代交通意识是导致目前交通拥堵严重的主要原因。

以下给出解决城市交通问题的几点建议。

①建立保证科学决策和规划实施的组织领导体制。为保证决策的科学性和规划的实施，大中城市应成立由市长领导的，各有关部门及专家学者参加的交通委员会之类的组织领导机构，统筹解决城市交通问题。

②作好城市设计和土地利用规划。从城市容量极限的角度出发，进行城市设计，制定土地利用规划。应注意分散城市功能，形成交通负荷小的城市结构。

③制定好城市交通战略规划。应把市郊铁路、地铁、准快速交通网及道路网等统筹考虑，从定性分析和定量计算两个方面研究确定出各交通方式的合理分担率及实施的优先顺序。应把远期规划和近期项目结合

起来，近期的所有举措都应与城市交通战略规划相一致，是实现战略规划的一个环节。

④切实实施优先发展公共交通的对策。优先发展公共交通是世界各国解决城市交通的共识。

⑤加强停车规划与管理。应该完善和落实配建停车场法规，规划、整理和挖掘停车潜力，努力解决停车问题。

（陆化普，清华大学交通研究所所长，教授。原文载于《中国土木工程学会第八届年会论文集》，1998年3月）

观点6 >>> 董国良："节地模式"解决城市病之交通问题

作为"节地模式"提倡者，董国良相信，采用节地模式可以将城市的内在动力机制由"拥堵—蔓延—更拥堵"变为"畅通—紧凑—更畅通"，从而使城市系统发生良性质变，成为节地、畅通、宜居的城市。据了解，这种城市新模式目前正在世博会中国馆中展出。

董国良介绍说，所谓"节地畅通城市模式"，是由4个要素构成的人车全面分离系统。"第一，约占市区面积20%的地面道路专供汽车行驶。其结果是道路的通行能力是现在的5倍。第二，约占市区面积40%的地面设为停车库。这样，停车位的数量将是现在城市的10倍。第三，地面道路上方设盖板，盖板与地面停车库屋顶相连，形成了架空平台。第四，约占市区面积40%的花园与上述的架空平台共同构成居民的活动空间。"简而言之，就是地面快速路网和大面积地面停车库只供汽车使用，大面积架空平台和地面花园只供人活动。

（董国良，深圳市维时建筑与城市研究中心主任。原文载于解放网，2010年10月20日）

观点7 >>> 罗亚蒙：城市病暴发，"宜居"情何以堪

罗亚蒙认为，城市是一个开放的、复杂的巨系统，是一个运动的矛盾统一综合体，难免会有这样那样的问题，城市有点"病"是正常的，

只要不"病入膏肓"导致城市"偏瘫"，就可以治理。只是特大城市的"城市病"更严重一些，治理的需求更迫切一些。

"'城市病'是城市化的产物。特大城市功能高度集中，而周边中小城镇功能很不健全，从推动经济发展和提高效益来看，特大城市有许多优势，也正因如此，人、财、物等生产力要素不断向城市集聚，导致城市规模越来越大，各种'城市病'随之产生。"中国科学院经济地理与区域发展研究室副主任张文忠说。

"城市病"的对立面是城市的宜居性。每个人都希望，城市既是繁华现代的又是宜居舒适的。

罗亚蒙介绍说，宜居的标准有很多，但根据学术界普遍的观点，城市是否宜居，有一条"红线"：环境承载力。"在人类活动强度超出城市环境承载能力之前，人类活动强度越大，城市宜居性越高；但在人类活动强度超过城市的环境承载能力之后，人类活动强度越大，城市的宜居性越低。"他认为，当前北京、上海、广州等特大型城市人口过度聚集，人类活动强度均超过了环境承载能力，从而导致资源短缺、生态恶化等诸多"城市病"，离"宜居"越来越远。

（罗亚蒙，宜居城市中国研究中心主任，中国城市管理协会会长。原文载于《法制晚报》）

四、延伸阅读

我所理解的城市

李铁

这篇文章是国家发改委城市和小城镇改革发展中心主任李铁作为上海世博会中国馆咨询专家，给中央领导同志写的一封信，信中对主展馆设计方案和思路提出了修改建议。幸运的是，中国馆接受了他的意见，对主展馆的设计思路进行了充分调整，采纳了他提出的关于使用"清明上河图"的建议。

2009 年 6 月底，我有幸参观了 2010 年上海世博会的场馆建设工地。在这个以城市为主题的国际博览会上，中国的城市发展究竟以什么样的姿态出现？中国馆展出的中国发展的历史、现在和未来，是不是能真正地体现出中国要素的线索和清晰的脉络，并能很好地以现代艺术的表现形式展示出来？这引起了我深深的好奇。特别是在参观了中国馆的模型并到现场体验了这个庞大的倒金字塔式的建筑之后，我被强烈地震撼了。震撼的原因是建筑本身及其所表达的符号，不仅仅展现的是中国的元素，而更多的中国古老的文明，中国城市的发展脉络，几千年来集权和皇权对中国城市所产生的影响，无一不在这个建筑中留下让人刻骨铭心的痕迹。虽然，建筑设计师似乎没有考虑这么多，他可能想象的是中国的宫殿式建筑如何以现代的方式表现出来。但是建筑形态中无形的元素、无形的文化和文明的根基、中国城市中最典型的帝国行政分支的节点，纷纷在这个建筑中被无限地张扬甚至放大，以至于其他国家所有现代的飘逸的场馆设计，在这里全都被无情地压抑了。在现代的今天，当古老的帝国处于世界经济发展的独领风骚的位置时，深厚的文化、文明仍然表现着她的统治力。而这个统治力恰恰在一个貌似无意的设计中，或者是在经典的建筑文化内涵中，被刻意地表现出来。震撼之余，如何达到表里如一，如何使中国的城市以另一种厚重的形态进入到中国馆的内部设计中，可能是组织者、管理者面临的一个更加艰难的考验。在交流之后，我感觉到有必要对城市的理解谈谈自己个人的看法，以供参考。

一、城市名词的含义

城市，按照经济学的理解，是一定规模的要素在开放的空间形成的集聚。通俗地来理解，要素是指产业、人口、资本等。一定规模当然是要达到一定的量。在美国，申请成立一个城市，至少要 3000 人以上。开放的空间，说明城市一定不是封闭的，这里人口和资本是自由流动的，产业的所有权也是开放性的，不能限于成员内部所有。有些村庄和合作社组织人口也很多，但是内部的资本不能自由流动，严格限制在社区成员内部流转，社区人员的进入也受到诸多的条例和规则的限制，因此我们只能认为这是一个村庄或社区等。从历史上看，欧洲的封建领主所建立的城堡，虽然里面居住的人口也不少，也进行了严格的社会分工，但由于产权的封闭，社区成员内部的阶级关系，我们很难把城堡界定为城市。而现代社会如西班牙的蒙特拉贡合作社，我国江苏的华西大队、北京郊区的冯村等，我们只能把这些定义为社区或者是村庄。

如果从中文的字面上理解，城市的概念可能更为明确，可能会在你的大脑中形成一个自然的影像。"城"显然是指被城墙所包围的空间，大的有西安，小的有平遥、凤凰古城等。在北京、南京等重要的古都，虽然城墙绝大部分被拆了，但是城门还部分地保留，依稀能够看到古老的城墙的影子。"市"就更好理解了，一个很多人在这里进行交易的市场。虽然现在市场已经发育到无形，可是传统的市场仍然广泛地分布在各类城市的内部和广大的乡村地区。两个字的结合，无疑地告诉了我们，过去的城市是什么样子，给人留下了什么样的印象。城市的起源也清楚地被这两个字的含义所包容。

更深一步地理解，在城市发展的初期，城和市两者之间也一定有必然的联系。有城必有市，因为在城内居住的人口，已经脱离了农业和游牧业、采集业，必须要通过交换来获得生活的必需品。因此在城里有许多市场和满足市场行为的店铺。而有市必有城，就是当人们在一个固定的交易地点长期交易，形成一定的规模之后，必然会建立城墙来保护自己通过交易产生的剩余物或者财产。对于贪婪的人类来说，掠夺在文明初期以至后来很长时间，已经成为文明的一个习性，所以由城来保护市，也是历史发展的必然。

进入现代社会以后，特别是人类社会从冷兵器时代过渡到热兵器时代，城市的概念可能要得到重新的认识。在这个意义上，经济学和社会学的含义要远大于字面的理解。城墙在导弹和各种现代兵器下没有任何意义，它只是作为历史的印迹或者是文明的遗迹保留在人们的记忆中。虽然市场还广泛地存在，但是广义的市场更是通过现代的技术和手段大隐于无形之中，我们再不能根据传统上对市场的理解来判断城市的大小和是否存在。因此从城市的发展脉络上我们看到了两种解释，可能还有更多。只有从字面延伸到经济学和社会学领域，对定义的理解才更为简洁、明确。

二、城市的起源和发展

听取中国馆负责同志的介绍之后，我对现有的几个设计方案产生了疑问。一是关于农业和城市的关系。简单地用水稻来表示所谓的城乡一体化和城市起源，肯定是牵强附会了。二是砖窑和小桥作为城市起源的重要象征性元素，显然也比较肤浅。三是对以"天人合一"的哲学理念来构筑整个中国城市发展历史的基本理论框架，更是感到不能理解。城市的发展，在世界城市史上更代表着人的自由价值的体现；而在中国，皇权下的帝国行政分支，也远非一个"天人合一"的哲学观能够涵盖的历史内容。

首先，城市的发展和农业社会不一定有必然的联系。从满足基本生存需求的角度来讲，农业不是人类的历史中唯一的内容。欧洲有游牧业、采集业、捕鱼业等，非洲有园艺业和采集业，古代中国的历史中除了农业，也有游牧业和采集业。农业的发展只是满足人类的基本生存最稳定和最重要的保证之一，而不是全部。但是城市的形成有更复杂深刻的历史文化和文明的背景，也有很重要的社会因素。民族、种族和氏族对于地域领土的扩张和权力的膨胀，是导致文明冲突的重要原因。而文明冲突的结果就是战争导致了防御性设施的出现。防御不仅仅是保护财产和农业的剩余物，更多的是精神和权力象征的占有和丧失。同时，游牧民族和农业民族发生的冲突，也是防御性设施出现的重要产物。所有的冲突基于权力、种族和氏族以及财产的掠夺所导致的扩张，最终导致了王权的产生。而中国城市发展的起源，也正和王权的历史紧密地结合在一起。当秦统一六国之后，普天之下莫非王土，而城市在中国正是王权统治的最重要控制网络的不同节点和分支。

其次，城市的发展和贸易有直接的关系。在欧洲，城市的发展有两个重要的时期，基本上起源于贸易，古希腊前后的地中海贸易和中世纪后期的地中海贸易。古代腓尼基人开辟的地中海贸易，把古代埃及的粮食运送到地中海北岸的希腊等地，交换橄榄油和葡萄酒。重要的港口和交易地点也就是欧洲古代城市的发源地。这里后来产生了城市文明高度发达的古希腊、古罗马，奠定了欧洲文明的起源。在古罗马帝国崩溃之后，地中海基督教控制地区和阿拉伯伊斯兰文明控制地区经历了近1000年的黑暗时代，经历了战争、封锁，导致了地中海两岸文明的衰落。而随着战争状态的停滞，贸易的恢复，由威尼斯人开辟的地中海贸易，使得中世纪城市率先在意大利兴起。中世纪城市的兴起，导致城市文明影响到的文艺复兴、宗教改革、资本主义工业革命在后来几个世纪中的相继出现，奠定了西方现代文明的基础。在中国，也不乏商业城市的产生，特别是宋明以后，扬州、广州等商业城市的出现与沿海的贸易也有着直接的关系，但是由于中国皇权力量的过于强大，这些商业城市最终也演变成为帝国行政管理的重要分支。

再次，城市的产生也受到复杂的地理因素和社会因素的影响。古代商业城市的产生一般也都集中在河道和沿海的港口、交通要道的枢纽等，传统的集市贸易也可以酝酿着城市的雏形。我们注意到，古代腓尼基人所建立的城市基本都在地中海沿岸适合建港口的地方。古代两河流域文明的重要城市巴比伦建立在中东著名的商路上。古代埃及建立在尼罗河边。中国城市的产生也不外于这几个方面的原因。另外一个重要的地理因素是一些城市所选择的位置要有利于防御。例如北京就是最有利于防御地形的城市。我们很难发现农业本身和城市形成的直接联系。当然，要保证城市的粮食供应，依托粮食重要产区会影响到城市的选址。例如古代的长安和咸阳分别作为秦汉的首都，关中粮食的供给是一重要原因，但不是决定性的原因。因为良好的交通条件可以解决粮食的运输问题，运河和交通干道的修建足可以弥补这一缺陷。而在欧洲，例如古希腊，并不产粮食，但是地中海的贸易为商品交换提供了粮食供给的保证。

从以上因素考虑，中国馆的艺术加工完全可以忽视所谓水稻的因素。实际上，直接表现城市的元素可以更明了地让参观者进入角色。而从商品交易和防御功能上讲，有很多具象的内容可以表达城市的历史。而小桥往往是出现在农村的典型特征性建筑物，根本与复杂的城市没有必然的因果关系。砖窑既可以提供农村房屋的材料，也可以提供城市房屋的材料，在建筑历史上可以任意发挥，但是作为城市历史的基础元素，可能还是太单薄。从中国古代绘画《清明上河图》描述古代汴京开封府的画面里，商业繁荣的景象已经充分展示了中国古代城市的特征。著名词人柳永的《望海潮》形象地展现了的宋代杭州的繁华场面。从这些诗词、画面中，我们怎么也找不到城市发展的天人合一的哲学理念。城市起源中的两个最根本的内容——

城与市，很难用天人合一来涵盖所谓的中国城市起源和发展的哲学联系。

三、中国城市和西方城市的差异

城和市两个不同的元素，代表着两种城市文明发育的历史。在中国，城的重要性远远大于市，而在欧洲，市的内容要远远大于城。因此在欧洲产生的城市文明，可以作为目前整个西方文明的重要基础。而在中国，附属于集权体制下带有强烈行政符号的城市，则勾勒出别具一格的城市发展途径。虽然在表象上看，同样有规模的人口，市场的交易，城市的建筑、街道和景观，但是这种差异在几千年的发展历史上已经形成的人文和制度上的差别，已经深深地渗入所有的内在的制度细节中。

中国的城市是非自治的，是中央集权管理体制下的行政分支的中心，是"普天之下，莫非王土"的地域行政管理中心。历史上攻城略地，占领了一个城市等于侵蚀了原来王朝国土的这一地域的管辖权和统治权。欧洲的城市在历史上绝大部分享有自治的权力，此制度源于古希腊的城邦制国家。虽然到了古罗马以后，共和制被专制帝国取代，城市的自治传统被彻底打碎，并一直延续到中世纪末期，但是，当中世纪意大利城市的自治城市的兴起，无数个自治城市的涌现，意味着持续了十多个世纪之久的封建专制王朝的统治地位遇到了严重的挑战。正是这些城市，成为资本主义革命的载体，孕育了现代城市制度的产生。我们看到的西方所有城市均沿袭着自治制度的传统。这一点和中国的城市形成了鲜明的反差。

中国的城市是有等级的，按照不同等级来划分城市的类型。所以我们看到，可能一些城市的人口很多，但是等级不一定高，直辖市的经济发展水平除了北京、上海之外，其他有一些可能还赶不上传统的地级城市。而一些小城镇的人口规模和经济总量要大于一些地级城市，但是在行政等级和管理权限上，仍然处在行政等级体系的最底层，这就是中国的城市。西方的城市是没有等级的，无论城市规模大小，人口多少，互相之间没有行政级别的限制。我们只是主观上根据城市发展的客观事实来认定城市的重要性与否，但是城市之间没有等级界限之分。其实这很清楚地表达了城市发展的不同历史和不同功能。中国的城市是中央集权下的行政分支，等级下的行政管理体制沿袭着传统的行政分支的功能。而在西方，从自治城市产生那天开始，城市就独立于封建王朝的管辖之外，因此无从谈起所谓的行政等级。在等级制度下，城市可以管理城市，城市有上下级之分，城市的资源分配和管理权限严格地服从于等级制度的要求。而在非等级的城市体系中，一切服从于市场的发育。资源的流向受市场影响，城市的管理权限取决于城市自身。

中国的城市是限制国内人口自由进入定居的，而西方的城市是完全允许国内人口自由进入的。所以说在开放性上，中国的城市和国外相比有较大的差距。中国的历史上，由于城市是政治中心，中央集权的管理通过城市向农村和基层辐射，为了确保管理的效率，实行严格的户籍管理制度、保甲连坐制度等，所以城市的进入受到了严格的限制。即使是一些重要的人物在城市当了官，有了自己的府邸，退休后也要回到故里，不能长期在城市定居。虽然在清以后，城市的管理制度有了较大的松动，在民国时期完全放开，但是在 20 世纪 50 年代以后，户籍管理制度的强化，使得进入城市定居的难度大大增加。而在西方，中世纪末期，封建领主的农奴一旦进入城市，就可以宣布自己为自由民。所以城市的开放性有了非常悠久的历史传统。开放使城市由于人口不断更新，增加了活力和竞争性。这是中西方现代城市发展史上非常大的制度差异。

中国的城市是管理农村的，而西方的城市只是管理城市的人口，农村有社区自治。中国馆展出的内容要体现城乡统筹和城乡一体化，这可能会给世界的参观者带来一个好奇的问题。城市主题为什么要提到农村？因为中国的城市管理是地域性的管理，符合中国集权体制下的行政管理分支的特点，因此理解中国的城市，要了解中国的城市涵盖着农村。虽然我们看到的是直观的城市表象，但是在管理体制上，农村仍然在城市的管理范畴之内，统计上虽然各有特点，但是实质上是在一个管理框架之下。正是因为如此，城乡一体化的命题是对城市的管理者提出的，就是在现代化的今天，城市的发展依赖于农村的支持，但是不能在城市发展的同时忽视了农村的发展。而这一问题在西方的管理体系中是一个不成立的问题。

中国的城市在实质内容上，在管理体制上与国外的城市差别甚大，诸如选举体制、土地所有权等等。但这并不是城市独有的特点，虽然所有这些特点都影响到了城市发展的速度和发展模式。我们可以从城市发展的形态和景观中，清晰地看到体制特点留下的鲜明的印记。

四、如何正确地通过视觉的展示把握城市历史的脉搏

城市是具象的实体，直观的城市形象应该是展示的主要内容。但是要根据特定的历史脉络，清晰地理出一条线索，给予一个城市过去、现在以及未来全方位的景观，确实需要站在历史的高度来描述中国城市发展的进程。展示城市到底是艺术家的任务，还是城市学家的历史使命，或者是建筑师的杰作？可能问题并没有想象得那样简单。

我们首先要考虑到我们能看到什么。现在的可以很容易清楚地看到，但是对于过去，对于深入到城市文明的细节，我们怎样去发现，怎样用视觉的方式表达出来，是摆在设计者面前的一个难题。有一点是毋庸置疑的，那就是设计是站在城市的实体历史基础上进行的再创作，而不是超越了城市之外或者是不了解城市发展历史进程的空洞的构思和想象。因此，艺术家的责任首先是需要学习，需要了解城市可能留下的历史，现代的城市发展的轨迹，现代城市的内容以及未来城市的塑造。

如果运用历史的方法把城市发展的脉络展现出来，去寻找视觉的线索和轨迹，那么我们首先要考虑到以下几个方面的问题：城市历史中仍保留的景观形态；在城市中所发生的重大历史事件；城市发展进程中的著名人物；城市遗留下的标志性建筑（宫廷、寺院、府邸、城墙、市场等）；描述城市文明和文化的历史作品和艺术作品（书画、诗歌、文学等）；带有城市民俗特征的传统艺术；城市的产业；城市和自然的和谐的结合；等等。

对历史的分类，可以有助于从现存的资料中去把握很多可视的实质性内容。然后制作出能够代表中国城市独特的历史长河的展示性内容。

对现实的城市的发展，可能更需要进行细致的分类。虽然资料可以信手拈来，但是要从浩瀚的资料中去找出代表性的内容，则需要从宏观的高度去把握。艺术家更多的是看中某一个点，试图用某一种艺术方式和线索把这些点连贯起来。但是展示本身的要求却是告知世界中国的城市发展更实质更具震撼力的内容。这就需要多学科的努力和探索。经济学家和社会学家以至于社会大众看到的城市更为直观。毕竟中国城市在改革开放 30 年以来所取得的巨大的成就为世人所瞩目。

我们可以把城市所取得的成就分为以下几个类型：产业的发展，无论是工业还是服务业以至于都市农业，中国城市的产业为城市的经济发

展、城市的基础设施建设提供了重要的经济基础，中国城市产业的发展预示着中国城市的未来。产业的发展也是有历史的，传统的产业向高科技产业过渡，传统的服务业向金融、股票、证券以及地产、物流方面过渡和转型。农业的发展由传统的单一的粮食作物向丰富多彩的都市农业过渡。我们不能否定，20世纪80年代中国农村实行的家庭联产承包责任制对于农业的发展、城市的粮食消费起到了多大的支撑作用。我们也不能不看到，80年代乡镇企业的发展奠定了我国工业经济体制改革发展的重要基础。随着城市改革步伐的加快，国有企业的改革和民营企业的发展都为我国成为世界工厂奠定了重要的基础。而工业的发展带来了税收的增长，造成了就业的大幅度增加，活跃了国民经济，促进了城镇化的高速发展。因此，在展示城市的时候，我们不能不把城市和其依赖的产业联系在一起，无论是工业文明还是都市农业或是现代服务业的发展，都是展示城市框架结构的一个重要组成部分。而现代工业、服务业和农业的发展也有无数可供我们展示的视觉内容。关键是如何把产业的发展通过艺术的形式和城市的现在以及未来有机地联系在一起。

城市视觉的重要展现当然也离不开城市的实体。改革开放以后，城市和小城镇迅速发展的今天，我们可以找出无数个中国现代化城市发展的模型，包括建筑、CBD核心区的景观、现代的街区、城市典型的景观设计，以及和城市联系十分密切的铁路、高速公路、机场，港口等。这些方面的展示可能有大量的素材，不需要专业人员的介绍，作为艺术家本身也可以直接地进入角色。只不过在展示过程中，我们是按照行政等级来分类还是按照城市发展的规模或者经济上的重要性来分类，要决定取舍，防止和地方馆的重复，又要抓住重点，还要前后一致，体现出一致的风格和艺术特色。这要求艺术家在了解城市的历史和未来中对城市进行宏观的把握，进行艺术上的创新和构思，的确是一个艰难的考验。

展现城市的发展，我们是更多地注重实体性内容，还是把人作为我们设计目标的主体，也是城市展示中一个艰难的选择。城市的发展是由人来创造的，特别是现代城市取得的伟大成就，离不开中国人在改革开放以后进行的艰辛卓绝的努力。如何展现城市中的人，尤其是对于城市发展有着重大贡献的历史人物，可能我们需要进行深入细致的分析。这不仅仅是艺术家的创作，更需要站在政治学和社会学的基础上，站在一个更高的高度来把握。共产党在改革开放中的作用是举世瞩目的，如何刻画党在改革进程中的伟大作用，可能我们要了解30年改革开放的历史，甚至也要把1949年以来我国城市的发展和建国前有一个鲜明的对比。在这个时刻，党的领袖的伟大作用当然要展现出来。与此相对应的，人民群众的伟大创造力与党的领导如何形成相互的衬托，也是我们无法摆脱的历史必然的要求。这就是中国现代城市发展的中国特色，是艺术家必须要担负的政治责任，也是中国馆必须提出的政治要求。在满足了这个要求之后，我们对城市的不同类型人群的群体分析、著名的典型人物，甚至包括我们对当代城市的农民工都应该有一个积极的展示。

要找出中国城市发展脉络的详尽特点，要区别中国城市发展进程和其他国家的不同，我们不仅仅要展现城市的现代特征，现代的基础设施和现代的产业，也要善于去发现植根于中国城市的文明文化特点，众多的人口，服务于这些人口的各种文化、体育、教育、公共卫生等公共服务内容，还要包括城市的社区建设。民族和文化的包容性，民俗和传统延续性，一定不要被现代城市发展的历史所淹没。我们需要提供足够的空间来展现出这些和城市共生和并存的文化内容。

我们还要面对未来，城市的发展和自然生态的和谐也是相互对应的。因此，在面向未来的时候，我们要体现出科技和现代化的进步，更要体现出和谐社会中最核心的因素——城市发展中人与自然的和谐共存。其实，许多城市已经开始了这些方面的有益的探索。一些科技研究部门和高校或者是企业都已经进行了很多面向市场和政府的试验。

最终所面临的问题就是如何分类，按时间还是按内容，或者是两者结合。不管怎么说，所有这些关于城市发展的实质性内容，都应该成为艺术家创作的基础。如果脱离了这些基础，完全凭借艺术家的想象，我们看到的可能不会是以城市发展为主题的展览，而是一个艺术家的命题展示空间。要避免这样的悲剧发生，则需要艺术家和了解城市发展进程的人进行充分交流。要求艺术家必须清楚和明白，城市的发展是实质，是本质，是核心，艺术家所做的仅仅是对这些内容进行合适的包装。

（李铁，国家发改委城市和小城镇改革发展中心主任）

第二章
谁来规划
我们的城市

一、案例

案例① 济宁：中华文化标志城，建不建

　　素有孔孟之乡、运河之都之称的济宁市，位于山东省西南部，是中国优秀旅游城市、山东省鲁南城市带的中心城市。其下辖的县级市曲阜向南8公里，有一座海拔只有200米左右的小山，名为九龙山。山上虽有西汉时代的摩崖墓群，但还不是广为人知。孔子登东山而小鲁，不是这座山，登泰山而小天下，更不是这座山。然而，"山不在高，有仙则名"。也许过不了几年，这里的"仙气"就会开始飘向全球华人。拟议中面积达300平方公里、造价超过300亿元人民币的中华文化标志城的主建范围就在这里。而标志城——按力倡者的想法，希望成为承担部分"文化首都"功能的"文化副都"。

　　2008年3月9日，全国政协委员、山东省政协主席孙淑义，在两会上做了名为《加快推进中华文化标志城建设，打造中华民族共有精神家园》的发言，建议在济宁建设中华文化标志城，并希望政府对"标志城"的建设给予资金和政策支持。该发言引发了一场空前的大讨论，并在第二天遭到108名政协委员的联名提案反对。他们要求"中华文化标志城项目必须再搞科学论证"。

　　3月10日，济宁市市长张振川曾公开表示："允许有争论，但是标志城肯定要建。"济宁市政府副秘书长高述群说："我们这项工程的运作有一套严格的审批程序，不是山东人自己想出来的，国家发改委在去年10月有明确的通知要求，只要上头不停止这项工程，我们的工作还会继续。"

那么，公众的意愿又如何呢？我们来看一组数据。

3月18日，一项关于"是否支持中华文化标志城的建设"网上调查统计结果显示，有60.2%的人持反对态度，39.8%的人表示支持，无所谓的投票为零。

两年前，复旦大学受济宁市政府的委托，为其规划"中华文化标志城"的建设，葛剑雄是该项目组的负责人。作为规划者，他表示："我支持我自己的方案，而不是说支持济宁市现在公布的方案。"看来，葛剑雄并不是最终方案的规划师。济宁市公布的方案中，专业人士的意见究竟被采纳了多少？我们不得而知。

就在外界对中华文化标志城的质疑声浪愈发高涨之时，在山东济宁当地，各项工作却仍在按部就班地进行着。无论山东济宁市的"标志城"最终走向如何，有关此事的争议探讨都会成为一个标志性的事件。它再次引发了我们对文化核心、文化战略、文化认同、文化归属这样现实而重大问题的追问。同时也让我们深思，城市建设、项目立项等究竟应该由谁来决定。公众？领导？规划师？城市的未来应该由谁来做主？

（来源：《中国青年报》）

案例② 重庆：渝中半岛城市形象设计——摒弃长官意志

重庆市是中华人民共和国直辖市，国家中心城市，长江上游地区经济中心和长江上游地区金融中心，曾为战时陪都，远东反法西斯指挥中心，国家历史文化名城之一。它占地面积为82402.95平方公里，人口达28846170人（2010年）。渝中半岛大部分位于渝中区，是重庆市政府驻地，是重庆的政治、经济、文化中心。它位于嘉陵江与长江交汇处的狭长半岛形陆地上，所以称为渝中半岛。渝中区面积23.71平方公里，人口逾66万。

渝中半岛形象设计的全过程都是公开、公正、透明化运作，公众参与力度较大。我们来看一下这个项目的流程。

2002年3月21日，重庆市规委采取国际公开邀标的方式，征集渝中半岛城市形象设计方案。德国佩西设计公司、法国AS设计公司、美国

SOM 设计公司、美国盖斯勒设计公司、上海现代建筑设计集团、重庆市规划设计研究院，6 家设计单位参加竞标。

2002 年 9 月，专家组以无记名投票的方式选出了 3 个优胜方案。在深化阶段，专家组提出深化设计要"以德国佩西公司方案为基础，充分发掘六个设计方案，特别是三个优胜方案的优点和创意，博采众长"。

2003 年 2 月 28 日至 3 月 3 日，渝中半岛城市形象设计方案在解放碑进行公示，受到市民的广泛关注，约 10 万人次参观了展览，收到意见和建议近万条。其中的主要合理化建议已被吸收进设计成果中。

2003 年 4 月 24 日至 11 月 11 日，渝中半岛城市形象设计成果先后通过了市规委会、市政府、市委和市人大的审议。

重庆市二届人大常委会第六次会议对渝中半岛城市形象设计方案进行审议，并形成决议。今后任何开发商、任何"长官意志"都不能随意改变渝中半岛的规划，随意乱建乱批。为一个区域城市规划进行立法保护，这在重庆市尚属首次。

摒弃长官意志的规划，重庆走在了前面。由专业人士主导，公众参与进来，透明度高一些，长官参与少一些，老百姓放心也会多一些。城市的发展是个长期的过程，需要前、后任城市决策者的合作。规划需要与时俱进，但绝不能为了创建政绩、搞形象工程而劳民伤财。做好与前任的衔接，按部就班地执行好城市的发展计划，也是一个好长官应履行的义务。

（来源：来自网络）

案例❸ 胶州：老城区的绿地和河道

胶州市是山东省青岛市所辖的一个县级市，总面积 1210 平方公里，总常住人口 84.31 万人（2010 年末）。胶州位于胶州湾畔，东临即墨市、青岛市城阳区，北接平度市，西靠高密市，西南临诸城市，南与胶南市接壤。

随着城市化进程的推进，老城区的改造似乎势在必行。然而部分网友认为胶州老城区的规划改造方案没有尊重城市历史和自然环境。在卖地圈钱思想的指导下，城市内大片的绿地、广场消失，老城区居民的锻炼、休闲场所越来越少。与此同时，投巨资修建的东湖却门可罗雀。现在又在进行所谓的三河整治，其实就是借整治之名行开发之实。老电影院东侧、老建委东侧两片沿河绿地也在这个"整治"的挡箭牌下，转换成了高楼。

云溪河是胶州很重要的河流。从前水很清澈，夏天可以洗衣服，冬天可以直接饮用，不需要任何的治理。也不知哪位当政者一时兴起，在河上游批准修建了酒厂和造纸厂，又没有环保意识，不设任何的净污设施。从那起，工业废水不断排入河中，不到三年的时间，河道变成了臭水沟。为了补救，这领导陆续投巨资整治了两三回，但污染源头不除，任你做什么都是枉然。又换了一任领导，来了个眼不见心不烦，把从胶州市到电影院一段河道全部用水泥预制板封了起来。再后来，造纸厂搬迁了，酒厂也不酿酒了，如果合理改造完全可以让河水变清。可是后来的一个领导又做出一个惊人的决定——为方便清淤，将河底全部硬化，彻底使云溪河失去了自净能力。反复若干次后，现在政府又说要整治了，不知能整出什么噱头。就这样，云溪河前后投入了纳税人好几十个亿，仍然是个排水沟。

如同上述这样先破坏城市空间，污染城市环境，换取经济增长，再出重金以非生态的方式对城市环境人工修复，简直就是搬起石头砸自己的脚。看似为市民、为城市发展作出了多大的贡献，但实际上，好好的一个城市就这样淹没在了逐年增高的 GDP 指数当中。

一般来说，生态规划实施的年限是较长的，要依据当地自然恢复能力而定，很难在领导的某一任期内见到收益。而产业规划周期则相对较短，领导们应该想想如何做到各个规划间的协调统一，而不是总想着能在自己的任期内搞政绩工程。

像胶州市这样历史文化较为深厚、自然环境较好的老城区应该尊重城市肌理，依靠有机的空间置换谋求发展，应该在保护城市自然环境的基础上进行合理的城市空间规划，而不应该为了单方面的经济发展而大拆大建。我们是否应该探寻一条多个规划间和谐统一的城市发展之路呢？

（来源：来自网络）

案例④ 太原：三规合一，从图做起

太原是山西省的省会，濒临汾河，三面环山，自古就有"锦绣太原城"的说法。太原市总面积为6988平方千米，常住人口398.2479万人，市区户籍人口320多万。

2010年6月份出台的新《太原市城市总体规划》首次实现了与《土地利用总体规划》、《产业发展规划》的无缝对接。

长期以来，由于城市总体规划、土地利用规划与产业发展规划间的矛盾导致了土地、产业等不能有效衔接，造成太原市内"有地的地方没项目，有项目的地方没地"，城市发展空间难以被打开，严重制约了城市的发展。比如，按照太原市最新的城市产业规划，要在东部发展民营产业，引导所有民营产业进入园区。可是在土地利用规划中这里却没有足够的建设用地，大批项目无法落地建设。而与此同时，北部广大的区域，由于没有产业规划的指导，得不到经济政策上的支持，大片的土地长期无法得到深度利用，造成土地资源的巨大浪费。由于土地与产业规划不能合一导致的土地闲置和部分地区建设用地紧张的情况在包括太原在内的诸多城市屡见不鲜。

在此次新《太原市城市总体规划》编制过程中，三个规划统一由一个分管领导负责，所有部门全面采用电脑制图，三个规划的三张图做到了完全合一。

太原市此次的"三规合一"旨在保证大多数项目都能得到落实，保证全市土地利用的总体平衡，减少违法建设、违法占地的现象。在此意义上，"三规合一"可以说破除了城市发展最重要的制约因素。但是在实际操作过程中，三规具体应该如何合一？是不是图纸统一了，就真正做到三规合一了呢？应该以哪个规划为主导？在"三规合一"的基础上，是否要兼顾更多的规划来进行"多规合一"？这些问题都有待于进一步思考。我们期待太原市作为"三规合一"的先驱，能为我国探索出一条规划的新道路。

（来源：来自网络）

二、对话

主　题	谁来规划我们的城市？
嘉　宾	毛其智　清华大学建筑学院副院长
	李　铁　国家发改委城市和小城镇改革发展中心主任
主持人	叶建国　21 世纪经济报道《国家经济地理》版总策划
时　间	2011 年 6 月 21 日

图 1　城市会客厅第 01 期现场

（左起：毛其智、李铁）

1. 主题解析之"谁"

叶建国：我们今天要谈的主题是：谁来规划我们的城市。这个主题可能需要我们关注三个方面，即"谁"、"规划"和"城市"。现在我们先聚焦到"谁"字上——"谁"在规划我们的城市，城市规划的主体是谁？我在平时的采访中时常听到一个城市或者地区主要的决策者给我描述的他所在的城市未来5年或10年的发展方向，这个发展方向与当地老百姓想象中及其生活中真切的体验之间有很大的鸿沟——我称之为"断裂"。那么就"谁"的问题，二位如何看待呢？

毛其智：角度决定意义

"谁在规划我们的城市"是如今大家都很关心的问题。我的专业就是城市规划。从专业的角度来认识问题和从老百姓的视角，还是不同的。我们一般把规划作为一种政府的职责，一种公共政策的推行，但同时，规划也是一种专业技术。规划关系着每一个老百姓的切身利益，它的作用体现在方方面面。我们如果只是从一个角度来讨论规划问题显然就不够全面。今天越来越多的人住在城市里面，大家都希望有一个美好的人居环境。就像世博会的主题一样：城市让生活更美好。当老百姓的生活和工作遇到种种困难的时候，人们自然就希望，他们所居住的环境、他们所在的城市能够迅速地改善，使自己有一个更美好的未来。如果从这个角度来认识这个题目，我觉得是非常有积极意义的。

李铁：谁的视角才算合理？——谈规划的作用

在我看来，规划的作用就是使城市的发展尽可能地合理。我们所说的合理到底是政府决策者的合理，还是按照国际城市的发展模式走的合理，又或者是规划师认为的合理？这在现在的规划中就出现了巨大的争议。不得不提到的是，这里还有一个最重要的主体——老百姓，他们视角下的合理又是什么样的呢？所以，在城市发展过程中，规划必然要面临的几个主体是：决策者、规划师、公众，还有国际上曾经有过的一些发展模式和经验给我们提供的参考。只有考虑这些问题，探讨规划才更有意义。当然，这毕竟是在高速发展、高速城市化的中国，我们确实有很多事情是无知的，也是未解的。

叶建国：您说到好的规划师，我之前在网上看到一句话说："中国真正优秀的规划师好像还没出现。"

毛其智：再好的规划师，一个人也做不出好的规划

单单寻求个人技术是当前很多城市决策者的一个重要误区。比如说，

在北京市交通拥堵的时候，北京市的主要领导者就曾经幻想过寻找世界上最高水平的交通规划师，出一个方案，就可以解决北京市的交通拥堵问题。这样的想法，是不是现在看起来有些幼稚？一个好的规划应该有两个方面：城市规划公共政策的好的参考建议和一份合理的工程技术方案。这两个工作做好的话，我们希望的是在整个中国实现一种相对标准化的过程。

李铁：我不认为好的规划师没出现，有好的决策就会有好的规划师。

毛其智：民主和法治才能孕育好的规划

我们在学校里，将城市规划作为一门工科的专业来教授，主要关注的还是工程技术方面的学习。但城市规划和城市建设不仅仅包括了工程技术，而应该把城市规划当作全社会的事业来对待。所以要真说谁应该规划我们的城市，那毫无疑问应该是全体社会成员。在目前，其实要更多地依靠"民主"和"法治"。一个更好的民主和法治社会的建设是一个好的城市规划的基础。没有这个先决条件，就往往会只关注城市建设中的局部，而忘记了整体和长远发展的目标。这样的规划不是百姓所期望的规划，也不是规划师所想象的规划。它往往仅代表了当前城市决策者的一些短期的主观意向。

2. 主题解析之"规划"

（1）规划是什么？"三规"是什么？"合一"是什么？

叶建国：说完了"谁"，让我们来谈谈规划本身。规划究竟是什么？各种规划之间又该是怎样的一种关系呢？我们知道，在城市规划里面，有个困扰我们很长时间的概念，就是"三规"如何统一。最近我们看到发展改革委这边已经公布了主体功能区的一个规划，这就表示它已经在用空间的概念来审视一个整体的社会发展规划。同时我们看到，原来的国土规划和城市规划、土地规划也都开始重视社会的综合发展指标。那么，困扰我们这么多年的"三规"不统一的局面，在这样一个两极发展趋势之下，是不是可以带来一个弥合得比较好的时期呢？

毛其智：规划是追求真善美的过程

我从城市规划工作者的角度，来谈谈对城市规划的认识。从人类开始建设自己的聚落起，规划就已经存在了。但是传统意义上的规划，我们主要将其归结为建设规划。建设规划在早年的时候，就是筑城、修路、盖房子和公共空间的建设。但是随着工业化的迅速发展，人口大量地涌入城市以后，只是从建设的角度来讨论规划——这儿是不是需要立交桥，那儿是不是需要大广场，一共安排几片居住区或公园——这仅仅是规划工作的一个部分。

现代城市规划，主要面对的是城市发展中的矛盾、困难，并试图寻找解决这些矛盾和困难的途径。这也是人类在自身发展中认识到自己应该起到的积极作用。但是我们又不能神化规划，把规划看成一种"万应灵药"，出现了任何问题都从规划里讨主意，应该看到城市本身的发展是非常复杂的，受到各个方面的影响。这些影响中有先天的因素，例如资源环境禀赋的束缚和条件，也有后天发展出现的诸多机遇，以及在成长过程中遇到的不同条件。这些都不是人们可以事先预料到的。就像我们在学校里教书，这一期招了100个学生，百人百种，我们不好说哪个是好学生，哪个是坏学生。但是我们应该尽量寻找一条有教无类之路，使每一个学生都在追求真善美的过程中不断提高。我想，城市规划也是一个追求真善美的过程，希望城市在发展过程中能够借助到规划的力量。但归根结底城市是属于人民的，要全社会来关注它，城市才能建设得好，城市的问题也才能解决得好。

李铁："三规"是什么？

所谓"三规"就是发展规划、空间规划和土地利用规划。这三个规划目前是由三个部门分管：发展规划由发展改革委负责；空间规划由建设部来牵头，各地的建筑规划院和大学来负责编制；土地利用规划基本上由国土部门来负责。

所谓"发展规划"，基本源于国家的五年计划，主要是考虑几个重要的因素：GDP的增长速度、财政收入增长速度以及与经济发展有关的各类相关指标。这些指标在每次的国民经济五年规划中都要给予比较清楚的描述。

问题就出在这里了。"发展规划"到了今天已经失去了它原本的意义和效力。由于市场化的作用，整个社会的资源配置已经发生了质的变化。

所以现在这种自上而下的发展规划恐怕就受到了现行体制的挑战和约束。地方的发展情况也是千差万别的。从东部到中部，再到西部，有资源的、没资源的、旅游的、工矿的……出现了各种类型的城市。地方是不是能按照中央的这种目标发展？它是否有强烈的发展动力来按照这个目标执行？

这些年，中国经济发展宏观调控的效果是非常有限的。既然地方的经济增长速度、发展水平以及发展模式已经和中央的要求相去甚远，那么制订发展规划这种传统的方式是不是还适合我国现在的空间经济结构，以及各种体制结构呢？这是我们面临的一个大问题。

"空间规划"不是由中央主导的，而是以地方城市为主。现在的空间规划也和计划经济时期有很大的差别。

计划经济时期我们所有的空间资源是既定的，向哪个地方安排都是由计划决定。现在受到了市场的挑战，有很多因素是不确定的。比如说：不确定什么产业来——不知道今年招商能招来什么样的企业；不清楚多少人口来；不清楚有什么样的资源——上级下拨的资金款额、申请下什么项目、地方的财政能力、现实的公共需求以及长官的决策意志经常会和预期发生很大的偏差。还有一些利益的导向，比如为什么现在大量的空间规划都做得很大呢？有几个因素：城市大了以后才有地位；空间越大就可以拿到越多的指标、获得更多土地出让金用于城市建设；做大以后有调控余地，可以有更多的方式来将整个城市资源盘活。大家都知道，城市发展仅仅靠老城改造难度很大，因为涉及大量的搬迁。把空间做大的时候，才能实现所谓的"腾笼换鸟"，或者通过建新区来解决老区发展问题——当然这都是主观想象。所以这种城市空间规划方法与资源配置的方式受到很多现实因素的制约，也受到诸多不确定因素的干扰。也正因如此，每次规划做完以后，除了几个非常重要的项目可以得以实施外，绝大部分还是留在了纸上——特别是换领导后，一下就成了一纸空文。

土地利用规划是一个限制性规划，出发点是好的，要保护耕地、提高土地利用效率等等。然而最大的问题是，土地利用规划是中央自上而下的，通过指标下达的方式，来限制、确定每一个城市、每一个地方明确的土地发展空间。如果说在计划经济时代，指标通过资源的配置可以实现，可是现在市场的因素已经占了这么大的比重，而且地方发展的冲动性又极其强烈——北京可以建得好，为什么地方不可以？——所以都希望利用土地来获取土地出让金。那么在这种利益的冲突下，我们现有的土地指标已经根本不能解决问题了。打个比方，一个城市已经是个大胖子，要用一条非常紧的皮带约束他，是根本约束不了的。

这样看来，三个规划本身已经出现了一系列的问题，何况还有三个规划之间的衔接。

毛其智：要的是理想与现实的合一

规划界讨论"三规合一"也讨论了不少年了，自从"三规"分开，就开始讨论合，合起来又会讨论分。前几年有关部门做过一个统计，和空间相关的规划由部以上政府确认的有80多种。当然今天讲到的"三规"是最有代表性的"三规"，而这"三规"实际上还并不能够完全覆盖和城市发展相关的各个方面的内容，有很多的发展还跳出"三规"之外。

我刚才讲到，城市发展是一个追求"真、善、美"的过程。

什么是"真"？就是要讲真话，办实事。现在在城市发展中，有很多不尽如人意的地方。第一，"睁着眼睛说瞎话"；第二，办一些华而不实的事情。如果把这些全部归罪于规划，显然太冤枉了。但是，在今天的规划中，部分产生异化、为虎作伥之事也常常发生。

所谓"善"，规划是为一部分人的工作，还是为全社会的工作？例如北京有2000多万人，拿着最正式的城市居民户口的只有1200多万，其他还有差不多1000万人具有各种各样不同的状况。城市是同等地对待他们吗？再有，现在在中国，有多少老百姓，看到了首都城市之美好，愿意未来到首都来发展？他们是否具备了条件，首都是否敞开大门欢迎他们来呢？还是将绝大多数拒之门外，设置种种的门槛壁垒和障碍呢？这些都是城市发展中的实际问题。过去我们讲三大差别：城乡差别、工农差别、脑力劳动和体力劳动差别。我们的城市是继续保持着三大差别，还是想办法缩小这三大差别？

最后讲到"美"。"美"不是形式上的美，而是全体老百姓的美好生活前景。城市规划能够承诺他们什么？能够就它所做的技术工作和对政策的建议方面又做哪些工作呢？

所以我想，"三规合一"不能仅仅看作一个行政部门工作的合一，而是城市发展理想和实现这个理想的过程的合一。这个合一才真正有助于城市发展的未来。

李铁：强调的是，多学科分析方法的合一

我们现在的空间规划是一种工程技术性规划。为什么会形成工程技术规划呢？因为在过去的计划经济下，资源配置完全按照计划来决定，只要把工程技术完成了就可以了。现在是市场经济，在大量资源配置不确定、人口不确定、城市规模不确定的情况下，原来计划经济时代思维方式的工程技术规划显然已经不适应现在形势发展的需要了。

广东从20世纪七八十年代到现在发展这么迅速，涌入3000万外来人口。其代价是什么呢？代价是目前广东难以解决的两大问题。第一个问题就是环境。不仅仅是3000万外来人口带来的环境问题，还有容纳3000万外来人口的大量的工业、企业造成的环境污染。第二个问题是人口。在规划中，我们将给这些人口确定什么样的地位？他们能不能定居在这里？人口的数量从80年代起一直是上升的趋势。规划到底是把他们作为常住人口、户籍人口，通过公共福利来解决呢？还是仍然把他们作为流动性的状况来解决？作为户籍人口来解决就是长期目标，在规划中就要体现出为他们预留的空间来。哪些地方适合于他们居住，而且是长期居住？要在城市的郊区选一个地方，而且这个地方要进行各种公共设施、交通设施的配备。如果是要控制人口，那就意味着外来人口无缘享受公共福利。这个是空间规划师能解决得了的吗？

如果说仅仅是工程技术规划师做不到，那在原有的规划中要增加哪些内容呢？包括人口的、产业的、要素的以及社会结构、社会公共福利的。这些在绝大部分规划里都是弱项。所以我们强调"三规合一"的时候，实际上不是先强调工程技术配置，而是先强调分析方法。就是要分析这个城市未来经济社会发展的可能性和资源的重点。在此基础上，还要在考虑到公共需求的基础上来解决规划。从"客观性"、"需求性"这两个角度上看，规划是应该合一的，至少经济社会发展规划和空间规划应该在一起做。从技术上讲，叫做"多学科的研究方法合一"，就是社会学、经济学等合一来研究规划发展问题。

土地利用规划可以通过未来的市场化保证农民在土地所有权的基础上明确划分公益性项目和非公益性项目。当不能乱占土地的时候，当征地获取土地的成本极高的时候，扩张性规划就没有实现的可能了。所以，"三规合一"应该是个趋势。

毛其智：城市规划≠规划城市

我们讲的"规划城市"和"城市规划"是两件事，但是有密切的关系。"城市规划"是一个专业，而"规划城市"是全社会关注的一项事业。不能够把一个专业技术与我们"规划城市"单纯地画等号。前者所承担的只是一部分社会职责，后者则肩负着整个城市的美好未来。我们所追求的是全社会的关注、共同规划。这样看来，不仅仅是"三规"，各项规划都应该放到一个共同的平台上去探讨未来。

从城市规划本身来说，它在成长过程中是非常提倡"团队"的工作状态的。这个"团队"的特点就是融合了各种各样专门技术、专业、部门。往往一个城市在编制规划的时候都是由市长牵头成立规划领导小组或规划委员会，其中包含社会各个部门的共同参与。所谓"多学科综合"地规划，并不是说原来某些专业没有用处了，而是大家在一起才能完成共同的目标。

（2）多种规划如何合一

叶建国：学科的融合相对比较容易一些，因为不同的学科彼此之间交流的机会还是比较多的。在包括"三规"在内的很多专业规划统一的过程中，是有这种需求和共识的。那么"三规"究竟应该怎样"合一"呢？有人说统一的路径应该是通过法治的手段来完成，也有的人觉得需要进行部门的重新调整。还有一种方式，就是通过规划过程中民主化机制的引进使得所有利益相关的人都可以参与到规划中去，当然，这牵涉到一个更深层次的改革。在目前来看，哪一种方式或路径能比较好地达成统一的目的呢？

毛其智："自下而上"多一点，规划效果好一点

对城市规划最关心和最受益的是这个城市的老百姓。而我们的规划工作，有很多不是从最基本的社会需求出发，而来自上面的要求和约束。我认为最好的办法还是发动全社会的积极作用，而不是在形式上用部门的合并、新的制度来解决。我们的目的是真正解决问题。我们从研究中得来的建议是尽可能利用现有的框架，而不是随意地主张调整现在的制度框架，尽可能地发动全社会走"自下而上"的道路。

我举一个简单的例子。现在有一些大城市群，比如说京津冀、长三角、珠三角。在这些规划中，规划师会慢慢地萌生出一种追求更大权力的奢望。而这种规划因为跨行政区划，往往会建议由国务院的领导来直接出面干预，由国家给予更多的资源来平衡地区的矛盾。我认为这种整体的思路是不可取的。地区的发展是大家共同的需求和共同的利益的时候，大家才会有共同的积极性，才会有更好的解决问题的方式。应该促进的是城市和城市之间的联盟、联合、共赢、互助，而不是以邻为壑，互相恶性竞争，最后依靠上级行政部门的行政权力来给予平衡的发展方式。所以，从"三规合一"也好，从制度上调整也好，应该寻求一些更积极的，真正有成效的，而不是表面文章的做法。

李铁：公众监督 + 规划师主导 = 多学科融合的优秀规划

这几年，地方经济发展比较快，遇到的问题很多，知道"三规"分离的时候规划做得效果不会太好，并进行了多种探索，已经出现了好的变化。实际上，我们也在探索，准备进行"三规合一"的规划。包括河南永城、浙江诸暨、山东顺德等地，机构改革了以后广东一些城市也要搞"三规合一"。那么重点解决什么呢？就是自下而上地先来解决规划的"多学科融合"问题，将各自的长项结合在一起来进行规划。这样可能会使规划的科学性更强一点，更适用于地方未来的发展。

比如永城的空间规划是由毛老师的团队做的，但是发展规划是我们做的。永城的规划涉及煤炭塌陷区的改造，涉及老城和新城的建设，还涉及旅游开发区——芒砀山自然景区的规划问题。永城规划最大的问题是老城和新城的关系。很多地方政府的官员都认为，建了新城就可以把老城的问题迎刃而解。但是老城的人并没有搬，新城建了以后，来的并不是老城人。

原因是老城有一些我们没想到的优势。第一，就业生活很方便。尽

图2 城市会客厅第01期现场（李铁）

管住宅条件、公共设施很差，但生活成本很低。在这里不用去缴更多的物业费，水费等都是按传统的方式征收的。第二，出门生活很方便。想买东西到处都是小店。第三，在老城里，大部分建筑楼下的店铺不是买的不是租的，而是自己家的，所以卖的东西很便宜，已经形成了一个长期的区位方式。第四，传统的邻里关系、社会关系。我们发现，寄希望于新城建设来解决老城发展问题是失败的。这种失败如果在传统的空间规划的意义上讲，就是一次合理的资源置换。问题并不是像想象的那样，而需要有一系列的经济学和社会学的分析。学科融合就能在规划中发挥很多好的作用。

　　我们在吉林省公主岭做过"三规合一"的规划，当时他们的领导来谈规划的时候，谈得很明确，说公主岭要搞"东方达沃斯"，提出了雄心勃勃的口号，说要把这个城市建成欧式的风格，要让人们大量来这旅游。他刚上任时间不长，有这种雄心勃勃的想法还是值得赞许的，但对他的想法我是全盘否定的。原因很简单。第一，我问他去没去过达沃斯？他说没有。达沃斯是一个25000人的小镇，每年1500万人的旅游流量，是世界最大的滑雪场。达沃斯会议在那开不是因为它有了大的会议中心，而是因为它已经是一个非常成熟的著名滑雪场。就是说如果不在这里开会，每年也有 1500 万人到这里来。是因为有了这么多的旅游人口来，在这里开会也满足了参会者旅游的偏好，才形成了这样一个品牌。我说，公主岭有什么旅游的特点可以值得每年几百万人几千万人到这里来？现在连 10 万人的旅游流量都没有。所以这只是一个凭空的想法。第二，城市不是凭空建的，要在哪里建一堆欧式的房子？老城怎么办？拆不拆？有没有那么多的土地指标？他又没法回答了。第三，哪来的钱去盖？这个城市现在所处的发展阶段，工业、服务业发展都比较滞后。没有足够的财政，没有足够的资金，拿什么去建？第四，要去拆房子，就要面对所有的房屋主体，他们是什么样的反应？整个城市的空间资源发生变化的时候要面对这样一个强大的社会主力，以什么样的方式来解决这个问题？现在这个城市的发展不是要建一个"达沃斯"，而是要先解决这个地方老百姓收入如何增长、居住环境怎样改善之类的现实问题。谈完之后他们全盘接受我们的观点，然后我们就做"三规合一"的规划。这就是一个具体操作中比较好的例子。

规划是要受到公众的监督，还得把规划主导权交给规划师，在这个基础上才可能有科学的融合，才可能有好的规划。如果我们把规划主导权交给了政府，请了一批国外的专家学者，弄一些很漂亮的层次，这种规划永远是糟蹋了纳税人的资源，使宝贵的资源得不到有效的利用。

3. 主题解析之"城市"

（1）城市的洋化

叶建国：下面我们进入几个具体的问题。除了宏观的规划以外，我们看到，中国目前很多的城市建一些比较"洋气"的大楼，起一些比较"洋气"的名字，比如"东方威尼斯"、"东方曼哈顿"等。他们为什么会突然出现这样一个如此公认的城市发展诉求呢？

毛其智：在今天的城市发展过程中，城市作为一个发展得相对独立的主体，都自然而然地在追求更好的发展。但是我们经常看到这个主体的两个方面，就是决策者和广大的市民群众的要求相分离。你刚才说的这些城市的"洋化",是很多城市在发展过程中盲目追求高端化所形成的现象。

几乎清华所有学生的父母在他们小的时候,就为他们立下"不要输在起跑线上"的目标。让他们学习外语、美术、音乐、体育,试图把他们打造成万能的苗子,然后再送到所谓世界上最好的学校进行学习。这样的成长过程我们不能否认,但是更多的,最广大的孩子,最广大的城市和城镇是这样成长起来的么?这种方式符合他们的成长道路吗?显然这里有非常大的区别,我们说这是"成长的误区"。

在改革开放以后,中国第一次接触到世界。世界城市的五光十色,在不同人的眼里看到了不同的景象。而在中国这个高度集权化的政治架构中,城市决策者看到的"形象工程"的内容过多,而对城市发展的实质,它的真正动力和源泉,看到的却不足。从发展中国家的普遍情况来看,打造一小片发达的城区的例子比比皆是,而让全社会的老百姓普遍生活水平大大提高的做法不多。可能决策者们觉得这不是自己的责任,因为在自己的任期内远远达不到这样的目标。拉大社会之间的差距是容易做到的,而缩小社会之间的差距显然又是一个太长远的任务。在这种从政、为政、行政的过程中,出现这种洋化的现象就是自然而然的了。不光是城市在起各种洋名字,我们的学校也在起很多洋名字,如"剑桥学校"、"牛津学校"、"哈佛学校"等等,他们都试图披上这层外衣来表示自己已经得到了快速的发展。与我刚才讲的追求"真、善、美",要讲实话,要为全体老百姓谋利益,要真正对长远起作用的目的相比,政府的这些表面化的目标就显得有些幼稚了。

(2)上行下效的城市广场

叶建国:其实除了"洋"以外,还有一个现象,这几年也被大家关注得比较多。就是很多地方城市建了很多的"小天安门"、"小人民大会堂"。这两种不同现象背后是否有某种共同的想法和追求?

李铁:广场的背后是监督机制和社会体制的缺陷

我以前一直考虑建广场这种现象的问题出在哪里,后来发现就是"上行下效",因为我们很多城市只是看中国哪个城市最好就学那个城市。"上行下效"的源头大概有两个:第一个是当年我们的城市标杆大连,这个花园城市对全国产生了特别大的影响。第二个就是学北京，还有上海浦东，就是追求城市发展的形象。

制度方面的原因也是有的。第一就是要在任职的短期内干点事情。一个广场一两年肯定完工，流水官平均任期也就两三年。两三年想干出点事来，又不愿做地下的话，肯定是得干地上的。第二就是土地拿得太便宜。地拿得便宜就好干事，因为征地成本太低。第三就是土地出让金每年收来当年就要使完，就没来得及干别的，用这些土地出让金做广场正好。我们的很多上级官员对形象还比较敏感，把城市好不好看作为考核官员的一个标准。只要形象好，这些干部大多可以被提拔。既然用这种方式能得到提拔，那么这件事情就会被所有人效仿，因为它是一个比较快的晋升途径。

当然我想，约束性的原因肯定还和制度有关。你们可能都去过"西递宏"，安徽的西递镇和宏村，世界文化遗产。那里对土地的利用十分珍惜。每一个胡同，每一个拐角，尽管很窄，为了保证车能走过去，在拐弯处稍微拓宽削角。祠堂的广场也小，但中心有个水面。在这种土地所有权条件下，每家每户对土地的利用极其珍稀。

可我们现在这种公有条件下，所有都是国家公有的。公有就代表一镇的政府所有，就代表了一镇政府强烈的个人意志。比如我们看不光是广场、政绩工程，大的开发区的土地乱用状况也很严重，城市整个发展中土地的浪费现象也很严重。中国是一个土地极其稀有的国家，但城市的容积率远远低于其他国家。这不是一个简单的规划问题。作为一个城市的规划来说，还有更重要一条就是公共支出的规划，就是预算规划。预算规划也和发展规划连在一起，这块是不受约束的。由于这块不受约束，就带有任意的个人决策行为，所以就导致了整个技术性规划完全服从于个人决策性意志。

之所以强调"三规合一"，这个"合一"最重要的前提是要保证长远利益和公众需求。我们制度上是否有长远发展的趋势？第一，因为官员流得太快了。第二，由于没有公众参与，这个长远的利益也得不到保证。我们寄希望于一个好的制度，好的公共监督，好的长远发展的机制，才有可能使规划更好。其实不是国外的规划师水平比我们高多少，而是他们有好的公众参与和公众监督制度，还有好的长远机制。这才是保证我们规划能有效实施的重要原因。

（3）城市发展模式探讨

叶建国：很多的城市发展都寄希望于新城的建设来解决老城的问题。我们同时看到，在新城建设的过程中出现了这种很明显的趋势，就是行政中心的转移，从老城搬迁到新城。我们采访中了解到，可能有通过新的行政中心的搬迁来带动新城崛起的目的，这样也可能对老城产生很大的影响。对这样的城市发展模式您怎么看？

李铁：感谢政府，可是我们搬不起

新城开发模式当时是学青岛。青岛新区建设确实是对整个老区发展和新区的发展都起到了积极的作用。但中国的城市千差万别，现在有些新城主要是回避老城的矛盾，带来更多大的开发商的投入。

我们注意到，新城开发最典型的比如河南的郑东新区和甘肃的一些新区建设，全都是这种模式。他们都是以新建行政中心，新建各种大楼的集中居住区，试图带动商业区向这里搬迁。但是，除了青岛带来了房地产开发，其他城市效果都不显著。而且即便青岛引来了房产商，可它真正的公共商务中心并没有发生核心变化，除去伴随房地产开发而来的一些大型超市及商场，原来老的商务中心并没有搬迁到新区去。

这是为什么呢？这里就涉及一个城市发展的惯性。我注意到两类例子，一类是试图用新城替代老城来解决老城搬迁的矛盾。另一类是试图用新街来代替老街。这里头，城市发展遇到的最大障碍就是成本问题。

许多城市把老街拆了，由新开发商重建，却无论如何都达不到原来的商业气氛。因为他们忘了一件事情，就是商业、商品的发展最基本的原理就是"物美价廉"，这是商业老街形成的最基本的原因。老的商业街、老字号的存在，都基于这个基本原理。当开发商把它们拆了，重建了，商户们花很高的租金租到这个门面以后，再把所有的成本平摊到商品上，商品价格就提高很多。现在再去大栅栏吃"都一处"，一顿饭两三个人要花四五百块钱。全国各类的中心区大量存在这种现象，老商业街的改造把成本抬升，造成物价上涨，商业功能消失。

所以，一个城市的改造，一个城市的发展，特别是老城区的发展，一定不能忘了生活成本和就业成本问题。而且现在大量的地方长官都以为建新房子就是好事。可是住新楼的代价是什么呢？新楼要物业费、水费、电费，还要买冰箱，所有的生活方式全部转化为市场来提供。住老房子的话，家里有块地还可以养猪种菜，用不着洗衣机。可是到了新房子里，所有这些都没了。市长只看到居民住了好房子，没看到生活成本支出，没看到就业困难。

市场是有规律的，老百姓的生活成本和收入支出也是有规律的。我们经常违背规律去进行城市的发展和建设。现在社会对城市发展拆迁矛盾这么大，就是因为做了很多事情看起来是好事，其实不得人心。

叶建国：提供一个享受现代化生活的可能是没有错的，但是不要剥夺了老百姓根据自己的实力来选择适合现在阶段的生活方式的权利。我也在想，这种包括行政搬迁在内的新城建设，它的理论来源是什么？是不是我们以前在城市规划古城保护层面里称之为"新旧分治"的概念，来到中国后就变成了这种开发的模式？

毛其智：具体问题具体分析

这实际上是两个问题。

世界城市化的过程，特别在工业化之后，人口大量聚集才能产生更高的经济效益的过程中，大量的城镇都出现了。应该说在工业化过程中出现的城市的数量是数倍于历史传统上的这些旧城的。我想在中国，大量的新城建设在今后这些年里还会继续下去。但同时，旧城有其存在的两种意义：一方面，城市为什么能在历史上形成一个相对发展繁盛的人类聚落？有很多客观的、社会经济环境以及历史成长中的因素。如果简单地去否定它，试图用全新的来代替，显然是在城市发展观上走入了另外一个误区。我们对于老城也要做认真地客观分析，把真正对城市发展不利的地方选择出来加以修缮、改善、整修或者重建，采取不同的办法。这个在我们专业上有一个名字叫做"有机更新"，像一个有机体的新陈代谢一样。另一方面，我们城市化的速度非常快。要知道，新中国刚刚建立的时候，"一普"我们只有7000多万城镇人口，现在有6亿多了，增长了8倍。这些人都住在哪？在哪工作？显然都不是历史城镇，而是城市新区。

以北京为例，在改革开放的 30 年里，大家都常说的，从二环到三环，从三环到四环，从四环到五环，现在已经蔓延到六环以外。这样的话，基本上过去的老北京只有二环和二环附近的建设，显然已经不够了。而更大范围全部都是新城建设。我们讲，不管是旧区还是新城，都要寻找一个合理的发展途径，不能用一个简单的模式来套用。同时，中国还是个发展中国家，整体的经济发展能力还比较弱，简单地套用西方发达国家今天的发展模式来比对中国的城市，张嘴说"外国如何如何"、"我如何如何"、"我要如何如何"，这只是目前政府决策者的一种主观想象。在我们城市规划专业中，也是一种学术误区，需要在发展中得到改正。

（4）人口与城市

叶建国： 除了北京让我们知道它要不断突破自己人口的数目规划规模以外，其他城市，比如日照和唐山的曹碑店，它们在进行城市规划的时候也希望这个地方能够成长为一个大人口规模的城市。而往往它们都会遇到一个最大的困难，就是人从哪里来？它们找不到人。这就给我们一个总体的概念，中国这样一个人口第一大国是从来不缺人的，可是在这些城市试图找到自己发展崛起的时候，却找不到人了。一方面人过多，一方面想发展又找不到人。怎样来理解这样局面的出现？

李铁：人口多并不意味着城市好

人口问题是目前城市发展规划中一个最大的误区。我经常告诉人们，城市好不等于人口多。在国外，比如 2 万人口的小城，就规划这 2 万人口的日子怎么过。在中国，只要城市有 2 万人，一定要说发展到 5 万人，5 万人就说要发展到 10 万人。这是一个普遍的现象。后来我也想，一个是土地的原因，因为人口要拿土地。第二就是只有城市大，才有可能改变行政地位和等级规模。

在中国行政中心为主导的城市等级体系框架之下，所有的城市长官意志扩张的基本思路都是把城市做大、做强、做多权利、做多权限，然后提高等级。这和我们的城市管理体制有直接的关系。在国外，城市是自治的。自治的就不管外面的人口来多少，重点解决的是在这儿的人口公共服务问题。所以，在当前的规划中，很需要矫正的一个误区就是要解决人口规划过多问题。

实际上就不是每个城市都会有人口来，而且也不是每个城市都有足够的空间可以吸引更多的产业来。当前最重要的是如何在现有的基础上让现有的人口，无论是本地人口还是在本地的外来人口，能生活得更美好，而不是通过盲目地扩张让他们生活得更美好。

我们举个例子。全国的镇区人口在10年前"五普"统计的时候平均才7000人，现在19322个镇，镇区平均人口1万多人。全国的"千强镇"的镇区平均人口9万人，财政收入4亿，已经发展很快了。那么在未来的可能性就是，那种高速发展迅速增长的情况是不是还能存在？可能对某一个局部存在。当没有足够明确的外来资源进入的情况下，我们认为做一个规划一定是常规性的。所谓"常规性"规划就是按照过去10年、20年人口增长的速度来确定未来5~10年的人口基本增长速度，我们认为这是最科学最合理的。所以，假如设定在任职期间城市能发生多大的变化，最大的后果很可能是浪费了资源导致城市内部矛盾的恶化。

毛其智：城市人口，追求"包容式增长"

人口在现代城市规划中是第一要素。表征任何一个城市的时候就是人口规模。所有的城市规划都是以人口为前提的。当然我们现在还会对人口有更高的要求，就是不光有数量的要求，还有质量的要求。一个正常的城市人口积聚过程，还存在今天的城市发展中的两个误区：依靠行政级别和依靠土地财政。现在的城市规划走入的误区是某些新区新城给自己规定了过高的城市人口指标，然后惊呼找不到人。实际上，它追求的是行政级别和土地财政过程中编制的一个人口发展规划，这一部分的工作是应该被调整的。当然像北京、上海两个城市，每次规划都希望把人口说得少一点。但是它的人口止不住地向上增长，也应该好好地研究一下为什么。在整个的城市发展过程中，人们为什么到城市中来，为什么集中在有数的几个城市之中？这是国家的发展政策，也是我们的城市发展观，是我们的城市科学所要密切关注的。我们已经走过了"让一部分人先富裕起来"的路，而现在要走一个"和谐社会"，追求"包容式增长"，让全国所有的老百姓都享受到改革开放成果。

4. 尾声——关于未来的城市、规划

叶建国：今天人们来正视城市，正视规划，这有一个最大的背景，就是在我们的"十二五"规划期间已经明确提出中国的城市化率将要第一次超过50%达到51.5%左右。这在中国历史上应该说是一个非常大的转折，也就是在中国这样一个国家，从来没有出现过在城市居住的人口超过在农村居住的人口。在这样一个大的历史转折的时期，应该看到，对于这样一个国家的审视角度和路径发生了很大的转变。之前我们在不断地强调"三农"问题，后来开始强调"城市化"、"城镇化"的问题，今天我们将不得不非常重视城市本身的问题。当面临众多的城市问题时，应该说进入了一个从"治理"城市或"城市治理"的角度来审视城市的过程、阶段和时期。这样的命题在未来的时间内也会越来越重要。在本次访谈结束的时候，我想请两位再总结一下，给读者和网友具体概括一下，在未来的一段时间内要怎样来看待我们的城市？你们对城市的发展有一个怎样的期待？

毛其智：反思过去，正视现在，展望未来

规划城市是全世界最近几年的共同主题，联合国"世界人居日"在2009年的主题叫做"规划我们城市的未来"。在这个全球的反思和回顾中，我们首先看到了城市规划在过去200年里在全世界创造的辉煌业绩。全世界的城镇人口在过去200年里已经从2%变成了50%，现在60多亿全世界人口中，有30多亿都居住在城镇地区，而且人们享受到了比以往更高的文化和城市文明。

但是，在反思过程中，我们也看到在今天的城市规划中有许许多多的不尽如人意之处，需要在未来进行认真的思考。答案是什么呢？并不是我们不要规划，而是我们要用更好的优质规划来取代今天的规划。但同时也要看到规划的能力是有限的，规划工作要和全社会发展的方方面面，要和政府更有效的治理结合在一起，这才是一条正确之路。

李铁：如果按照"五普"到"六普"正常的发展速度的话，明年，中国的城市人口就要超过农村人口。这意味着，中国未来发展的希望肯

定要在城市这个要素最活跃的地方，但是我们也看到城市发展所存在的问题越来越多，城市各类矛盾也相对突出。用什么样的方法来管理城市？用什么样的方法来规划城市？用什么样的思路来为城市的人口提供更好的服务？这应该是目前所有的城市管理者和规划者所面临的共同问题。

我们单位是中国研究城市和小城镇发展的单位，我们既制定城市化政策，又直接参与规划，也直接参与对城市的各种公共服务。我们希望，在未来的发展中，能通过更多有益的探讨，以及类似"谁来规划我们的城市"这样的主题，针对城市发展中所出现的各类矛盾和问题，来集专家、学者以及社会大众更广泛的思维、更有效的思想方法于一堂，要研究借鉴国际、国内更好的经验，我们将尽最大的努力为城市提供更好的服务。

三、观点

观点1 >>> 叶建平：怎可长官说建就建

"长官意识"在现代中国，尤其是公共建设领域中起到了绝对的主导作用。诚然，自古以来，"长官意识"贯穿了中国整个社会发展史，所有的公共建设几乎都是在官员主导下完成的，这是由当时社会性质所决定的。在这些公共建设中，能够在历史的淘洗下流传下来的精品，如长城、都江堰等，无一不具有很强的实用性、很高的技术性和很深刻的文化内涵。如今一些地区提出的所谓"中华文化标志城"则是现代"长官意识"的体现，从市场经济的角度来看，"中华文化标志城"不过是简单的文化堆砌和生硬的文化捏合，剥离人们强加其的文化内容外，就只剩下一堆文化泡沫。

因此，公共建设中的长官意志是必须受到约束的。那种没有历史担当、不顾现实条件也难容群众意见的长官意志，是绝对不能主导公共建设乃至引领经济发展的。对其最好的约束手段，就是完善听证，推行专家咨询和民意反馈，并加强人大监督。

（叶建平：新华社《经济参考报》记者。原文载于《经济参考报》，2008－3－14，第009版）

观点2 >>> **张靖：规划师的位置在哪里**

随着新的《城乡规划法》的颁布实施，以及我国城乡二元结构管理模式的逐渐破除，在城乡统筹的大背景下，广大规划师的角色和地位发生了根本性的变化，这种嬗变对规划师产生了深刻的影响。

新的《城乡规划法》对规划师作出了明确规定："从事规划编制工作相应资质等级的单位应当具备……有规定数量的经国务院城乡规划主管部门注册的规划师。"同时规定"规划师执业资格管理办法，由国务院城乡规划主管部门会同国务院人事行政部门制定"。

现代城市规划的过程就是各种利益冲撞、融合、协调的过程，是政府部门、规划师、社会公众等各种利益团体达成广泛认同、拥护实施的过程。现代城市规划要充分重视多种利益集团的对话、协调与合作，以达到最大限度地动员和利用各种资源，共同构建和谐社会。规划师在这个过程中担负着桥梁和纽带作用。

当前，对于政府管理部门来说，应尽快出台相关配套文件，像注册建筑师一样规范注册规划师执业资格管理，在规划编制、审批成果图上签章，让规划师对所编制、审批的规划成果负责，进一步明确规划师的法律责任，强化和提升规划师的社会责任，让他们真正肩负起神圣的社会使命，充分发挥规划的引导和协调作用。

（张靖，肥西县规划局。原文载于《安徽建筑》，2010年第5期）

观点3 >>> **周子峙：把规划交给群众**

城市建设好坏的关键在于对项目的决策，而决策的关键取决于一个城市在文化上的对外开放程度，不断吸取东西方文化上的长处，为我所用。在城市建设的经验上，处处由市领导牵头、决策和审批的"杭州模式"未必能取得理想的效果。相反的，市领导较少干预的，由规划局的专业人士负责的"深圳模式"在建设过程中往往能较早发现问题，再由专家修正审批，这样似乎能更好地解决矛盾。因此，减少领导对城市建设的干预有助于城市规划工作的正常进行。

此外如果没有一个严明的立法规定，就很难把一个完整的规划在多届政府下贯穿始终。同时还要加强群众监督，增强群众与专家的互动，特别是对于重要公共空间、黄金地段的规划，一定要征求群众的意见，看看使用者有什么样的要求。

（周子峷，中国城市规划学会理事长，两院院士。原文载于《宁波经济》，2000年第10期）

观点4 >>> 郭耀武、胡华颖："三规合一"，还是"三规和谐"

中山大学地理科学与规划学院胡华颖老师与江门市规划局的郭耀武认为，"国民经济和社会发展规划"、"城乡规划"、"土地利用规划"这三种规划的内容涉及发展整体部署，范围覆盖行政管辖地区，实施采用"政府负责、部门落实"的垂直管理方式，受编制内容、审批机构、实施过程和监督方式等环节的影响，容易造成规划内容交叉、标准矛盾、实施分割、沟通不畅等现象。"三规合一"的呼声愈发高涨，学术界呼吁改变现行"条条"的管理方式，由单一的部门机构进行各种规划制定和相应立法，从而为规划编制和实施提供统一的基准平台。

然而，"三规合一"的实践在现有的行政架构下往往体现出"三规失衡"的症状，这主要是由于包括"部门权益争夺"、"政府事权分配"、"市场与计划"等多方面的矛盾与冲突的存在。因此，建立有效和可持续的权益协调机制，是解决矛盾的关键所在。如果仅从技术和方法上进行"三规合一"，不涉及部门体制改革和建立协调机制，就无法消除规划间固有的权益矛盾。

从现有的实践结果看，"三规合一"在制度层面主要体现出以下几类问题：①趋势上不符合客观规律；②机制上不能完全消除利益冲突；③法理上得不到法律支持；④体制上不利于政府管制；⑤时间上可操作性不强。

因此，他们并不赞成实行"三规合一"，而是实行"和谐三规"，其手段是顺势而为，促进协调发展，促进三规的相互借鉴、相互融合；夯实基础，理顺法律关系，在法律层面明确"三规"间的平衡协作关系，保障"三规"协调发展；明确事权，完善管理体制，即土地由中央政府牵头，各级政府负责，实行垂直管理，"发展规划"和"城乡规划"由地方组织编制和实施；分清职能，明确内容范围，明确"三规"编制的范畴，避免规划内容重叠；优化机制，构建"三规和谐"。

（郭耀武，江门市规划局；胡华颖，中山大学城市与资源规划系。原文载于《广东经济》，2010年第1期）

观点5 ≫ 丁成日："三规合一"是城市规划未来发展方向

美国马里兰大学城市建筑、规划和历史保护学院副院长丁成日先生曾发文，指出中国规划体系的破碎性不利于指导城市的空间可持续发展和竞争力的提高，因此整合主要规划体系，包括社会经济发展规划、土地规划以及城市规划的必要性越来越突出。

"城市规划"涉及的空间范围主要是建成区和规划发展区，而"土地规划"主要涉及的地域范围为未来发展区和农业区。尽管"经济规划"是根据行政单位编制的，但是"经济规划"缺少空间内容。因此，"经规"、"城规"、"土规"在空间覆盖区域上及空间规划重点上具有一定的差异。具体来说，"经规"在空间上难以具有实际的指导意义。

三种规划（"经规"、"土规"、"城规"）的整合方法和技术的核心是土地供给分析、土地需求分析、土地空间分配分析，通过这三种模块的分析，将城市发展的三大因素（资本、劳动力和土地）在空间上依据市场原则进行合理配置。

中国的发展和国际经验都说明了规划整合是今后城市规划发展的方向。丁先生明确指出城乡交界处是规划整合的重点地区，多规整合或融合涉及面广，因而需要借助模型和高级计量工具来科学地规划和决策城市空间发展。

（丁成日，马里兰大学城市规划终身教授，中国城市发展与土地政策中心主任。原文载于《规划师》，2009年第3期）

四、延伸阅读

规划是否掌握了真理

毛其智

"规划就是向权力讲述真理"一语已耳熟能详，但每次听到，都有一丝别样的凉意。此话好像已经多次"出口转内销"，到底源于何处，无考。然而传播者的用意似乎心照不宣，即"规划代表真理，规划的实现需要权力"。若把一些规划（师）追逐权力的奢望暂放一边，则问题的关键可能是：规划是否掌握了真理？

应《规划师》编辑部之邀，现写下我的几点思考。

①规划的理论繁多，而多数实践者注重的是认识规划与人类社会发展以及人居环境布局形态之间的相互关系。通行的一种理解是：城市规划是一门科学，一项艺术，以及一种政策的运动，它致力于创造和指导（引导）与城市的社会、经济、环境需求相一致的城市物质空间形态的发展和秩序。

②规划需要法律、选择、优先权和道德。规划需要一整套行为准则对城市发展进行约束，建筑法规、道路红线、分区规划，目的都是为了全社会的利益。在社会主义市场经济条件下，这是唯一可行的竞争规则。城市发展有其自身的客观规律性，今天的规划再也不应是个人权威的体现，不能以个人的主观意志为转移。规划需要的是一种综合协调各方面意见的整体战略。

③规划技术方法虽然种类繁多，但均是有利有弊，最终形成（并由政府批准）的规划方案往往并不是完全明确和客观的科学决策，主观与经验的成分依不同情况还占有相当的比例。在发展的压力下，政治对规划的关注程度越来越高，将许多经济责任、社会理想与物质形态建设更多地联系在一起。政治家越来越多地干预规划的技术过程，对规划目标、解决的途径和运作的时限提出不切实际的要求。与此同时，规划（师）也经常将远期和近期任务混在一起，一厢情愿地希望决策者能对社会进程实施行政干预，藉此达到规划（师）主观预想的发展图景。

④对城市的认识是规划的基础之一，一方面包括城市的起源、成长发育、目前状况及未来的发展趋势等演化过程；另一方面包括城市的性质、功能、规模和意义。同时，国家体制、经济制度、社会条件、自然环境和历史传统等又都对认识城市产生重要影响。在人类走向多元文化的今天，对城市的认识达到某种程度的一致几乎是不可能的。对规划（师）来说，不同阶层和不同集团的利益发生冲突时，是否还能够尊重科学、实事求是、坚持真理，站在社会发展的长远利益一边？

⑤在城市发展过程中，规划始终是一种技术性的咨询工作，要注意与权力保持应有的距离。在这个意义上，规划呼唤科学研究，规划需要完善法制。规划理想的实现是社会的共识和锲而不舍的努力，而不能建立在"领导个人说了算的权力"之上。

（毛其智，清华大学人居环境研究中心副主任，教授。原文载于《规划师》，2000 年第 4 期）

第三章
旅游型城市
如何发展

现如今，全国各地几乎都陷入了旅游热当中。无论城市大小、是否具备资源，凡是能吸引别人来观光的，都会被开发出来，并冠以"人文之旅"、"红色之旅"、"生态之旅"的头衔，再包装成旅游产品大肆宣传。这样一来，城市有了人气，财政有了收入，GDP 也跟着旅游热一路飙升。在这看似大好的局势背后却是对人文古迹的摧残和对自然的破坏。

一、案例

案例① 武夷山：生态旅游，别冲动

当下，越来越多的人厌倦了办公室的沉闷和城市的喧嚣，选择到大自然中愉悦身心。随即便引发了一股生态旅游热。盲目地跟风建设，使得众多生态旅游实践都未达标。他们着重强调生态旅游"认识自然、走进自然"的一面，而忽略了其"保护自然"的目标。这样的生态旅游开发必然导致大量的环境问题。

难能可贵的是，武夷山市在这一点上保持着冷静的头脑，并采取了科学的开发策略。

武夷山市位于福建省北部，是南平市下辖的一个地级市。其总面积为 2802.8 平方千米，户籍人口为 21.98 万人。

以"碧水丹山"著称的武夷山，风光瑰丽，文物荟萃，"奇秀甲于东南"，为八闽第一胜迹，列首批国家重点风景名胜区。旖旎的自然风光加上大量的名胜古迹，丰富的旅游资源让武夷山市位列首批历史文化名城，并于 1999 年获批为世界文化遗产。

具体策略：

①正确观念先行。武夷山人知道，当地自然资源的珍贵就在于它生

态环境系统的原始性，这种原始的结构与功能一旦被人为地"组合"、"开发"，世界也就永远失去了真正的武夷山。为此，从一开始，武夷山开发生态旅游时，首先考虑的就是如何保护，然后才是其他诸如经济效益等。

②科学规划保障。真山水、纯文化是武夷山旅游资源的最大特点。可是，怎样才能在对旅游资源进行开发利用的同时又不破坏自然原有的"真"与"纯"，并将它转化成无限的可持续的良性循环呢？在这一问题上，武夷山市政府先后聘请了40多位专家学者对武夷山的一草一木进行科学而详细的论证规划，让每一位到此的游客都感觉到大自然勃发的灵气和原始的魅力。比如在武夷山，游客几乎看不见任何一座非自然的厕所，因为风景区内所有的厕所都是依照"自然品牌"的定位需要建的，全无一点人工刻意雕凿的痕迹。

③生态环境优先。申遗成功后，随着知名度的提高，武夷山旅游人数持续增长，客观上要求加快开发建设。这时武夷山开发管理者脑子没有发热，所有旅游扩展都是在不污染环境、不破坏生态的基础上进行的。如果哪个项目可能危害到生态环境，那么就会被毫不犹豫地放弃。

④转型促进就业。武夷山人不仅注意到了宏观把握，还照顾到了微观调控。他们将九曲溪上游的两个采育场划入景区统一管理，使伐木工转变为护林员，在旅游业发展项目中，注意优先吸纳项目所在地农村劳动力，有计划、有目的地扶持和引导村民从事旅游业，使农村劳动力逐步从传统农业向旅游生态农业、旅游产品加工业和旅游第三产业转移。这样，生态旅游的发展与当地社区建设互相推进，充分调动生态旅游区居民参与的积极性。

理智的头脑、缓慢的步调，以自然环境为导向的生态旅游开发在推动武夷山市经济增长的同时，创造了更加宝贵的生态效益。

（来源：《林业经济问题》）

案例② 大连："浪漫之都"的品牌塑造

大连作为辽宁省的一个海滨城市，在国内也算不上一个历史文化名城。作为东北老工业基地的它，往往给人一种沉重、落后的感觉。在建设"城市品牌"之前，大连还只是一个名不见经传的普通二线城市。1998 年以来，大连倡导"城市革命"理论，将城市作为最大的产品和品牌来规划、建设和营销，提出"浪漫之都"的城市品牌，大力发展旅游业，为城市的发展带来了机遇。

品牌建设背景：

90 年代末期，大连以经营城市为突破口，"不求最大，但求最佳"，规划、建设、优化、美化城市环境，打造国际名城。它从旅游业角度出发，主要采取"拆墙添绿"、"广场生趣"等一系列环境工作。通过建立花园式绿化、广场文化等城市形象，"浪漫之都"的旅游品牌孕育而生。

品牌塑造策略：

①发展会展节事旅游，促进旅游产业升级。服装节、啤酒节、沙滩节等一系列城市节日，还有新推出的国际婚庆旅游节、温泉滑雪节、国际高尔夫邀请赛等旅游活动全新登场，吸引当地居民和外地游客的参与。

②借助奥运效应，提高国际知名度。在北京申奥成功时，大连及时打出"比赛在北京，观光到大连"的宣传口号，引导奥运游客来大连游玩。2008 年，大连在国内外举办了多场奥运旅游产品发布会，针对奥运游客推出丰富多彩的奥运旅游系列主题活动和旅游线路，吸引了众多的海外奥运游客。

③丰富旅游产品类型，引导旅游者消费诉求。为平衡旅游季节性差异大的问题，大连推出冬季"3S"旅游产品：温泉（spring）、运动（sport）和购物（shopping），将"冬游到大连，体验新浪漫"的主题整体向市场推出。大连还着力开发俄罗斯市场，争取在俄远东地区尽早树立起"远东购物天堂——中国大连"的城市形象。在众多国际化旅游产品充实下，大连已跻身国际化旅游城市之列。

④利用丰厚文化底蕴深化旅游品牌内涵。文化是旅游的主旨和内涵。大连城市建筑风格独特，俄罗斯风情、日本风情、有轨电车，处处体现着它发展的历史文化特色；众多海洋类博览资源，使大连成为一座海洋文化名城；大连还引进国外旅游投资建设高端旅游"大连莱茵海岸度假

村";旅顺口推出的军事旅游和以采摘、享美食等为主的体验游,进一步丰富和完善了大连旅游的文化内涵,推动旅游品牌的可持续发展。

大连旅游营销对"浪漫之都"持之以恒地推广,使其在"品牌城市"的打造上呈现出连贯、顺畅、完整、全面的风格。大连通过着力打造突出浪漫、体验浪漫为统一主题的旅游氛围,贯穿浪漫、时尚、向上的文化特征,深化了大连作为"浪漫之都"的城市文化内涵,也继而明确了大连城市旅游发展的长期主题和方向。

(来源:新浪城市)

案例③ 海南:城市名片不是万能的

2003年《印象刘三姐》引发的阳朔"印象经济",成为中国文化产业的一种特殊经济现象。国内众多城市纷纷力邀"印象"团队打造自己的城市名片,大大激发了旅游业与演艺业的良性互动,成为旅游产业发展的新动力。旅游演艺在丰富景区及旅游地的文化内涵、提升旅游地形象、促进地方经济发展上的作用,越来越为各地政府、企业和旅游研究者所重视。但是这种利用城市名片带动旅游业发展的策略是否普遍适合于各种旅游型城市呢?恐怕也不尽然。

"印象"奇迹在海南并未上演,《印象海南岛》没能延续《印象刘三姐》的辉煌,上座率不高,成"有口碑无票房"的典范,日前还被"转让"股份,成本收回遥遥无期。

2009年《印象海南岛》上演,平均每天的观众在500人左右,十分不理想。为了上座率,海南印象文化旅游发展有限公司特意到多地搞促销,最低门票价格也从238元下浮到168元,对持有海口市身份证的本地人,更是推出68元的特惠活动,但收效却不是很明显。

《印象海南岛》总投资在1.8亿。在演出敲定之初,海口气候宜人,预计《印象海南岛》全年演出天数可达256天,优于其他印象系列。即便按70%的上座率估算,可容纳1600人的印象剧场仅门票收入也将产生巨大的经济效益。当时出品方豪掷1.8亿元,想大赚一笔。结果现在《印象海南岛》的日客流量也就500人左右,票房收入每天在8万元上下。刨去印象剧场运行成本和剧组演职人员的工资，已经所剩无几了。仅能解决温饱的《印象海南岛》，逼得出品方海南印象文化旅游发展有限公司以 2750 万元的低价出售了 55% 股权。此事给势头正旺的"印象"系列泼了盆冷水。

张艺谋的"印象"最成功的就是《印象刘三姐》，其热演反过来又带动了阳朔乃至桂林旅游业的持续发展，备受肯定。而《印象丽江》也提高了旅游相关产业的收入，同样取得了不错的社会效益和经济效益。《印象海南岛》是张艺谋"铁三角"团队的第四"印象"，上座率不高，与当地的旅游很有关系，海口的旅游资源不如三亚，单纯的一台演出并不能拯救一个地方的旅游。可见，挖掘自身资源，制定科学规划才是旅游城市的发展之道。单纯的赶时髦、耍小聪明，搞不好非但得不到好处，反而会惹祸上身。

（来源：浙江在线）

案例④ 安庆：皖公像是一种文化"莫须有"

安庆是皖西南中心城市，是安徽省"皖江开发"的重点城市之一。它还是长江沿岸著名的港口城市，是中国民族工业的发源地，更是中国传统戏剧黄梅戏之乡，有着"万里长江此封喉，吴楚分疆第一州"之美称。

潜山县是安庆市"非著名"小城。日前，正是这个小城，花 600 万元树起了一座更加名不见经传的"皖公"巨型雕像。不料这种无厘头的行为竟让潜山县一举成名，顺利达到了"扩大知名度、打造城市名片"的美妙初衷。前有郑州宋庆龄巨像，今有潜山大皖公，城市前赴后继"立碑立像"以求成名，颇有流行之势。

在连潜山县父老乡亲都不知"皖公"为何方神圣的情况下，当地政府却搜尽故纸堆，硬生生从历史典故中挖出了一个"金元宝"——"皖之鼻祖即皖公"。不过这个皖公是否经得起推敲？不管咱们信不信，反正领导是信了。随即大干快上，不几日，"皖公"巨像便已横空出世矗立于众人面前。至于那些索隐派、实证派内心感受如何，已无人过问。总之，就在游客与群众都懵了的时候，城市出名了，领导决策成功了。

为了促销城市资源而打造城市名片，固然是主政者的纯良动机。我们也相信他们造福一方的良好初衷。但是不是所有的他山之石都可生搬？郑州立起宋庆龄塑像，备受非议，如此前车之鉴，潜山竟然还折腾出个封建传说中的"鼻祖"来做城市营销的"抬轿人"，是否有悖于"民族的、科学的、大众的"文化方针呢？城市可能在权力主导下沦为文化虚无造假之流。

城市软实力的建设，一定要从战略高度，谨慎策划与开发。如皖公像这种自我形象贬损的"文化内伤"，是片面追求政绩的主政者的杰作。他们这是"文化粗放主义"。这不是在建构文化，而是在摧残文化。

现代城市营销早已由"内涵型建构与诉求"主导。一个好的城市，首先是关爱百姓、以民为本的。政府应以优越的制度设计、政策实施、环境治理来推动城市各方面的建设，从而提升城市文化活力，推动城市经济，促进城市宜居性，最终形成城市可持续发展能力。建立一种"良性循环"城市生态，远比搞一两个"噱头"的竞争能力更持久。

（来源：中国江苏网）

二、对话

主　题	旅游如何树形象、塑品牌？
嘉　宾	吴必虎　北京大学旅游研究与规划中心主任
	李　铁　国家发改委城市和小城镇改革发展中心主任
主持人	何　刚　《财经》执行主编
时　间	2011 年 8 月 22 日

图1　城市会客厅第03期现场

（左起：何刚、李铁、吴必虎）

　　今天我们要谈的话题是关于旅游。游山玩水不仅是怡情养性的好方法，也是让地方增加收入的兴奋剂。我们有幸请到两位重量级的嘉宾：第一位是来自国家发改委城市和小城镇改革发展中心的主任李铁教授；第二位是来自北京大学旅游研究与规划中心的主任吴必虎教授。他们二位专家对地区的旅游策划有非常深入的研究和丰富的经验。

1. 旅游业的机遇与挑战

　　何刚：据我所知，"十二五"期间是旅游业发展的重要机遇。2010年整个旅游业的总收入增长了21.7%，其中旅游人数的增长超过10%，人均旅游支出增长是11.7%。但另外一个数字告诉我们：2010年旅游业占GDP的比重不到4%，远没有2002年、2003年所占比重大。在过去的10年中，旅游业在整个GDP中所占的比重呈逐年下降的趋势。我想第一个需要关注的问题就是，近年来旅游业的收入占GDP比重下降的原因是什么？另外，旅游业的发展前景和方向何在？

吴必虎：连带消费不好统计

应该说，旅游业占 GDP 比重的统计历来有比较大的困难，这是科学上没有解决的问题。旅游业并不像工业、农业有确切的统计，其统计口径是分散在各个部门里的。比如民航、火车的乘客的消费等因素，这种统计不是科学的统计，而只是预测和测定的评估。

有人会问，为什么 2002 年、2003 年的时候是 5% 左右，去年就有所下降呢？这是有一些原因的。旅游业处在以观光为主的阶段里是比较好统计的，比如门票的统计是很好实现的。但现在旅游的方式发生了变化，商务旅游越来越多，休闲度假的人越来越多。可是旅游占 GDP 的比例在商务和休闲这块是无法测量出来的。从世界上发达国家走过的道路来看，在未来"十二五"、"十三五"的十年里，旅游业的比重会越来越大。为什么这么说呢？因为一个地区的城市化程度提高以后，城市的经济生活大多要经历主要从第二产业向第三产业转化的过程。中国的一些沿海城市已经开始增加第三产业比重了。作为现代服务业主要的组成部分，旅游业是包括观光、商务、休闲、度假的综合旅游业，所占的比重是会增加的。

另外，中国和西方发达国家相比有很大的不同，就是中国人特别多，从整体人口消费情况来讲，可支配收入中用于文化和休闲度假以及旅游的比例会增加。由于人口基数大，也许出游的半径没有西方国家那么远，人均消费没有西方那么大，但因为人多，消费总量会有非常迅猛的增长。我对未来旅游业发展的基本预测是总需求会增加，有一些地方会结构性过剩。

李铁：旅游业将取代工业，成为未来的阳光产业

我们在做城市规划的时候，最热点、最有兴趣的规划是旅游规划。从城市来讲，我们认为旅游项目确实有无限的挖掘潜力。这取决于几个方面的原因。第一，工业的发展不取决于政府。大量的民营企业兴起，政府无法决定一个企业发展的前景。第二，招商引资需要用地，每年国家下大量的指标分配到不同的城市。土地对政府的制约也特别大。第三，从政府的角度来讲，更希望发展无烟工业，强调第三产业的发展。很多城市都有自然资源和人文资源。所谓的自然资源和人文资源就构成了城市旅游发展最好的产业前景。

从消费者来讲，我们都是消费者，自身也能感觉到变化。比如说恩格尔系数，我国大概在31%。恩格尔系数大幅度下降以后，其他的消费指数就增加了，其中很重要的一部分就是旅游消费。我们现在的休闲时间也在增加。根据有关部门最近的统计，中国的旅游天数是最少的，为人均21天。其实我们自己是做不到旅游21天的。但双休日、长假每年115天这么长的假期，是就在家里待着还是要出去？这肯定是在发生变化的。另外，比如说北京，我们所看到的是，到星期六、星期天比平常上班更堵车，到郊区的路几乎是堵死了。北京郊区旅游发生的变化是颠覆性的，完全带动了整个郊区的农业结构调整。比如说各个区县的水果采摘业已经形成了一定规模，成为了当地最重要的产业。再比如，农家乐现在已经成为北京农村周末经济消费里非常重要的内容。旅游带来了人口和消费的不断增加，给地方的产业带来了拉动的作用。旅游业的繁荣带来了大量的信息变化，带来了服务业的变化和大量的结构调整。我们过去的招商引资只是工业招商，现在旅游度假村的招商也在各地出现。地方都说要增加GDP的增长，那是不是一个大宾馆、大饭店也是很重要的引进呢？

所以说，我们个人的生活、城市的生活都促进了旅游业的发展。特别是城市化率已经非常高，城市人口中很重要的城市消费内容也会向旅游方向发展、变化。所以不仅仅是"十二五"时期，在未来一段时间里，旅游业也将是一个阳光产业。

2. 旅游规划的思路与方法

（1）关于全国非著名旅游地的规划

何刚：旅游业是从长效来说极具前景的产业。各地对旅游业非常重视，但很多地方在发展旅游业的时候也面临一些困惑。传统的工业招商引资已经有套路可循了，但是旅游从规划到实施的整个过程，跟传统工业及其他产业的招商都是不同的。吴教授刚刚从洛阳回来，李主任也到了洛阳嵩县和巩义，并介入了当地旅游产业的规划。请两位结合你们的经验来谈一下，旅游业对地方具体的带动作用究竟体现在哪些方面？一些看起来没有那么多自然资源，没有那么多全国知名的人文旅游资源的地方，如何发掘和推出极具潜力的自然人文资源，让它变得全国知名呢？比如说河南的嵩县。我们一说河南嵩山少林寺，大家都知道。可事实上，嵩山不仅仅有少林寺，还有很广阔的山脉。一个看起来似乎很有名气，其实并没有那么知名的地方，怎样发现极具价值的旅游资源？从规划上如何发现亮点呢？

李铁：抓住特色，品牌不要杂乱

来看一下嵩县旅游的规划地图，这里涉及很多的景点，有自然的，有人文的。这里做工业规划是不行的，因为它是自然资源导入区，森林覆盖率在60%以上。而且整个的空间非常狭小，不利于大规模的招商引资，但旅游资源非常好。

我们给嵩县做规划的时候，首先会考虑到到底是地方性的规划还是对全国的旅游。其次，品牌如何打出去让全国都知道。第三，仅仅白云山靠自己的品牌营销能不能有极大的影响力？现在嵩县几乎不为人所知，每年的旅游流量很小，消费能力也很低，只是停留在地方性的旅游节点上。事实上，我认为嵩县的自然景观是非常好的，具有全国性的旅游消费特点，而人文景观不宜放大。

我研究中国人文古迹景观的时候，发现它有两个特点：一个是宗教文化，一个是帝王文化。如果离开这两个，人气是基本上聚不起来的。

（2）关于成熟旅游城市的规划

何刚： 洛阳应该是比较成熟的旅游城市，是历史文化名城。今天从两位的角度看洛阳的旅游规划，包括对外推进的重点来讲有什么缺陷？

李铁：联系周边，延长时间，放大消费

把洛阳的人文景观和嵩县的自然景观结合在一起，就会延长在洛阳旅游的时间，放大旅游消费，把地方性的旅游资源扩展成全国性的重要旅游资源。在考虑到人文景观和自然景观结合的时候，应该是把嵩县的自然景观与洛阳已有的名胜结合在一起，把地方性的消费变成全国性的消费，这样有助于扩大旅游规划的影响力。所以我们做规划的时候重点是强调了白云山的旅游规划如何跟洛阳的规划相结合，形成产业对嵩县发展的带动。

吴必虎：突出特性，创区域旅游产品组合

主持人刚才问过，旅游业在"十二五"期间与国民经济其他产业相比有什么增长的空间？我想从这个角度再讲几句。

跟工业相比，旅游业有三个特点。首先，旅游业对自然环境的污染是很小的，跟工业相比是几乎可以忽略不计的。其次，旅游业的可替代性不强。工业城市之间可替代性是很强的。比如洛阳和长春都生产拖拉机，作为一个农户来说，要么买洛阳的，要么买长春的，竞争性非常强。但旅游业不是的。去洛阳的人以后还会去长春，因为没有可替代性。所以每个城市都可以说自己是旅游城市，但不是哪个城市都能说自己是工业城市。另外，旅游业还有一个突出的特点，就是藏富于民。如果利益分配设计得好，当地的居民会收入很好。

图2　城市会客厅第03期现场（吴必虎）

地方发展旅游的过程中或多或少有一些共性的问题。像洛阳本身的旅游应该问题不大，但是在地方旅游的带动作用上洛阳做得还不够好。我们将洛阳与附近的西安比较一下。洛阳和西安在历史上作为一个朝代前后的首都，是当时政治经济文化中心。比如说隋唐，长安和洛阳都是双都；周朝的时候，西周在丰镐，东周在洛阳。西安最近几年通过曲家新区，通过大明宫和世园会，可以把唐文化变成很好的旅游产品，所以现在不但去西安的人多了，而且可以停留下来。但洛阳丰富的文化遗产并没有得到很好的保护与利用。

洛阳城市内部把大遗址活化是最重要的。如何把历史遗产和郊县的自然山水结合在一起，把洛阳变成一个旅游目的地？全国很多的地方都

存在这样的问题。

3. 旅游城市的品牌与形象

（1）误区与出路

何刚：中国作为一个历史文化大国，我们的潜在旅游资源是非常多的。仅一个不那么有名气的嵩县都可以找出 5 ~ 6 个非常有意思的旅游点。但是如何树立地方旅游的品牌和形象呢？地方政府在做旅游规划的时候经常走入的误区是什么？怎么样能让旅游规划确实在品牌形象方面有非常清晰的主线和亮点呢？

李铁：从消费者的角度做规划

做规划时不要站在自己的角度，而要站在消费者的角度。我去西安的时候，一个县委书记想在乾陵下面修一个很自然的人文景观区。我跟他讲，做规划时不要站在县委书记的角度，要考虑到一个北京人或者一个上海人到西安来，是看乾陵还是看人文景观？要站在消费者的角度来想。还有要看到可能的消费时间，因为对全国人民来讲，尽管假期累计时间很长，但集中休假的时间并不多，很多人一生中到一个城市的旅游机会只有一次。

李铁：不要政府主导，顺应旅游市场规律塑品牌形象

对旅游价值认同的时候，如何来形成品牌？人文景观和自然景观有很大的区别。自然景观虽然是一个地方一个模样，但也有同构。人文景观是不重复的，但在恢复品牌和旅游形象的时候需不需要投资？西安想恢复大唐的宫殿，洛阳想恢复洛阳古代遗址。这种恢复是需要花钱的。对历史文化名胜的修复再造需要我们考虑到投资、回报、公用性以及基本权益问题。

旅游品牌形象是在什么样的基点上？我看到很多地方在做规划的时候一定会说未来的旅游量有多大。最典型的是达沃斯论坛。天津做规划时希望利用达沃斯论坛的影响力对天津地区产生辐射和影响。我反问一个问题，真正的达沃斯是先有人口流量还是先有达沃斯呢？达沃斯城市是冬夏的旅游胜地，是因为先有了人口和流量，才有了借助旅游的旺季来开的达沃斯论坛，又可以开会又可以旅游，达到了双重功能。而拿达沃斯影响别人，这是违反了旅游发展规律的。所以这种品牌我觉得没有任何价值。

何刚：李主任谈到了一个很重要的问题，旅游的规划上，政府往往是主导者。但最终是以市场为导向，还是以主政者的思维和判断为导向，这是有区别的。吴教授有没有类似的故事？

吴必虎：吸引物与旅游品牌

品牌讲起来是个虚的东西，但是实际上是由一系列很实的东西组成的。比如说我们提到丽江，提到西双版纳，提到九寨沟，大家脑子里会有一种形象；说到拉萨，就会想到天很蓝，人们对宗教的信仰非常虔诚。全国有2000多个县级行政区，每个行政区都想出名或者是让人注意它，那非常不容易。

图3　城市会客厅第03期现场
（左起：李铁、吴必虎）

要树立旅游的品牌，第一要有真正的物质上的基础，也就是说旅游产品。旅游产品是什么？就是由一个具体的旅游吸引物为核心，加上信息和服务。什么叫吸引物呢？旅游者为了这个对象而去的东西就叫吸引物。这可以是一个具体的景区，也可以是一个具体的建筑物，甚至可能是一个有历史故事的象征。所以我们把实实在在的山水、建筑物或者是某些人活动过的地方、事件都称为吸引物。中国很多景区发展旅游都是靠老天爷、老祖宗，但还有相当多的地方没有那么幸运，比如说我们前面讲到的一些市、县，也有些自然景观，但跟九寨沟、张家界相比，还不足以吸引游客，所以要后天加入发展的驱动力。这就要通过规划和投资。但是这个投资很有可能是得不偿失的，这就是我们要认真进行研究的。

第二，如何提高知名度。知名度的提升，就要靠媒体、靠传播的艺术或者是技巧。比如河南焦作的云台山，其本身的景观在全国、全世界不是最前面的，但它的成功是在营销，做一系列的事件，做一些论坛，做一些推广的活动。

第三，品牌要做得真实。就是说你通过媒体告诉别人的和别人来看到的之间差别不能太大，要名实相符。

(2)"印象"与城市

何刚：两位刚才提到了很多地方也在试图重新创造一些新的景观。以张艺谋为领导的三人组在全国很多的地方搞了"印象系列"，从《印象刘三姐》开始，一直到西湖，再到武夷山。没有那么多历史人文景观的地方确实带来了一些创造和收益。但有的地方，比如说西湖，人文历史景观非常好，为什么还要投资搞这些东西？这种主题式的后天创造的旅游景观是地方政府很热衷的。这又涉及唯一性。"印象系列"都成立公司了，也就是说要在全国复制这种模式，复制出来的景观还有旅游价值吗？有没有看的必要？

李铁：反对拿老百姓的钱，搞东施效颦

中国在塑造旅游的问题上经常出现东施效颦。可能有一个《印象刘三姐》搞得不错，但都做"印象"就有问题了。因为我知道杭州在搞，贵州在搞，不仅仅是张艺谋，有些地方还请了陈维亚和张继刚，他们都以做这个为自豪，但我觉得很悲哀。问题在哪里呢？

第一是谁投资？如果是政府投资，那么就要考虑回报率可不可以达到投入产出的平衡。

第二是给谁看？是可以形成旅游景观给旅游者看，还是给当地的老百姓看，还是不计报酬的形象工程？这确实呈现了泛滥的迹象。不仅仅是"印象系列"，还包括各地的形象片从原来规划的图纸改成3D的影像片，都是在搞这些东西。

真正的旅游生态应该有几个基本的因素：传统的人文景观，自然景观，符合大众的消费需求。比如说塞尔维亚的佛拉明戈舞蹈，这就是西班牙地道的象征。到当地要看文化的时候，晚上一定要看佛拉明戈舞蹈。到了巴西的里约热内卢，一定要看桑巴舞的表演，因为桑巴舞就是巴西民族的特征。但所谓印象我始终搞不明白。云南有比较好的少数民族舞蹈被移植到了印象里面。云南的扎西鼓乐非常好，但一定要到山里才可以看到。把一个有民族性的文化内容放在城市里来做一个很重要的人文景观是可以的。但要特别注意到投入产出之间的关系。如果可以形成可持续性，保证形成一个新的旅游品牌，而且可以带来大量的相关收益，我觉得没有问题。但是大量地在仿效，无论是否具备条件，大家都在搞不同"印象"的时候就有问题了。不仅仅是印象，我们反对的是东施效颦，反对的是政府不计成本地来搞所谓的印象。

第三是反对粗俗的、低俗的文化烂造。能真正地形成文化特点和风格的也可以去尝试，但最好不要动用政府的财政收入。

何刚：动用政府资金要非常地慎重和强调。旅游作为一个产业要遵循产业的规律，而产业的规律首先是根据市场的需求，来寻找匹配的旅游资源。

李铁：再加一条，不能破坏环境。

吴必虎：李主任刚才讲的两点，一是强调知识产权的自主性，二是经济可行性。当然他的主格调我可以听出一点，对旅游演出是持怀疑的态度。这点我跟他的观点是不同的。我的主格调是赞同地方上做旅游演出。

何刚：印象还可以再多一点吗？

吴必虎：不是。我的意思是，在鼓励知识产权独立自主创造、不要模仿这点上，我完全跟他一致。但对演出的态度上，我更乐观一点，他可能有点悲观。不知道对不对？

何刚：李主任更强调大规模的简单的重复模仿，可能带来粗制滥造。

吴必虎：谁的钱都是钱，地方形象别重复

不管是政府的钱还是个人的钱都要小心。如果值得搞，再大的投入也可以。

中国有一句话，很多地方旅游，白天看庙晚上睡觉。中国人和西方的游客有很大的不同。为什么西方没有那么大的实景演出呢？因为外国人很喜欢跑到酒吧里跟陌生人讲话。我们中国人不这样。搞大规模演出，轰轰烈烈地搞大场景，几千人一起看，这个大家都很放心。这是中国人特殊的审美观造成的。中国大规模的户外演出《印象刘三姐》、《印象丽江》、《印象海南岛》等印象系列都是这种特殊的市场背景下产生的。

但有一点我也同意李主任的意见，不要复制太多。我曾经跟张艺谋的团队沟通过，最好不要老叫"印象"，每个地方单独找一个主题，还是这个创作团体，但一定要有地方性。我曾经专门让我的研究生研究过演出的地方性，要把地方的文化和自然环境紧密联系，游客感受到跟其他地方不同的东西。《印象海南岛》就感觉比《印象刘三姐》要差一些，因为那个地方就是海滩和比基尼，放在厦门和夏威夷都可以。

何刚：吴教授强调不管是人造的还是历史的，只要有独特性、可看性，都具有旅游的价值。这给地方政府的官员们提醒了，虽然有对旅游的热爱和急切的心情，但在实际行动中还是让旅游的专业人士，比如说像两位这样的在规划方面有非常多的经验和能力的人去操作这件事才可以。

（3）资源的深度挖掘和品牌创新思路

何刚：相对于我们花精力创造新的景点，其实在中国还是有大量的自然景观和人文景观可以深度地挖掘。尤其是今天中国已经是全世界的中国，是不是可以挖掘和推出一些具有世界级地方影响力的旅游品牌？我们地方政府还能够做一些什么样的事情？有什么样重要的思路能够给地方上一些借鉴呢？

李铁：别生搬硬套，要因地制宜

现在不是一个简单的如何挖掘资源的问题。随着世界眼光的放开，旅游消费内容扩大了。现在是一个参与性的旅游，这是摆在中国未来发展中非常有前景的特点。参与性旅游有几个内容，比如说有户外运动的旅游，如高尔夫、滑雪，有老少皆宜的、大型的、具有活力的主题公园旅游，像欢乐谷、迪斯尼。在中国这些确确实实是很深层次的，但也遇到了诸多问题。

中国有13亿人口，城市群中长三角、珠三角、环渤海城市群，提供这种旅游一定很有前景。美国的好莱坞，奥兰多和洛杉矶分别有一个。奥兰多那个就可以玩四天。中国现在一个成规模的都没有。事实上我们有非常大的潜力，但哪个城市搞是取决于当地投资能力、策划能力和现代技术利用效果。

比如说连云港要搞主题公园——西游记的花果山。我们听说这个主题公园投多少个亿，那么什么时候才能将投入收回来？北京市每年几千万的旅游人口支撑，世界公园还失败呢，连云港会有多少人去？消费内容是多方面的，有多个系数才可以把这个旅游点撑起来。对旅游市场根本就不了解，对资源本身的投入能力、对旅游的规律也不了解，仅靠一个点能不能支撑消费？消费内容是不是可以逐步地扩大？当年在上海搞高速铁路，实际上最重要的是考虑到上海的人口和旅游消费可以支撑浦东高速铁路的运营。高速铁路是要通过旅游来赚钱的。在中国这么多的人口、这么大的旅游消费潜力下，有很多事情是可以搞的，是可以大胆地搞的，问题是谁来搞？怎么搞？这个地方适合不适合搞？

吴必虎：要强调市场的需求

实际上地方政府在发展旅游的积极性方面是很好的。2009年12月份国务院发表41号文件以来，地方政府对旅游非常重视。但如何挖掘地方旅游的潜力，把地方旅游搞上去？我们真的要向美国人学习。

我们看了两部好莱坞电影，一个是《功夫熊猫》，一个是《花木兰》，文化是中国的，但没有中国的电影制作公司、动漫公司或者是剧作家把它写成娱乐产品。所以中国在娱乐产品的研究方面，从中央到各个地方政府，一直到大型企业，在研究的投入方面非常不够。美国和德国的娱乐产品，尤其是那些大型游乐园的器械设施都是由美国的航天技术转化过来的。中国的军工产品不会想到把技术专利转化成娱乐产品。国家发改委有没有专门的一笔钱给中国的文化和传统要素转化成娱乐旅游产品用呢？没有，科技部也没有立项。我经常跟科技口的领导讲，什么时候中国科技上能花钱研究把花木兰变成产品，中国的现代服务业就真正起来了。

李铁：地方搞旅游不能亏待了农民

现在大多数的旅游开发不是由政府投资，而是由公司投资。建完以后会不会亏损，农民搬了新居以后，未来的生活能不能得到保障，也是政府要考虑的。不能说政府没投入，政府一定是投入的。所以任何类型的行为，我们认为都是要进行严格限制的，不能谁想搞十几亿的投资，搞什么样的土地和主题公园就让搞。钱无所谓，但在这个土地上生活的农民是肯定会受害的。

何刚：避免当地各方面造成不必要的损失。

吴必虎：不管是旅游开发还是新农村建设，还是工业新区的开发，这个过程中任何时候都不能把农民在经济分配结构中忽略、矮化，又或者是轻视他们应得的分配结构。但最近从旅游的角度来讲，每个地方政府通过区域发展战略规划的时候，在进行了优势、劣势、挑战、机会的分析以后，发现：第一，这个地方没有工业原料，从外地运进来不合算；第二，没有人力资源的优势；第三，农业不收税，农产品的经济效益也很低。分析以后发现，县级地方政府做旅游可能是比较好的选择。比较优势选择以后，接下来的问题是到底做什么旅游？这是一个很大的挑战。

何刚：这些地方是不是可以结合当地的短距离旅游呢？比如说大兴在世界上可能是不出名的，但围绕着首都，市民的旅游搞得有声有色。是不是所有的地方都可以这么做呢？

吴必虎：降低标准，正视"十三不靠"

大兴人民在全世界人民中已经比较幸运了。但有些城市做规划的人拿了钱以后就无限放大了，建成国际旅游目的地。我跟这些城市讲，不要搞国际旅游目的地，日本人和美国人不会来的。谁会来？旁边的几个地级市的人来就可以了。所以发展旅游要实事求是。比如说我们打麻将或者是在大树底下喝茶，这种地方重复是没有关系的。这是休闲产品，在腹地以外是可以复制的。这种"十三不靠"的地方，就打"十三不靠"的牌。地方的旅游品牌不一定非打国际旅游目的地的牌。

李铁：有很多的市委书记就说实践国际温泉城之类的，我说不要说国际。什么是国际的？这个景观一定是要独特的。冰岛可以，中国五大连池也可以。但其他的都是老百姓当地休闲的项目，做不到国际上。

何刚：其实两位都提到了因地制宜，根据自己的情况来做品牌定位，这是品牌营销的特性。

吴必虎：就拿餐饮举例子，每个人都要吃饭，做当地的小吃也可以做得很好。目标市场是什么？确定清楚了目标市场，你这个品牌就是很好的。

李铁：我们很多地方的饮食文化是非常重要的。但饮食文化一定不是靠政府推广。我出差去各地政府机构和招待所的时候，桌上最好的菜一定不是当地的菜，这点我觉得特别诧异。实际上政府的宾馆里面无论接待多高贵的客人都一定要用当地最好的土菜，让人了解到这个地方饮食文化的特异性。事实恰恰相反，从省到地方去，什么龙虾、海参都来了。其实这些东西在哪儿都可以吃到。地方政府忘了饮食也是旅游的招牌。

何刚：吃喝玩乐，吃是放在第一位的。

吴必虎：地方政府把当地的菜拿上来款待客人，又省钱，还让客人满意。

李铁：在树立旅游品牌的时候，一定要树立饮食品牌。我到普陀区的时候是一定要在晚上吃一顿夜宵的。我到过安徽合肥，原来在安徽宾馆对面有一条小吃街，当时这是安徽的土菜做得最好的地方，可是现在见不到了。

吴必虎：讲到城市的品牌我们给地方建议，每个城市一定要想办法打造出当地饮食文化的特色街。

何刚：老字号、名小吃、名菜。

李铁：领导来了一定不要吃所谓的高档菜，去吃当地特色土菜的时候，当地的品牌文化就打出来了。

何刚：我前一阵子去青岛，当地有一个老字号叫春和楼。司机很诧异地说，那种地方还去啊？我们去吃了以后就发现那地方的葱烧海参是最正宗的。说到品牌形象，如果吸引住了中国人的胃，基本上可以吸引住他的钱了。

李铁：现在我们讲旅游消费吃喝玩乐，长假日是考虑玩儿，短假日是考虑到吃。到成都一定要去雅安吃面。为什么在省里接待的宾馆吃不到呢？因为宾馆一定要高档次。实际上不一定很贵，关键是有特色，其实最贵的应该是人的手工。

吴必虎：应该考虑到非物质文化遗产。我有一个经验。我们在把地方的土特产和饮食端上餐桌的时候，也要根据大多数客人的现代营养要求做一些调整。我在福建永定的土楼，他们吃的牛肉特别好，叫牛肉全席，一桌都是牛，最后会吃得我们倒胃口，还有雅安的全鱼宴。一定要把其他的配菜丰富一些，说是全宴，同时也是可以保证多样化的，这样保证来自不同地方的人，多数情况下会接受，这是非常有效的一种方式。

（4）具体品牌营销建议

何刚：从吃开始，我们看到有时候旅游品牌营销最简单的也是日常接触最多的方式可能是最有效的。最后还有一个问题，谈到各地品牌的营销，除了吃以外，还有哪些品牌营销策略可以给地方各级政府一些建议？怎么样才能让自己的旅游品牌更加深入人心呢？

李铁：找准目标市场，吸引长期投资

造品牌也不是不可以的，一定要有品牌。从一开始要注意，资源是不是可复制的，是不是其他地方都有的？要想清楚。

比如嵩县的白云山，我一定想办法做营销，营销非常地重要。可能嵩县这个地域位置不是特别好，从北京坐火车到洛阳，到洛阳又得坐火车才能到白云山。现在我们对交通的要求是很明确的，有了资源以后尽管地理位置不好，但可以通过营销和影响度来保证。搞出了影响力以后就可以投资，有投资就可以有流量。比如说河北的滑雪场，当时在建的时候是90年代末，我们第一次去的时候说是三星级宾馆，一看是别墅，一家四个人四张床，底下一个蹲便。那时候山上没有缆车，只是一个吉普车，可以装20个人。当时那么艰苦的条件，但现在已经成规模了，非常大的规模。马来西亚投资200多亿，冬天有30多条的雪道。

何刚：怎么样吸引到的投资？

李铁：就是因为有这个山和滑雪场，再慢慢地培养。花十年的工夫，投资商去了把雪场做得越来越好了，后来大家提出了各种各样新的要求，人去得越来越多，雪道、旅游环境营造得越来越好，就形成了品牌效应。高端人口去了，冬季、夏季的投资就都来了，高速公路也修了。这是一个缓慢的培养过程，是不断地通过市场和政府的营销双重作用而达到的。所以市场、企业宣传以及品质都要不断地改善。我想这些环节哪块都不能缺。

有了资源以后，要做好市场的引进投资，进行资源、环境的改造。但是改造不是那么快的。改造是一个目标通过市场化的方式放大，慢慢地培育。所谓宣传是要投钱的。现在50%服务业的企业发展，很大一块是花在宣传上，要找到宣传的点，企业和政府的双重宣传才有力度。这里有一个问题，宣传怎么做？政府常说"我来做"，可其实恰恰就错在自己宣传。政府的人宣传是按照政府的思维方式。

何刚：我们经常可以在中央电视台看到各地的风光形象的广告。在《人民日报》的官方媒体也可以看到地方的形象广告。

李铁：政府自己做宣传要考虑到地区人才结构，所以我建议通过招标的方式寻求市场的机构帮助策划宣传，比政府做宣传的效果好得多。

吴必虎：领导无需"亲力亲为"，交给专业人士才好

这有一个基本的特点，投入的钱是财政预算来支付的，是没有评估的。今年这么做了效果怎么样没有人知道。而企业对营销是有一套指标体系的，如果不行的话就要换策略了。聪明的书记不要自己想办法，要交给一个广告公司或者是营销公司，并给其设指标：知名度有没有提高；美誉度是多少；流量多少；经济效益有没有提高。也不要自己评价，请第三方评估，这样就很轻松了。

何刚：您说得很有意思，初期我们企业做广告的时候，广告语往往是董事长、总经理定的。现在的这些广告语都是由第三方的创意公司通过市场的调查和论证做的。

吴必虎：第三方公司是通过大量的调研、访谈，多种方案比对，对潜在的受众进行模拟以后提出来一些方案。把专业的事情交给专业的人做，这是未来市场发展的大趋势。之后请第三方来评估这个规划好不好。

何刚：所以领导要做组织者和管理者而不是具体地操作某一件事。

吴必虎：与时俱进，网络营销

给地方政府如何提高或者是扩大品牌做一些技术上的建议。具体的方法有这样几个：第一是事件影响，比如说开会多请李铁主任这样的名家，因为他走到哪儿媒体就跟到哪儿。请姚晨和李宇春也可以。第二是社交网络，比如说微博、博客或者是网络社区、驴友社区，这个非常重要。所以建议想做旅游宣传的地方政府，一定要聘一两个年纪很轻、很时尚的小孩儿。百度的帖子怎么发是很有讲究的，把地方的文化用网友们习惯的办法在上面做营销是非常重要的。第三就是网站本身，如果经过研究，目标市场定得很准确，比如说东北的大连或者是沈阳那些地方，哪怕是小县城的网站也可以做成日语和韩文的。如果面向日本人的就请日本人写。我们现在中国政府请外国人当技术性官员的不多。

何刚： 要做国际营销就请国际旅游形象大使。

吴必虎： 所以网络营销非常地重要，还有很多的办法，一下子说不完了。

何刚： 凡是对旅游营销的规划策略具体的手段感兴趣的地方政府领导们，都可以请李铁主任和吴必虎教授去做详细的咨询和策划。

应该说旅游产业大有可为，但既然是产业就要按市场规律来做，政府担当好自己的角色，市场担当好自己的角色，充分以旅游者为中心，让中国从制造业大国，真正地成为世界级的旅游大国、旅游强国。

三、观点

观点1 >>> 赵志峰：城市品牌成就"浪漫之都"

随着旅游业的飞速发展，旅游目的地的竞争也日益激烈，旅游地品牌形象已经成为旅游地占领市场制高点的关键，特别是差异性和垄断性较高的旅游地品牌，已经成为各旅游目的地争相抢夺的对象。大连也同样面临类似的问题。在 1998 年前后，国内有 12 个城市号称"浪漫之都"，大连经过近 4 年的宣传推广后，内地大部分城市认可了"浪漫之都"这个名号是属于大连的，纷纷另辟蹊径，改变自己城市的形象称谓。

众多的旅游地之所以争夺同一品牌，其原因，首先是这些地方的某些旅游资源具有相似性，其次是某一品牌的理念已经形成并为广大的旅游者接受，而且能带来可观的经济和社会效益，因而成为争抢的对象。但这往往会导致一些不良的后果诸如"公地悲剧"，旅游产品雷同，城市形象品牌的市场危机以及旅游目的地的企业竞争力下降等等。

大连"浪漫之都"的品牌形象成功注册，不仅对大连旅游业未来的发展具有重要意义，而且对城市旅游形象品牌的理论与实践都具有若干启示。

①改变了人们的传统认识，颠覆了对城市旅游品牌属于公共品牌的范畴、无法使之产权明晰的印象。

②市场不能完全解决旅游业的外部性问题，需要政府或协会的参与。

③旅游业迈向品牌竞争的阶段，应重视保护旅游地品牌形象。

④城市旅游形象品牌的建立需要一定的基础，品牌注册成功仅仅是品牌保护的开始。

（赵志峰：重庆教育学院旅游系教师。原文载于《乐山师范学院学报》，2010 年第 6 期）

观点2 >>> 王林：拒绝商业化
——古镇旅游的价值在于原真性民俗文化

20 世纪 90 年代初，周庄成功营造"中国第一水乡"，之后又有丽江、同里、乌镇等古村镇旅游兴起，一时间，古镇旅游的开发与保护成为热点问题。然而，古镇旅游开发与保护目前出现了许多通病。其中古镇过度商业化、文化失真化、项目千篇一律等现象就受到激烈的批评。

以广西大圩为例，江南古村镇面临前所未有的商业化的冲击与挑战，这种过度商业化的标志反映出：①缺乏社区居民"原真性"行为景观；②商业行为取代了"原真性"民俗；③古镇文化旅游"符号化"等特点。这些都会导致游客游览后发出"没什么特色"的感叹。

然而，真正的古镇旅游中，文化内涵是尤其要被提及的。古镇旅游本质上不仅仅是"古建筑旅游"，更是古镇民俗文化体验旅游，达到对古镇价值的全面理解。从某种意义上来说，"原真性"古镇民俗文化是古镇文化遗产的精髓。为此，有效改善现有的商业开发过度的方法包括引入"活态"民俗行为景观，创新定位，营造民俗文化本底，"原真性"民俗文化的深度挖掘以及政府主导、有效开发等手段。

（王林，广西师范大学文旅学讲师。原文载于《青海民族研究》，2008 年第 1 期）

观点3 >>> 郑瑞：中小型旅游城市道路怎么走

有人评价张家界是"一流的风景，末流的城建"。的确，我国诸多中小型旅游城市的风景绝美，污染产业极少，有着得天独厚的旅游资源优势，十分适合走旅游强市的道路。但是目前这些城市随着游客量的增多，呈现出的脏乱差现象、城市标识缺乏及落后的旅游管理体系和策略等问题成为了他们发展的瓶颈。

良好的城市卫生是发展旅游的必要条件，它直接反映了城市的社会秩序和整体形象。有了好的环境，游客们才能有好的心情。构建整洁的城市卫生，不仅仅要从管理上软硬兼施，更要从政府层面给予支持，完善城市旅游基础设施的建设。这就包括指示牌、路标、公共厕所等，需要注意的是在规划设计时不能单纯地套用其他样板城市的做法，照猫画虎只会让本来各具特色的城市丧失吸引力，变得平庸无奇。除此以外，中小型城市还要注重对城市居民小区的规划建设，避免农户占地摆摊。

未来旅游发展趋势是以城市为中心的散客旅游，城市将是旅游活动的集散地。随着近年来散客旅游、自驾游的兴起，原本针对团队接待为主的旅游设施及旅游管理模式已经不能适应社会发展的需要。

整顿市容、加强基础设施建设、更新旅游管理模式是克服我国中小型旅游城市发展障碍的当务之急。

（郑瑞：吉首大学张家界学院教师。原文载于《大众科技》，2006 年
第 4 期）

观点4 >>> 宋河有：吸引物匮乏的城市，旅游怎么搞

与全国各大中型城市相比，一些二线旅游城市，诸如呼和浩特、济南、郑州、合肥等城市，往往因资源匮乏，缺少知名旅游吸引物，又加上区位、城市综合实力、区域环境等因素，城市旅游业发展处于"温而不热"的窘况。这类城市数量庞大，而旅游现状并不理想，如对其做深入的挖掘，回报率是相当可观的。

作为旅游吸引物匮乏的区域中心城市，其特征都是共通的。首先，这些城市在区域内综合实力相对较强，但一般还没有把旅游产业当作主导产业，旅游业在城市发展中居次要位置。其次，这些城市虽然冠有各种"优秀旅游城市"的头衔，但是缺乏实际的旅游吸引物，不能很好的招揽游客。最后，城市的发展规模、水平及其在区域中的地位，直接影响着城市旅游服务功能的发挥。这在一定程度上决定了这些城市在区域中作为旅游服务中心的绝对优势并不突出。

对于以上的突出矛盾，解决的办法是多方面的。

①强化与提升城市的旅游服务中心地位，抓住现有的旅游产业资源，主动发挥其他旅游产业的优势。

②加大城市"旅游化"建设力度，在城市规划、城市建设及城市管理等方面向旅游业倾斜，充分发挥城市在整个旅游体系中的重要作用，逐步完善城市旅游功能。

③借助区域优势带动城市发展旅游业常和一个地方的形象联系在一起，而中心城市是一个地区的灵魂和代表，中心城市与区域旅游资源的整合与互补有利于区域整体，更有利于中心城市。

④进行个性化定位并树立良好的城市旅游形象。每个城市都有自己独特的一面，要想使城市产生独特吸引力，就要找出它的个性，确立与众不同的主题形象。

由于城市的文化传承性，这些大城市还是有一定潜在旅游资源的，旅游资源短缺只是暂时或相对的。只有不断挖掘旅游潜力，形成独具特色的旅游形象，或者借助周边地区的旅游资源，与其形成合力，这些城市的旅游业才能得到较好的发展。

（宋河有，内蒙古师范大学旅游学院讲师。原文载于《郑州航空工业管理学院学报》，2008 年 4 月第 2 期，第 26 卷）

观点5 >>> **罗洁：团结力量大——区域旅游要合作**

区域旅游合作是当今推动地区旅游的一种有效方式，要发挥这种合作的优势，合作中的主体与载体是必不可少的。在区域旅游合作中政府是重要的主体，无论是旅游资源开发、旅游交通建设、旅游市场促销方面的合作，还是旅游信息服务、旅游人才培育方面的合作，都不乏各级政府活跃的身影。企业和非政府组织同样是不可或缺的。显然，区域旅游经济发展不是由单一主体或其单一行为所决定的，而是多种主体及其"合力"作用的结果。因此，广泛、深入的区域旅游合作，不能没有另两类主体——旅游企业和非政府旅游组织——的积极参与。

区域旅游合作的类型包括：

水平合作。这是指企业在某一特定旅游活动内容上的平行合作，既可以是区域之间的旅游合作，也可以是区域内部地区之间的合作。

垂直合作。主要是旅游企业在不同的旅游活动内容上的合作。

交叉合作。交叉合作是两者的综合，主要是不同部门、不同行业围绕旅游进行的合作。

为了配合区域旅游合作，机制的创新必不可少。首先，各地政府发挥行政管理部门的主导作用，努力克服市场失灵所造成的影响。其次，调动各旅游市场主体的积极性，弥补政府失灵带来的消极效应。最后，中央政府应利用自身权威，发挥在提供跨区域公共产品方面的优势，破解在旅游区域合作中的"搭便车"现象。

（罗洁，乐山师范学院旅游学院讲师。原文载于《商场现代化》，2009 年第 8 期）

四、延伸阅读

安徽黄山市耿城镇考察印象

李 铁

耿城镇位于黄山北大门附近，是黄山著名旅游风景区北面的一个镇。自然条件优越，山水景观宜人。耿城镇距黄山市的黄山区政府所在地大约 5 公里左右。全镇人口 9152 人，镇区人口仅 3500 人左右。当地农民人均纯收入 6000 元左右，高出全国和安徽省的平均水平。由于土地出让的速度较快，外来的投资较多，2007 年镇可支配财力在 1.5 亿元左右。如果按人均财政收入计算的话，该镇可以在全国列入比较高的水平。

一、发展中存在的问题

镇区人口较少，仅仅 3500 人，镇区规模也很小，与经济发展的实力不太相称。村庄正在整体搬迁，许多村庄已经开始逐步集中，农民新居的外观和设施都比较好。但是不知道为什么，镇政府没有利用这次村庄搬迁的机会，把分散的村庄集中到镇区去。

村庄搬迁对农民的补偿费用较低。据了解除了涉及开发拆迁的补偿可以抵补搬迁成本外，相当多的村庄居民自己要承担搬新居的费用，大约平均每户要 10 万元左右。

由于生态保护而受到限制，镇区工业、服务业发展相对落后。提高财政收入能力的主要是批地招商，形成旅游度假区。而这些旅游度假区相对于镇区是完全独立和封闭的服务单元。

规划的目标值得注意。从现在的规划图看，基本上是以招商引资为第一目标，在此基础上确定了规划的分区原则。但是，规划并没有涉及镇区的人口集中，当地农民未来的居住环境和就业前景问题，镇区的发展和黄山区政府所在地到底是什么关系，是否考虑和黄山区未来的发展衔接的关系等问题。

耿城镇的财政能力较好，但是辐射的空间区域内人口有限，未来的发展受到了一定的限制。镇区没有形成规模，资源相对分散，为未来的基础设施配备提高了成本。如果财政的收入全部转为招商引资的基础设施的成本，那么财政收益提高最终的目标到底是解决当地农民就业和集中问题，还是为了 GDP 的增长，这一点是十分令人担忧的。

二、一些想法和建议

①耿城镇应该从重点调整规划入手，制定未来的城乡居民统筹发展战略。要把解决当地居民的收入和就业问题放在首要地位，其次是解决农村人口如何利用当前的有利时机向城镇集中。比如在尚未规划搬迁的农户和村庄，是不是可以考虑向城镇集中。

②应该在规划中解决镇区的发展问题，比如未来镇区的人口规模、产业结构，围绕着人口规模和就业的问题，如何安排基础设施的配备等。镇区人口的规模要切合实际，要考虑到可能增长的人口来源。一定不要把人口规模规划得过高。

③要把大规模招商和小型个体服务业的招商结合起来。要利用有利时机，吸引投资者兴办度假村，开发房地产。也要注意招商过程中，对镇区商业和服务业的发展，吸引一些有特点的小型个体经商者，开办各种服务业。

④开发房地产或者吸引外来人口特别是黄山区的人口到这里来居住，一定要靠近镇区，形成人口的密集度。最好避免分散开发，防止基础设施的战线过长，抬高投入和未来的维护成本。

⑤应该提高对农民搬迁的补贴标准，尽量做到让农民少花钱或者不花钱。要把农民搬迁的居住条件和服务业的就业结合起来，形成人气。现在镇里有财政实力，把钱补贴到农民建新居方面会得到农民的拥护。

⑥农民向城镇集中，也可以采取灵活的招标方式，好的地块、好的门面可以招标向农民拍卖。政府补贴基本的房屋价格，但是门面房的出售和转让要遵循市场的规律，换和卖相结合。要区别本地人和外地人，对本地人要优惠，要利用银行的小额贷款支持他们兴办服务业。有条件的返乡就业农民和当地集中居住的农民，在遵循自愿的原则下可以转为城镇户口。

⑦规划的镇区规模和产业结构要和黄山区的发展相结合，做好衔接。也可以把这里作为黄山区的副城区。考虑到耿城镇的财政实力比较雄厚，可以把相邻的几个乡镇合并过来，增加耿城的空间地域面积和可控的人口规模，加强耿城镇对周边农村的带动能力。

（李铁，国家发改委城市和小城镇改革发展中心主任）

中国作为多目的地的国际营销战略

吴必虎

根据世界旅游组织的预测，中国将在 2015 年前后成为全球最大目的地国家。这个预测主要基于中国经济发展、全球化结构以及幅员广大和文化多样化的基础，它与我们自身的目的地营销和旅游服务质量的提升似乎没有联系起来。也就是说，即使我们没有主动的目的地营销，中国也会成长为世界第一大目的地国家。

但是我们是不是因此就不再需要全球的国家营销战略了呢？当然不是。我们实际上一直缺少系统的国家营销战略。较长时间以来，我们在品牌和产品建设方面，社会和业界比较明显感受到的就是不同年份提出不同的发展主题，国家旅游局《2006~2010 全国对外宣传工作规划》中分别提出 2008 中国奥运旅游年、2009 中国生态旅游年等主题。这些主题年分别对不同方向的旅游产品开发起到了积极的推动作用，但对中国作为一个目的地国家仍未提出系统的规划方案，对不同的客源地国家也未提出不同的旅游品牌定位和营销行动计划。

在这样一篇短论之中，很难提出一整套国家目的地营销战略。这里只是作为多种目的地营销方案之一，提出个人不成熟的建议，针对中国国土面积广袤、自然文化景观多样、商务会展旅游迅增、客源市场遍布近中远各程的情况，建议将中国整体目的地形象加以分拆，树立多个目的地品牌，实现多目标市场分销，以达到整体利益的最大化。长期以来，中国在国际市场上推广的旅游产品集中在黄金线路上，即北京—西安—桂林—上海（香港），外国人只兜这一圈。但实际上中国很大，各个地方都有可以让外国人停留一星期的资源，而现在每个省的旅游产品开发还不够。其实中国每个省都相当于欧洲的一个国家，都可以单独开发为一个国际市场。省和省之间的旅游都应视为国际旅游，因为省和省之间的距离和文化差异，与欧洲各国之间的距离和文化差异比较，没有什么两样。

可以预见未来 15 年，中国国际旅游产品谱主要包括历史·文化·遗产旅游；商务·会展·节事旅游；乡村·休闲度假·生态旅游等 3 个系列。欧洲多数国家的国际游客来自欧洲内部近距离市场。其中，法国的外国游客组成上，欧洲游客占 75%，半径在 2000 公里之内。欧洲各国国土面积、人口基数多数相当于中国的省份，国与国之间的旅游距离及成本近似于中国的省际旅游。从葡萄牙的里斯本到土耳其的伊斯坦布尔，飞跃西班牙、法国、意大利、阿尔巴尼亚、希腊、土耳其等七八个国家，距离 3200 公里。从法国巴黎到东欧的乌克兰，飞跃卢森堡、德国、捷克、波兰、乌克兰等四五个国家，距离 2000 公里。而中国的国际客源市场距离远远大于欧洲各国。中国与东北亚的距离近似于欧洲（北京—东京 2129 公里），距东南亚的距离是欧洲的 2 倍（北京—新加坡 4506 公里）；与欧洲的距离是欧洲的 4 倍（北京—巴黎 8205 公里）；与北美市场的距离更大达 5 倍（北京—洛杉矶 10034 公里）。中国的省际旅游距离常常超过欧洲的国际旅游距离。从哈尔滨到三亚，飞行距离 3430 公里，超过从葡萄牙的里斯本到土耳其的伊斯坦布尔的 3200 公里；从深圳到乌鲁木齐，飞行距离 3380 公里，超过法国巴黎到东欧的乌克兰的 2000 公里。欧洲的核心目的地国家首都之间，巴黎、马德里、伦敦、柏林、罗马，飞行距离在 300 ~ 1300 公里之间，而中国的核心目的地城市之间，飞行距离常常在 1000 ~ 2000 公里之间，大于欧洲国家首都之间的距离。

正是基于上述分析，我们建议，国家旅游局和中外旅行商应将中国的省际旅游视为欧洲的国际旅游，中国对其他国家应该采取分区域目的地营销的策略。不能再像 20 年前那样，仅将中国作为单一目的地，向西方市场推荐黄金路线——北京—西安—桂林—上海（广州），也不能仅仅向国际市场销售单一的观光旅游产品。在需求预测的方面，也不再把中国仅仅作为单一统计对象。

从地理空间上，分区域营销可以分为华北（历史文化产品）、东北

（生态旅游）、华东（商务会展旅游）、华南（商务会展旅游）、西南（生态、度假）、西北（文化、生态）等 6 个大区。如果从主题上进行分销，则可从节事会展（北京奥运、上海世博会、广州亚运会与广交会）；遗产旅游（长城、大熊猫、张家界、九寨沟、丽江）；风景休闲旅游（杭州、桂林）；中原中国文化（孔子、古都、兵马俑）；乡村度假（四川、云南、江南古镇）；青藏高原与大香格里拉（生态、文化旅游）；滨海度假产品（大连、青岛、厦门、三亚）；丝绸之路（西北地区，历史文化产品）等进行国际营销。

（吴必虎，北京大学旅游研究与规划中心主任，教授。原文载于《旅游学刊》，2009 年第 5 期）

哪里有庞贝，哪里就有维苏威

冯 奎

乘车离开庞贝，看着夏日的庞贝古城沐浴着亚平宁半岛的阳光，金光灿灿，一片安详。再走远些，发现庞贝古城已经淹没在周围绵延不绝、新近建立的现代化城镇群之中，到了难分彼此的地步。再望远眺，见到蓝天白云下的维苏威火山口轻烟缭绕，好似夺命的阴影，让人生畏。

庞贝与维苏威，它们千年互视，千年依偎，不即不离，这中间仿佛有某种危险的关联存在：繁华富足的城市生活是不是都一定会紧挨着将要爆发的火山口？

直到公元 79 年 8 月 24 日，那个让庞贝遭遇灭顶之灾的维苏威火山爆发来临的日子，庞贝都算得上是一个繁华富足的城市，而这繁华富足又与维苏威有密切关系。

庞贝地处地中海岸天然良港的位置，这使得它的贸易特别发达。庞贝能够短时间发达起来，还得部分归功于维苏威火山带来的自然条件。维苏威火山早先的喷发带来了丰富的矿物质，使庞贝一带土地肥沃，特别适宜于农作物生长：葡萄粒大得快要裂开，甜得要倒掉你的牙齿。特别是火山脚下布满温泉，成了富有的商人、高官们建设别墅最佳的地点，这个情形就像今天一样。于是乎，一时间庞贝城内商贾云集，人气沸腾，做生意的人能找到发财的营生，想作乐的人能找到寻欢的花街，成为仅次于罗马的意大利第二大城市，成为繁华富足的城市。

维苏威给了庞贝繁华、富足，但它哪有人间情义？它终于承受不了躯体内的躁动与不安，要残酷地把给予庞贝的财富连本带利一笔毁掉。公元79年8月24日下午1点开始，18小时之内，维苏威火山共喷发出超过100亿吨的的浮石、岩石和火山灰，5000多庞贝人挣扎死去，繁华富足的庞贝彻底被埋葬在几十米深的火山灰中。这一埋就是15个世纪。直到1594年，人们挖掘水道时的一镐才让庞贝重见第一缕阳光。

不止公元79年维苏威给了庞贝这重重一击，事实上，1631年12月16日的大喷发又毁灭了5座小城镇。在过去的500年间，维苏威火山还多次爆发，熔岩、火山灰、碎屑流、泥石流和致命的气体夺去了不少生命。1944年，维苏威火山再次爆发，喷出的火山熔岩和渣滓高度达到500米。这爆发的情景使得山下激战的盟军与纳粹德国士兵停止了战斗，争相去观看这奇特的景观。

这就是庞贝城与维苏威火山的关系，也是一个城市发展与周边自然环境的关系，同时也是人的追求与自然力量的关系。我们不得不承认，相对于环境，城市与人的历史都很短暂，力量都还微不足道。我们的城市从环境获得各种资源支撑，但城市还是要受制于环境的制约；我们城市中的人虽然老早就喊出"人定胜天"的高亢的口号，但还总是受到自然力量的控制。城市与人能做到的，还是尽可能多地了解环境，并采取积极主动的应对措施，而不是一厢情愿地相信环境与自然之力总是青睐于我们人类，不会让我们面临灭顶之灾。庞贝的教训也在这里，在它与维苏威亲密无间的时候，它们互相依偎，在外人看起来，完全是相看两不厌。但是沉浸在美妙岁月中的庞贝城与庞贝人似乎忘了，它只了解一点维苏威，它对维苏威更多还是依赖，它的一切繁华与富足都是那么危如累卵，因为这些人世间的欢愉都紧挨着那个不食人间烟火的火山口！

回到现在。庞贝从近两千年的尘封中醒来，它似乎又忘了维苏威曾经给自己带来的伤害，而只想到维苏威能给自己带来的好处。今天，在庞贝周边，在维苏威山脚下，在那不勒斯湾，大约有350万人仍然生活在维苏威的阴影可达范围之内。这其中，维苏威火山周边处于警戒线之内的小镇数目有 18 个，人口达到 60 万。即便是在距离火山更远的地方，比如 15 公里开外的地方，火山灰仍然可以使人窒息死亡。我问过那不勒斯人，人们为什么还要聚集在庞贝、维苏威附近？给出的答案跟历史学家叙述当年庞贝为什么能够集聚 2 万人口的缘由竟如同一辙：维苏威火山带来了肥沃的土壤，山脚下还有优质的不可多得的温泉。这样一来，维苏威火山的山脚下是修建高档别墅的最佳选择，也是中产阶级与贫困阶层摆脱市区高房价压迫，前来安家立业的理想选择。有了这么多需求，加上商人为了牟利从中推波助澜，维苏威火山脚下简直就成了大搞开发、大搞城建的一片热土。

当然，也不能说在庞贝与维苏威的关系的认识上，庞贝及其后人没有一点进步。当地官员介绍，意大利当局制定了较为详细的疏散计划，要求各大区都必须提供至少一个城镇以供难民居住。离庞贝古城最为邻近，同时在本辖区内也有部分人口处在维苏威威胁之下的那不勒斯市投入了数百亿欧元，准备危险区域内的居民外移，此外还制定了非常严厉的法律，规定凡有人在危险区域内新建房屋，将面临高额罚款。

尽管有以上种种措施，奈何庞贝这地方的人——也像各地地球人一样，他们总还是感到可利用的资源是有限的，总还是觉得火山口虽然危险，但可能会给自己带来更多的好处。在这种情况下，总是有人会冒着一点风险，离火山口的距离超过了警戒线的规定。在这样的情况下，我们也只能说，为了不像庞贝那样做了千年古城，为了不像庞贝人那样瞬间石化而不朽，请万分警惕我们身边的维苏威！

而对于生活的别处的人们，我想说，哪里有庞贝，哪里就有维苏威！

（冯奎，国家发改委城市和小城镇改革发展中心国际合作处处长）

城市如何在旅游经济浪潮中站稳脚跟

郑明媚

2012 年的"十一"长假与以往不同的是，中秋与"十一"同庆，假期总共 8 天。这个"十一"假期，也是中国所有高速公路免费通行的第一个长假。这也助长了"十一"黄金周期间国内旅游和消费市场的火爆局面。经国家旅游局、国家统计局汇总，在 2012 年中秋节、国庆节 8 天假日期间，全国共接待游客 4.25 亿人次，比 2011 年"十一"黄金周增长 40.9%（按可比口径，同比增长 23.3%）；实现旅游收入 2105 亿元，比 2011 年"十一"黄金周增长 44.4%（按可比口径，同比增长 26.3%）。

吴必虎教授曾在《旅游学刊》上撰文，到 2015 年，中国将成为世界旅游第一大国。国家的一个小措施激发释放了居民的旅游和消费潜力。中国的大、中、小城市的居民似乎对旅游比往年更有热情，不约而同地奔向全国各地不同的景点。

旅游需求激发出来了，可是我们的城市、我们的景点似乎还没有做好相应准备。高速沿途的服务区，停满了车辆，地上的垃圾比比皆是；各种景点人满为患，一些经典名胜，被一幅幅"万人合影"调侃而过，游客观景的心情也都荡然无存；景点周边的城市或乡村，接待能力也不能满足激增的游客需求，一房难求，很多酒店特别是乡村旅馆卫生条件实在让人不敢恭维。有人调侃，这个黄金周，很多人高高兴兴出门，垂头丧气回家。

旅游业发展潜力与地方城市景点承受能力、接待能力形成了强烈的反差。除了要在硬件上加强投入，从数量上积极补充以外，还应在软环境建设上下工夫。特别是在树立旅游品质的价值观、开发地方特色餐饮和旅游产品、提供温馨舒适的住宿环境、提升服务品质等方面要下大力气。

中国的旅游业近几年在发生翻天覆地的变化，旅游业也从纯观景的角度向体验式、参与性旅游发展。在未来，也许会呈现人人皆游客、遍地皆景点的格局，地方城市在发展旅游经济中大有可为。如何抓住旅游经济即将强劲释放的机遇，恐怕是各个旅游目的地城市最需要关注的。既来之，则安之，把游客吸引到本地，让他们愉快舒适地游览，大方痛快地在本地消费是地方旅游经济的核心目标。最值得动心思去完成的，应该是树立具有地方特色的旅游品牌。

说到树立旅游品牌，许多地方其实都意识到品牌景点、饮食、旅游纪念品对促进旅游经济的重大意义。比如北京的长城、西安的秦始皇陵兵马俑、杭州西湖等对当地的旅游业的带动功不可没；北京烤鸭、西安小吃又能吸引游客积极地在本地品尝饮食，停留消费；而北京脸谱、杭州丝绸等蕴含地方文化和特色的旅游产品更是让很多游客流连于各个小摊小点。北京、西安、杭州目前是中国最重要的旅游目的地城市，它们的旅游资源，无论观赏价值，还是文化沉淀，都是其他很多城市无法比拟的。

此次"十一"长假，我一家人选择自驾游的方式去了辽宁盘锦、葫芦岛和河北秦皇岛等地。一路上亲身经历和留心观察，结合近几年对地方城市发展旅游的关注，我认为，地方城市在发展旅游经济、树立旅游品牌的过程中，需要注意几个方面的问题。

首先，要形成区域内代表自身特色和影响力的景点。千篇一律，照搬照抄，毫无地方特色的景点对游客来说是没有任何吸引力的。中国历经30多年的改革开放，经历了工业化和城镇化的快速发展，现在正在从向往城市景观到向往淳朴、生态自然景观回归。发掘地方已有的自然景观，发挥区域的生态价值，看起来很初级，实际上却是最具可持续的开发方式。盘锦的红海滩，现在正成为东北最火爆的景点之一，"十一"期间红海滩风景区日接待游客量近15万人次，5000个车位的停车场"座无虚席"，排队买票、排队候车候船的队伍长达百米。显然游客不是来纯粹看海、看湿地芦苇的，他们是向往这里一眼望不到边的红海滩。2012年10月1日正好是阴历八月十六，白天的红日缓缓落下宽阔的海洋，明亮的月亮随后冉冉升起，昼夜此时就在眼前交替，游客的欢笑也都淹没在这片烂漫的红色海洋之中。许多随行的游客都在感叹，红海滩之行不虚此行，他们在这里看到许多大自然最质朴、最美、最动人的画面。

用当地人的话说，这里的红海滩以前在当地人眼里就是一堆烂泥，现在却打出"红海滩"的品牌，成为北方众多城市，特别是年轻人向往的浪漫之旅的必选之地。"红海滩"的品牌抓住了地方特色，又通过营销的方式吊足了年轻人追求浪漫的胃口，景区保持原貌式的开发，原有的湿地、芦苇、河道两岸基本保持本来的样子，让所有来这里的游客体会到原生态的壮观和朴素之美。而这个红海滩号称是亚洲最大的湿地，这个面积第一的数字也提升了红海滩在游客眼中的地位。

地方城市在打造旅游品牌的过程当中，应该找出本地最突出的自然或人文资源，还要针对消费群体制定明确的营销方案。

　　旅行当中，除了观赏景点外，吃、住、行的好坏与便利也是游客最关注的。而旅游经济给地方带来的实惠，大多是通过餐饮住宿带来的。中国的游客特别注重吃，很多地方把好吃的餐饮定位为高档菜，比如纯正野味、鲍鱼、海参和鱼翅等，却忽略了地方菜、土菜的挖掘和开发。有的地方为了提高接待能力，热衷于开发和建设四星级、五星级饭店，却忽视了一般旅馆、农家院的接待能力的培养。

　　体验式、参与式旅游的特点是，很多游客喜欢利用旅游的机会多了解地方的风俗人情，更喜欢体验当地人的家庭旅馆。我们考察了葫芦岛农家院之后，对当地自发开发的家庭旅馆有些失望。首先，这里的饭菜就像大街上的餐馆一样，住宿环境相当简陋，房子是临时搭建的类似工棚的简易房间，规格和形式与普通旅馆没有什么不同。说是农家院，只是这房子盖在农村而已，感受不到丁点儿农家院落的风格和文化，房间里只有床、电视、水池、便池，没有放行李的架子，没有桌子，没有椅子，地板脏兮兮的，淋浴池也没有，有的旅馆地漏还泛出垃圾。被子与枕套，还需要游客一件一件地向户主索要。东戴河一带几个村庄都在做家庭旅馆的生意，一眼望去，所有的家庭旅馆外形几乎一模一样，进去几家，也都大同小异。

　　提到接待能力的建设，可能大多数人认为建一些星级宾馆是最重要的。实际上，游客的收入层次不一样，住宿的偏好不一样，他们需要多元化的接待设施。所以，如何整合已有的星级酒店、旅馆、家庭旅馆、农家乐的住宿资源，规划和建设具有地方特色的接待能力，是摆在城市、乡镇和村集体面前的一件大事。旅游经济对当地最大的带动是靠餐饮、住宿，只有游客愿意留下，愿意住在当地，当地的消费经济才会有较大地提升。我们目前的管理体系当中，景点的收入基本都是由承包经营的公司直接拿走的，游客如果只玩景点就打道回府，对当地的旅游经济带动就会非常有限。

　　辽宁也在打造十佳村落。我们参观了盘锦市上口子村，这里充分发掘了《金色农家》电视剧的剧情拍摄镜头，水稻螃蟹立体种养，东北炕头等富有东北特色的资源，正在全力打造本地的乡村旅游，村庄形态基本保持原样，只是在道路、电、通信等方面进行了一定的完善。走在村庄里，真的如同融入当地朴实、浑厚的东北农村家中了。这种融入地方文化的感觉，如同人能在乡村闻到泥土的气息一样，踏实、亲切。我们中国农村地域广阔，各地民居、民俗丰富多彩，农家院、家庭旅馆如果都能发挥地方特色，掘足农村的饮食、居住和生活习惯，抽象凝练地开发出一些独特的土菜、手工艺品，不仅会吸引和留住游客，繁荣地方的旅游经济，还会充分带动当地农民快速致富，同时也会促进中国众多的文化、民俗更加生生不息地繁衍和发展。

政府需要做的，恐怕是通过培训或者其他的方式，来提升整个旅游服务业的质量，动员旅游从业人员提升他们自身的素养。虽然现在我们是以市场经济为主导的经济形式，如同其他产业一样，我们应该交给市场来不断完善旅游业。当今中国的旅游业如同潮水一样，来得快，谁占领先机，谁就可能在这次旅游经济浪潮中站稳脚跟。特别是旅游目的地城市，要形成全社会、全民皆东道主的氛围，让景点打动游客感官，让服务触动游客的心灵，让城市散发出其本身独有的魅力，让乡村发挥它们的朴素气息，让游客真正体会到有朋自远方来，宾至如归的感受。

（郑明媚，国家发改委城市和小城镇改革发展中心战略策划部副主任）

第四章
主题公园能否带动
城市旅游发展

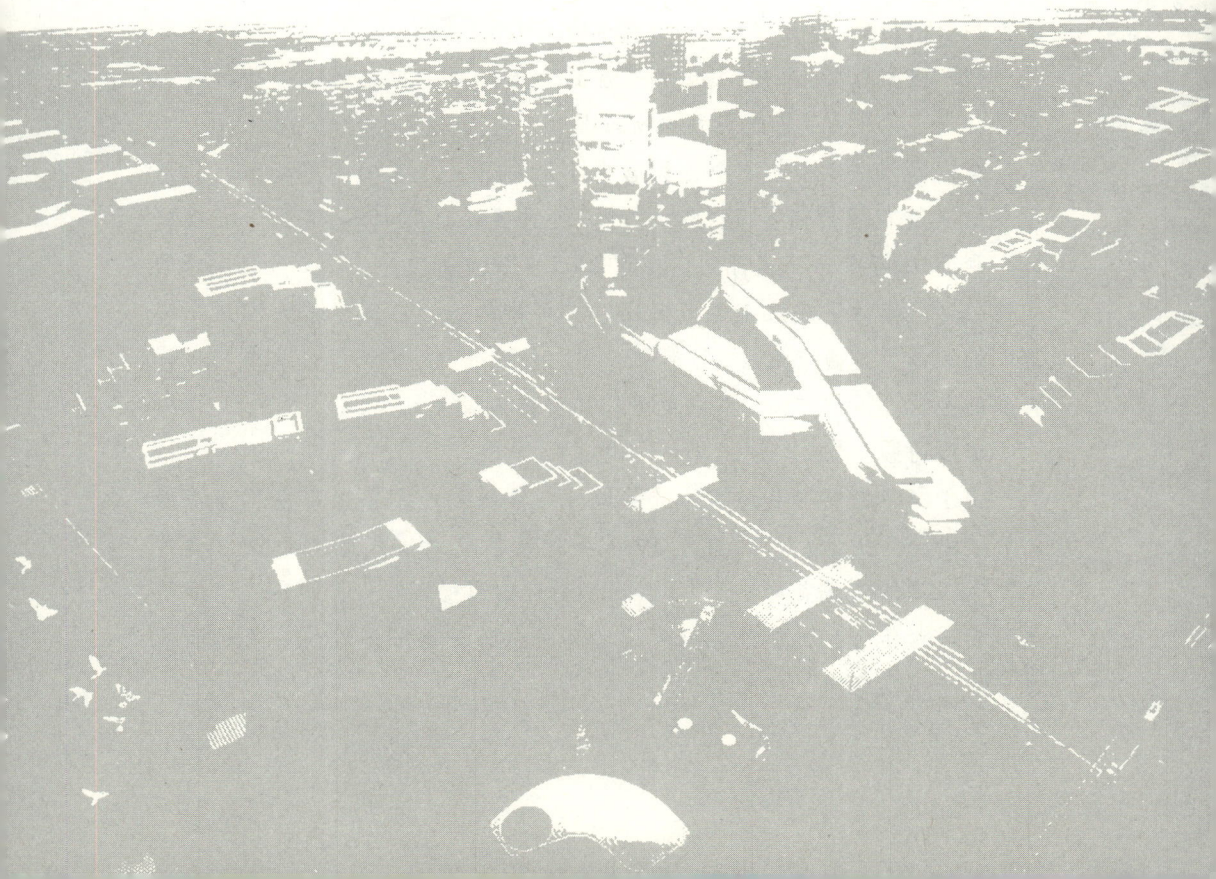

一、案例

案例① 无锡：民营主题公园破产流拍，土地闲置 7 年

无锡，是江苏省南部的一个地级市。它北倚长江，南濒太湖，东接苏州，西连常州，京杭大运河从城中穿过，是太湖流域的交通中枢。地处太湖之滨的它，自然风光绝美秀丽，具有丰富而优越的自然风光和厚重而悠长的历史文化。2012 年中国城市 GDP 排名前十。按说先决条件如此过硬，在主题公园的开发方面，应该占有优势，但是太湖岸边的统一嘉园却遭遇了闲置 7 年的尴尬情况。是哪个环节出现了问题呢？

统一嘉园这个江苏首个由民营资本涉足开发经营的主题公园，凭借电视剧《镜花缘传奇》而轰动一时。时过境迁，从 1994 年开始立项建设，到 2001 年 9 月正式开园，再到 2005 年底宣告破产，这个红极一时的主题公园只存活了短短 4 年多时间。更可惜的是，占据绝佳太湖风光资源的统一嘉园遭遇流拍后，7 年来一直无人问津：一方面，没有敢接手再开发的企业；另一方面，深锁的大门又使游人无法入内。

建设背景

由于当年央视在无锡的外景基地开一个火一个，见以影视剧为主题的公园如此吸引人，公司就从 1994 年开始筹建以清代著名小说《镜花缘》为主题的"镜花缘城"，而且还和港台的影视剧制作公司洽谈了电视剧《镜花缘传奇》的制作，而剧中的外景基地大部分就在统一嘉园的前身——"镜花缘城"中拍摄。

外行人做不了内行事

投资人从外地请来所谓的职业经理人来管理，为景区的一步步衰败埋下了种子。聘请的职业经理人月薪高达 1 万～2 万元，是普通职员月薪的 7～10 倍。而这些"外来和尚"并没能为投资人念好生意经。其中有些高薪聘请的"职业经理人"在此之前根本没从事过旅游营销行业。他们只顾眼前利益，跟旅游公司签订的合同"朝令夕改"，随游人多少随意调整票价，以致后来几乎遭到各个旅游公司的集体"封杀"。重重负面消息下，当时一年几百万元的门票收入对超过 3 亿元的投资而言，已经成了杯水车薪。眼见公司发展停滞不前，再加上对职业经理人的失望，以及对收入差距的不满，从 2003 年下半年开始，景区元老级的团队成员陆续选择了辞职，这也成为压垮骆驼的最后一根稻草。

迷茫的重生之路

统一嘉园能否重生？无锡市规划、旅游等多个政府部门对于统一嘉园的未来，至今没有一个详细的规划。这块资源绝佳的"旅游用地"，在开发上却有诸多条件限制，让不少企业望而却步。招不来金凤凰，再好的金丝木也只能干看着了。

盲目跟风，大肆兴建主题公园，带来的究竟是旅游收入的增长还是资源的浪费呢？在主题公园的管理和开发制度方面，我们应该做出明确的约束，应该有一套完善的申请程序和审批指标。

（来源：中国江苏网）

案例② 横店：影视拍摄基地旅游主题公园

横店镇位于中国浙江中部的东阳市，与中国小商品城义乌相距 36 公里。距省会城市杭州 160 公里，距金华 90 公里，处于江、浙、沪、闽、赣 4 小时交通旅游经济圈内。

浙江横店影视城是全球规模最大的影视拍摄基地，也是国家 5A 级旅游景区，号称"中国好莱坞"。它主打影视牌，大力发展影视旅游主题公园，获得了经济上的收益和知名度的提升，可谓名利双收。在主题公园抢滩中国市场的今天，横店如何能够力拔头筹，让我们来看一下它具体经营之道。

影视元素突出，公园主题明确。横店的城市建设目标很清晰，就是挖掘"影视"潜力。这里有庞大而完备的影视产业配套和后勤服务。硬件上，它搭建了汇集南北地域特色的影视拍摄基地和两座超大型的现代化摄影棚；软件上，它还提供剧组道具、化妆、车辆租赁等后勤方面的服务。

宣传力度到位，树立品牌形象。横店创办了《横店影视旅游》报和《横店影视城通讯》杂志。他们的任务是打开横店对外宣传的通道，与新闻媒体沟通交流。在市场推广上，奇思妙想层出不穷，"横店影视城网站"就是与潜在客户一对一交流的新媒介。

营销不复制，客源滚滚来。与其他主题公园不同的是，横店影视城的市场营销指导思想以"统分结合"和"一城一策"为原则。前者是说，营销业绩与效益挂钩，以此调动各景区与公司两方面的积极性；后者则是讲因地制宜，按照客源市场的需求推出相应的旅游产品和价格政策。

规范管理，体制先行。任何一个负面的新闻都会损坏城市的形象。为防患于未然，横店影视城重新修订了《影视拍摄管理制度》、《影视拍摄收费办法》及影视拍摄合同文本，对拍摄和演员管理体制进行了调整。剧组、基地、宾馆和演员，哪一环节都不松懈。

五大体系，保驾护航。横店影视城先后建立了五大体系：一是要素构架体系。包括先期软、硬件的建设。二是策划制作体系。成立了横店影视创作中心、与中影和华纳这样的大公司搞合资，建立高科技动漫制作公司。三是商务服务体系。包括政策咨询、行政审批、网络通信、宾馆餐饮、文体娱乐等。四是展示交易体系。主要是成立影视博览与交易中心。五是后产品开发体系。影视后产品研发中心和影视文化公司对影视产品进行二次开发，将其价值最大化。

横店的成功之道在于，城市主打的品牌有实体依托和文化内涵。它以拍摄基地为依托，以旅游观光为业态，以休闲娱乐为目的，将影视旅游作为一个新兴产业加以发展。在具体手法上，横店借助高科技手段将影视文化融入其中，开发出具有梦幻色彩的旅游产品，充分展示影视这一娱乐元素，使游客体验到这里与其他主题公园的差异性。

（来源：《浙江经济》）

案例③ 深圳：锦绣中华带旅游业走出谷底

深圳，又称"鹏城"，1980年8月26日，经国务院批准正式在这里设立我国第一个经济特区。其土地面积为1953平方公里。2010年8月，深圳特区扩容至全市。深圳现已成为我国四大一线城市之一，更是我国金融中心、信息中心、高新技术产业基地和华南商贸中心及旅游胜地。不过这里的旅游业在1989年夏季之后，也曾随着我国旅游业整体的下滑而走入低谷。然而位于深圳华侨城里的微缩景区锦绣中华主题公园却依旧游客如潮，在一派萧条的旅游业中掀起了强劲的锦绣中华热。23年后的今天，这个主题公园依旧是深圳的旅游品牌之一。它在传播策划上有什么技巧呢？

匠心独具，构思巧妙。建锦绣中华园的想法最早是由香港中旅集团有限公司提出来的。现在回想起来，这个公司很有眼光。他们抓住了改革开放的好时机，向国务院提交了申请，要在深圳至蛇口中间地段的深圳湾畔修一座以外向型经济为主的华侨城，还要在这个城里弄一个微缩风景区。这个就是锦绣中华主题公园了。它占地大约30公顷，能让人短时间内概览全国的景点，从而选取感兴趣的去实地游玩。这样，不仅带动深圳市的旅游经济，还把人们的目光引向全国，形成依靠文化带动经济的华侨城模式。

公关推介，步步为营。锦绣中华属于人造主题公园，没有出名的自然或人文资源作为依托，可以说根底全无。为了让人们了解这个屌丝公园内在的高富帅品质，不得不在推销形象和创知名度上下足功夫。1988年，香港举办国际旅游博览会，香港中旅再一次稳稳地抓住了机会。商场如战场，公关推介也讲究用兵之道。香港中旅公司先是造势，开记者会、拍电视片、登报刊，通过大众传播机构把名气打出去。接着是现形，派人带着成套的图片和影像资料去博览会办展览。一虚一实，在香港的第一步棋走完了。第二年7月，国家旅游局在京召开1989年中国北京国际旅游研讨会。这个会本来只邀请海外代表，但为了走好这第二步棋，锦绣中华硬是凭着中港合资的招牌挤了进去，把自己"一步跨进历史，一天游遍中国"的概念宣传给每一位代表。这一下子引来国内三大旅行社与香港中旅联合举办"1989年中国深圳旅游洽谈会"。有了第二步的铺垫，洽谈会这最后一步就走得顺理成章了。环环相扣的公关推介，为还未建成的"锦绣中华"铺平了道路。

以点带面，大家好才是真的好。其实锦绣中华这个主题公园本身并不厉害，厉害的是它背后的经济链条。随着主题公园的问世，召开了两个重要会议：一是华侨城投资洽谈会。会上达成15个经济项目合作意向，签订了与华侨城直接有关的进出口合同35项。二是1989年中国深圳旅游洽谈会。会上签订了几十份中外合作的协议书。这些合同和协议书带来的是巨额投资和深圳与外界的商贸往来。人和钱都来了，自然配套的相关行业也就跟着红火起来了。例如，深圳湾大酒店1989年夏天还是门庭冷落，锦绣中华试营业后，转眼之间顾客盈门，平均住房率升至不低于80%。锦绣中华主题公园只是深圳的一块磁铁，吸引来经济基础，才能构筑好上层建筑，再反哺给锦绣中华。有了好的打磨和保养，这块磁铁的寿命怎么能不长呢？

（来源：《今传媒》）

案例④ 重庆：昙花一现的红色主题公园

重庆，是我国的直辖市也是中心城市，别称山城、雾都、桥都。它作为抗战时的陪都，是那个时期中国的中心城市，见证了中华民族血与泪的历史。这个城市拥有与众不同的抗战文化、原生态文化和红色文化。在改革开放34年后的今天，该用何种方式来诠释红色经典新的历史内涵和新的时代意义呢？重庆选择了主题公园的形式来表达人民对于红色岁月的追忆和对历史的铭记。

中国红色经典主题公园落户重庆市南川区的签约仪式，于2011年7月4日正式举行。南川，地处重庆南部，位于四川盆地东南边缘与云贵高原的过渡地带，幅员2602平方公里。在这个地方，人们可以找到一些与抗战有关的红色遗存，例如南方局在川黔边区建立的第一个革命根据地合溪镇、培养革命儿童的红色摇篮和共产党员隐蔽所直七院、国产第一架运输机诞生地海孔洞。

在南川建红色经典主题公园的消息一经爆出，迅速引起公众的高度关注。规划修建的红色主题公园占地约 1.28 平方公里，由演艺园区、主题园区、红色景观商务区三大部分组成，分三期建设完工，总投资将达到 25 亿元人民币左右。高额的投入与夸张的占地面积，让不少网友对于兴建该主题公园的初衷产生了质疑。他们认为这样的模式过于铺张浪费，有借机圈地的嫌疑。

要搞红色主题，理所应当，应以南川的红色遗存为依托。可是在园区规划中，我们并没有看到这些，而是平地起高楼，怒砸 25 亿元进去，愣要建个红色主题出来。具体说来，包括一台两小时左右的大型音乐舞蹈演出，展现从 1921 年到 21 世纪的今天，全国人民在中国共产党的领导下创造辉煌成就的光辉历程；在园区不同景点里，将制作 1949 平方米的国旗（代表 1949 年新中国成立）、1921 平方米的党旗、810 平方米的军旗、1922 平方米的共青团团旗和 1949 平方米的中国少年先锋队队旗这样 5 面巨型旗帜；还有以 1∶1 的比例拷贝建造的伟人故居，相当于真人 2 倍的十大元帅雕塑，以及以红色爱情宣言圣地亮相人前的红色恋人誓园等不同景点。

任何主题公园都不能脱离主题资源而独立存在，红色主题也不例外。因为那样一来，公园本身就会变成一个空洞的壳子，让人看来索然无味。在社会各界的舆论压力下，该项目在 7 月 7 日被叫停，短短 3 天时间，"红色经典主题公园"项目经历了 180 度大转弯。对此，官方仅发布消息称该项目落户南川及重庆不合适，暂无其他说法。

其实修建红色主题公园，发扬革命精神，是非常值得支持的。但是应该以简洁科学的方式修建，而不是大手笔地去挥霍。应该在投入前，先对后续回报做出正确的评估，避免打着"红色"旗号，烧老百姓的钱。

（来源：《中国旅游报》）

二、对话

主　题	主题公园怎样带动城市旅游发展？
嘉　宾	张吉林　国家旅游局规划财务司巡视员、副司长
	李　铁　国家发改委城市和小城镇改革发展中心主任
主持人	杨　禹　国家发改委城市和小城镇改革发展中心研究员、央视特约评论员
时　间	2011 年 11 月 14 日

图 1　城市会客厅第 06 期现场

（左起：杨禹、李铁、张吉林）

1. 迪斯尼的启示

杨禹： 各位网友，大家好，这里是城市中国网的城市会客厅，今天我们一起来讨论，主题公园的建设怎样带动中国旅游业的健康发展。很荣幸我们请来了两位客人，给大家介绍一下。首先坐在我身边的是国家发改委城市和小镇改革发展中心的主任李铁先生。坐在那边的一位是国家旅游局规划财务司的副司长张吉林先生。

今天的两位嘉宾都是在城市发展、旅游发展方面国内一流的、权威的学者，也是部门的负责人。今天我们在这里围绕主题公园来进行讨论。其实主题公园这个话题，我们的网友们都思考过，大部分人也都去过主题公园。今天我们把这个话题拿出来讨论，因为主题公园的发展到了一个需要我们思考的时候，也是到了一个投资、经营和旅游者们要重新看它的时候，今天一个小时的讨论时间我们就聚焦在主题公园。

我先问一下李主任，您一定去过不少的主题公园，我们一会儿还要来细致分析主题公园前前后后的事情。您先给我们网友来一个总的判断，您觉得我们中国现在的主题公园是多了还是少了？

李铁：主题公园可以搞，但不是哪里都需要

面对中国的 13 亿人口，我觉得，主题公园还是有搞的必要的，毕竟我们现在人均收入达到了相对较高的水平，消费旅游已经成为目前比较热的一个消费点。从消费者的角度和从政府的角度看，很多人都关心城市的发展，所以都希望寻找旅游项目、旅游热点来带动城市旅游服务业的发展。不约而同地，大家都谈到，是不是可以通过建设新的主题公园来发展城市的旅游项目。

美国有迪斯尼，欧洲也有迪斯尼。看过迪斯尼的人都知道，现在的主题公园和我们过去想象中的主题公园不太一样。过去想象中的主题公园是静态的，现在属于动态的、参与型的。在有迪斯尼这种参照的情况下，我们是不是也要搞一个类似的主题公园来增加一个城市内容，使得更多人到这个城市来参观，来增加停留时间，把更多的时间、资金投入到城市？恐怕旅游公园是一个不可回避的地方。但是多少并不重要，关键在于它是不是符合我们发展的实际？是不是我们所搞的主题公园就一定符合经济发展的规律，符合当地的发展特点？这恐怕是需要我们认真思考的。

杨禹：我理解您的意思，就是每个地方想建主题公园的时候，不用考虑全国是多了少了，就考虑是不是符合本地的实际。刚才李主任一开篇就提到了迪斯尼，我们大家无论去没去过迪斯尼，或者去没去过国内的主题公园，反正脑袋里对迪斯尼总还是有这么一个印象。国内很多投资者，包括地方政府，他们有一个梦想，就是总希望自己也建一个迪斯尼。张司长，我想问问您，您觉得像迪斯尼这样一个大家普遍认为很成功的案例，是不是在我们任何一个地方，只要有足够的钱，有心思，很容易就能建起来，而且只要一建起来，就八方来客，会不会是这么容易的事情呢？

张吉林：切勿只见树木，不见森林

大家只看到迪斯尼成功的一面，实际上，我们刚才说的香港迪斯尼现在还没有赚钱，从它的营利模式来看也是很慢的。而且我们现在很多人提出来要学习迪斯尼，超越迪斯尼，就只看到主题公园这一块有型的东西，其实严格来讲迪斯尼是一个很庞大的文化产业，有全套的动画系统、动画产业在背后做它的支撑。

所以我们看到的迪斯尼有很多卡通形象，卡通人物是深入人心的，这样每一部新的卡通片出来，就是一种营销，就是一种广告。这样的话，这种文化宣传已经有了宣导、导向作用。同时，在美国和其他地方，作为电影它有院线，作为电视它有频道，再加上其庞大的加工产业，用以生产它的卡通形象。所以，具体到迪斯尼这个主题公园，只是它一个文化产业的组成部分，而迪斯尼本身是一个系列。主题公园只是迪斯尼系列当中一个小小的点，而它的生存不是仅仅靠这一个点。

而且即使是这一个点，它也是很慎重的。到现在，加上上海迪斯尼全世界才6家，其中只是在美国洛杉矶、法国、日本赚钱。其实迪斯尼从90年代初就开始想进中国，谈了很长时间，当时跟上海已经谈得很接近，但是为什么建在香港？就是考虑到当时中国发展不太成熟。而迪斯尼本身是一种消费方式，一种消费理念，是经济发展到一定程度才会有的产物。所以他们考察后发现，当时中国大陆不具备这个条件，所以建在香港。接下来，中国经济发展了，在十年以后，它看到了中国这个大的市场，所以才决定在上海建立迪斯尼。因此我们讲迪斯尼不是说随随便便建了就可以营利。

所以，不是靠一个主题公园就可以把当地的旅游业带起来，而是主题公园能够弥补产品的短板，能够丰富完善。主题公园不是雪中送炭的角色，而是锦上添花的角色。主题公园很大程度上是为区域市场服务的，是要以都市作依托的。我们看迪斯尼的发展路线，它立的那些点，都是些大都市，像巴黎、东京、香港、上海，这些都是千万人口以上的大都市。如果离开都市人群做支撑，指望其他远天远地的人到这个地方来看，这个风险是极大的。所以建迪斯尼，首先要有一个庞大的产业文化集群，其次要选择在一个非常大的都市，有当地的消费群，这样才能把它支撑起来。

2. 国内主题公园的一些现象

杨禹：很多人觉得建迪斯尼很容易，只看到了它热热闹闹的那一面，其实它背后的产业链条，包括它整个的定位和构想是一个很复杂的体系。李主任，您常年做城市的规划和研究，您一定看了很多国内城市公园，不管水平怎么样，至少叫主题公园。您先给我们谈谈直观的感受，比如我们大家比较熟悉的，国内已经建起来的，有一些历史的主题公园。您认为哪个是比较成功的？接近迪斯尼发展方向的有没有？

李铁：主题公园参差不齐，成功还是靠决策

主题公园有大有小，小的公园加一个主题也叫主题公园。我记得当年石景山搞雕塑公园，还有河北一个县有滑雪场，在山顶搞一个雕塑公园，这些都叫主题公园。当然这种小的主题公园成功率比较低，但是作为城市的景观、风景项目是没有问题的。这种主题公园类型比较多。比如我们所知道的，深圳的锦绣中华、世界之窗和中华民族园，我相信去深圳的人都一定要到这里来看看，因为它是一个比较好的主题公园，毕竟它有雕塑景观，展示的建筑都是全世界大家去不了的地方。还有北京的世界公园，我们也都去过。这是一类。当然，不可能说我们看到的主题公园都给我留下了非常深刻的印象。可是印象很深就是一个成功模式，我想深圳这个公园现在营利了，北京世界公园是不是也营利了，值得怀疑。

还有一类，我们所知道的，比如到长城，还有明十三陵，我们都可以把它们纳入到主题公园的范围。有的在建很多年了，似乎已经成了一个烂摊子。这样的公园也不在少数，大多数都经过了多少年的运转到最后没有盈利。

长春的环球影视城也是主题公园的一种。还有就是成都市温江区的国色天香，这就是另一种类型的主题公园，现在已经开放了，是不收费的主题公园。我们去的时候，他说每年的游客人数是 600 万人次，目标人数是 2000 万人次。人们到这里来不仅仅是看，更多的是有一些销售、市场，各种小孩玩儿的地方，当然它不像迪斯尼这么大的投入，但是有一个非常好的空间，价钱还非常便宜，潜在的消费市场自然是很大的。同时，它后面还支撑了一大块比较好的自然生态系统。我想恐怕它对老百姓的吸引力是经营上有独到的模式，比如说，它是不是仅靠主题公园来经营，还是靠主题公园后面的地产来决定未来的发展方向，这也是我们看到的重要内容。

作为研究人员，我看主题公园的时候，并不是说仅仅从主题公园该不该搞这个角度出发。每当我看到很多很偏僻的地方，突然间说要投 30 亿、40 亿，甚至上百亿搞一个红色主题公园或者西游记主题公园，还在某媒体上大力宣传时，我就大惊失色。网上也是一片讨伐之声。我们讨论主题公园恐怕要从这个角度来考虑——是不是所有地方都可以通过主题公园带动我们这个地方的发展？是不是每个主题公园都是可以营利？主题公园会不会造成我们政府投资、社会资源的巨大浪费呢？比如老北京微缩景观，在南口，在一个几百亩地上复制北京四合院，如果大家能到北京城里看四合院，何必要到那里看微缩的四合院？这就是一个创意上决策的失误，而且几百亩地闲置了几十年，浪费了更大的投入。我想，从这个角度看，主题公园不仅是一个概念，而更重要的是决定我们政府和投资者决策的失误会带来什么样的后果。

杨禹：我们具体去分析每一个主题公园，特别是这种投资巨大的、愿望很美好的主题公园，恐怕在这个层面上，到目前为止，看到更多的要么是失败了，要么是仍在困难当中摸索。张司长您是旅游行业主管部门的官员，您一定也走了全国很多地方。我们看到现在主题公园的建设，特别是李主任谈到的大规模的主题公园建设，已建好的，在建的，背后都逃不开地方政府的想法，都以政府为主导建设主题公园。您接触到的地方领导，他们搞主题公园最初的冲动是什么？是不是就是没有别的路，只好走这条路呢？

张吉林：旅游还要讲资源，否则投资变负担

现在到了发展旅游的时候了，未来几年是中国旅游发展的黄金期。这样，有资源就上，没有资源就自己造点资源上，所以就出现了现在的主题公园热。实际上，并不是建一个主题公园就能把这个地方的旅游业带起来，因为旅游是讲资源的。

旅游，包括自然山水，包括人文遗迹，还包括度假休闲，特别是我们的度假休闲，将来将成为主题。城市周边，到了周末、黄金周，大家都想找一个休闲的地方，这种休闲度假将来应该是城市发展的一个着力点，特别是在一些城市的周边，所以未必一定要搞这种主题公园。搞这种主题公园，如果没有一个特定的切入点，没有一个特殊的产业对接，成功的可能性就不大。

刚才李主任也说到，跟地产结合，还有就是像迪斯尼，跟文化产业结合。我们一直在说，比如横店的影视城，还有宁夏的西部影视城，是跟影视拍摄相结合，找到了营利模式和营利点，可以经营下去。如果没有这些营利点，单纯靠主题公园的话，将来肯定是一个沉重的负担。

杨禹：我们看到很多地方，现在手里总是有一些还没有被市场认可的资源，自己想把它变成市场上能够有回报的资源，就是在这个过程中，才会盲目地超大投入，不考虑浪费，不考虑政府自己的决策。我们今天总体上是给主题公园热稍微泼了一点冷水。我注意到，网友们，包括很多媒体，最近也在讨论，也有很多人说，虽然看到国内很多地方失败了，但是既然是有人愿意投资的，那失败就失败了，也许失败是最好的老师。专家学者说得再多，最后投资人和地方政府就自己一门心思干，我们就看着他们失败下去，最终才是对他们最大的教训。张司长，您看我们是不是就放任这个局面呢？

张吉林：这样也是对社会资源的浪费。有土地，更多的还是资金。现在对我们来讲，资金也是经济发展的要素，资金浪费太多，对我们经济发展也是有影响的。我们想通过我们这些节目，通过我们政府部门的规划引导，使资金能够投到正确的方向上去，这样才能使社会资源不至于被过多地消耗掉，才不至于浪费。

杨禹：您是来自旅游主管部门，刚才李主任提到了旅游、文化、体育，这些都跟城市这个概念越来越多地绑在一起。刚才您也说了，城市化率的提高也会带来我们整体面貌上很大的变化。您又是旅游局做规划的负责同志，我们的旅游规划与地方的城市规划，它们之间现在是什么关系呢？大家是很习惯地互融互通，还是按照不同条块各搞各的？

张吉林：现在旅游基本上还是在发展规划这个层面，城市化是一个空间规划，旅游是一个产业规划，前提是要跟这个城市相协调。比如我要制定一个旅游规划，在功能区的分布上要依从这个规划，因为在法律上还没有给它一个确定的、既定的法律地位，现在基本上还是一个指导性、引导性的规划。

李铁：我倒不这么认为，旅游规划不仅仅引导产业发展，对空间规划也有一定的引导作用。因为它首先考虑到城市整个经济战略发展思路、方向，旅游是其中一条，至于有没有资源，能不能发展，决定于未来空间资源的配置方向。现在一定不要小看旅游规划。我们目前做了大量的地方政府规划，发现大的地方政府做发展战略规划的时候，会面临很多问题。后来很多规划都变成了旅游规划。比如我们做的河南嵩县就是一个例子。

杨禹：最后就成了当地的整体规划。

李铁：有些产业规划是随机的，比如说工业发展规划，是不是拿钱就走？当然旅游资源在一定程度上讲是积极的。

张吉林：是一个交互发展。

李铁：它有它的历史、文化、名胜、资源，除了主题公园，还有人文因素。所以，如果一个城市，市区内没有什么旅游资源，我可以不考虑。但是，假设到了北京，这么多人文名胜古迹，就不可能回避了。

张吉林：恰恰也是我想说的，我参加了很多城市规划的评审，他们恰恰不考虑旅游这块，这也是我们经常提出的建议。在城市配置、空间资源配置的时候，都是考虑常住人口，不考虑流动人口，或者流动人口考虑得很少。我们经常在提这点，比如北京，常住人口比如目前1800万，流动人口比这多得多。这个社会资源，将来对城市发展是至关重要的。在现实中，协调起来还是有一定困难的。

杨禹：现实当中，有些地方还是更多从城市整体角度考虑。

张吉林：现在咱们很多城市规划做出来以后很快就过时了，就需要再调整，在当时对流动性考虑得就很少。

李铁：消费人群是既定的。流动人口已经成了固定消费人群，每年固定的往返不断的消费人群。规划城市的基础设施、城市的公共服务，甚至城市的消费和产业分不开，那就一定要适应既定人口，包括基础设施，包括道路修建。旅游规划不可能孤立于城市发展状况，而且只要有旅游资源，就一定要考虑流动人口。北京大概有1900万所谓常住人口，加上打工人口，之外还有流量人口，流量人口是不固定的。到目前为止，为什么我们北京的基础设施跟不上北京市的发展规划需要呢？就是因为流动人口对基础设施、公共交通、饭店业、旅游业的需求已经超过了规划，所以会出现很多黑车、黑旅馆的问题，道路、地铁拥挤的问题，等等。原因就是我们在规划中考虑人口因素时没有考虑到这块，所以我相信未来旅游发展中，这些一定会成为整个经济社会发展中重要的组成部分。

张吉林：现在它在社会经济发展中，也是一个组成部分，就是在规划体系中的衔接还不是很紧密。

李铁：对。

3. 建设主题公园的必要条件

杨禹：是不是我们在国内已经看到很多地方投了巨资，现在搞不下去，很为难。建了这个点以后，拉不起产业链条，找不到自己跟产业的关系。这样的尴尬我们看到得越来越多。

张吉林：在主题公园特别热的江苏，有一个弗洛贝尔，在当时就破产了。它建在江苏和上海的一个结合部，当时是瞄准上海的客源，当然其位于江苏，这样的话，上海的公共交通支持不了它。这里离苏州又比较远，所以说最开始支持主题公园的是大量的服务措施、基础设施，这需要政府投资。如果公共设施不发达，主题公园没法营利。这个弗洛贝尔当时想借上海的市场，但是借不了上海的市场，因为上海的市场不可能建到江苏去，因此当时主题公园热的时候，这个项目投了几千万元，却很快就破产了。

李铁：建主题公园的几个要素

最近有一个开发商也找到我谈在徐州这个地方搞一个大型文化产业园，当时我给他提的建议是，要建没有问题的主题公园，要考虑以下几个因素。

第一，这个文化产业园是不是以特大城市为依托。特大城市要以1000万以上的人口为依托，就是这个城市有足够的消费人群到这里来旅游。

第二，特大城市、超大城市的特点。每年到这个城市来旅游会有多少人次，像北京、上海都达到了千万人次，主题公园是个锦上添花的项目。这样的主题公园有很多，比如到了上海肯定要去世博会，到了北京要去鸟巢。

第三，交通条件。为什么迪斯尼要选择在上海，而没有选择在其他城市？首先，交通条件，上海有绝对发达的交通。其次，就是季节，要考虑全季节，每年四个季度都有旅游人口来这里。再次，在交通条件绝对发达的情况下，比如苏州，它离上海有一定的距离，是不是上海的人都要到苏州来？这是值得怀疑的，因为它决定了参观苏州老的历史文化名城每年的流量多少。我们假定，如果投入规模足够大的话，它可以起到独特的效果，比如3000亿砸进去了，很可能我到这里就一定要去看。但是一个新景观，是不是每一个投资主题公园的公司都有这样的实力？有没有持续投入的能力？能不能肯定这个一定是最新、最现代的？

第四，特定的支撑。现在有两类旅游，一类是观赏性旅游，人文、名胜、古迹，看完以后就走，看历史。另一类是参与式旅游，有户外运动，休闲性的参与，有高科技的，直接动画的互动参与，在原来的生活空间里体验不到的。现在的主题公园有一个最大的特点，就是利用高科技来动员所有的男女老少，全民参与式的活动，而这个就使现在的很多主题公园加入了很多惊险的环节，比如大型游乐园。我们想，新型的主题公园，如果它有一定的最新科技含量投入，会达到一种效果，就是把现代的科技和个人的观赏参与结合在一起。

以上这四个条件可以概括为：第一，大的城市，以既定的足够量的人口为依托；第二，最好的交通条件，能保证往来可以实现；第三，大的规模；第四，现代的科技。

除此之外，最重要的还有一条就是价格。价格是整体价格，而不是一次性的消费价格。比如在一个地方建一个主题公园，要单独坐飞机过去，坐火车过去，要单独选择宾馆住宿，交通价格、住宿价格和门票价格，加起来就是总体消费价格。刚才我讲所有条件，实际上是成本的价格，因为它的住宿、交通费被其他的内容平摊了。在这个基础上，锦上添花，再参加这个项目，对总体的消费水平有影响。如果这几个条件具备了，主题公园当然可以搞，但是很多设计主题公园的政府或者公司恐怕不会站在消费者的角度来考虑这些问题。

杨禹：听两位专家来讲这些，受益最大的一定是在建主题公园上动了心思的政府管理者或者企业家了。如果他们能像刚才李主任讲的，从五个方面去考虑，自己心里的火热就慢慢降温了。他们必须去认真考虑这五个因素中的每一个。张司长您觉得您接触的地方政府领导中，他们是不是很难从李主任说的这诸多方面考虑呢？

张吉林：主题公园，这个瓷器活儿不好揽

现在地方在分析旅游市场需求的时候，大部分都是依据自己的主观愿望，比如我要想干旅游，我从什么角度干好，是从自己角度考虑，从投资、其他角度考虑得少一点。旅游是面对市场的。刚才李主任谈的几点，市场因素，产品的垄断因素。我们谈投资也好，垄断也好，其实营造的是一个竞争优势。我们讲名山大川也好，讲人文遗迹也好，它的品质高低就在它的垄断优势、垄断程度。比如兵马俑是世界七大奇迹，不可复制，独一无二，还有黄山、九寨沟，都是独一无二的，它有它的竞争优势。

主题公园，如果我们几千亿砸进去，砸到正确的地方，就是高科技的力度，能够把资金投到位，把高科技运用到位，就形成了绝对的垄断，

绝对独特的技术，但关键是有没有这个资金。而且技术也在不断发展变化，消费倾向也在发生变化，主题公园能不能根据消费需求的变化，不断调整产品的结构？这也是很重要的问题。有没有持续更新、持续发展的能力？这也是衡量主题公园具不具备生命力的重要条件，俗话叫"建不完的迪斯尼"。要想不断地吸引游客，就要不断地翻新。我们看到美国的奥兰多，它是一个一个的园区；洛杉矶的迪斯尼，也是不断在翻建，项目在更新；包括香港的迪斯尼，第一期建了，第二期马上也要开业，也是在不断翻建，不断把现在的科技吸收到我们主题公园的内容里面，来实现它的垄断优势。如果在资金和技术上不具备持续发展的能力，建设主题公园恐怕也要打一个问号。

地方在发展的时候，恐怕要从这两方面考虑，一个是市场需求的角度，一个是资金持续投入的能力和利用现代技术的能力。要认真研究一下，有没有这个能力。

杨禹：国家旅游局是国家旅游主管部门，主题公园总体上属于旅游项目。旅游局从全局的角度有没有做一些调控的力度？还是我们只是开发建设，决定权在地方或者投资人，我们只是劝诫一下，或者帮他们引导一下，但是他们真要想做，也没什么直接去摁住他们的办法？

张吉林：因为现在旅游是属于充分竞争的市场项目，只不过规模比较大，需要政府配套投资。作为我们来讲，对他们基本上是规划引导，引导这个市场，让他们认识到，认真去分析市场前景，分析投资能力和科技运用能力以后才能决定建还是不建。我们做项目规划的时候，也经常让他们从这几个方面多考虑，不要脑袋一热，这个地方有一个什么样的传说，有一个什么样的人物，就围绕这些建一个主题公园。要考虑到，谁来消费，有没有这么大的市场支撑，有没有这么大的投资跟进。如果没有的话，可以搞一些其他的项目，未必都要搞主题公园。

李铁：主题公园建设牵扯到的几方利益

特别有意思，我们遇到很多政府官员和企业家，政府说这是企业投资的。既然允许市场化与选择，有几个因素可以考虑。刚才张司长讲的，一定要考虑到地方的特点，地方的人物，比如花果山旅游公园，红色主题公园，还有一个诸葛亮的主题公园。

首先，主题这个概念很重要，什么是主题，一旦有主题，就很麻烦。我们以一个参观者的心态，要考虑中国历史的人物，以人物为主题。我们经常给地方同志讲，这个人物你认为很重要，是不是消费者也认为很重要？比如我到洛阳参观龙门石窟，对面就是白居易故居白园，可是大家都只看石窟，很少有人去看白园。我们去河南嵩县，大家都要看白云山，他们说我这里有"二程"故里，可是我跟他们讲，绝大部分人不知道"二程"，高端人不一定到这里来，就几个人来也构不成旅游的价值，所以主题特别重要。中国历史旅游主题，除了宗教和帝王，几乎都构不成主题。我们看红色旅游主题，都是毛主席在那里住过的地方才能够成功。比如我们看井冈山、延安、西柏坡，可以看到很多人去参观，但是除了这些，其他的很少，所以主题选择非常重要，不是说有主题大家就都会来看。

第二，政府的投资。政府不拿钱投资不等于不会造成资源的浪费，因为必须要把一部分土地去配置给那些所谓拿了钱的投资者。如果他失败了，这个土地就回不来了。

第三，希望土地升值的农民的就业。农民也希望有更多的就业项目，但是当初的这些承诺，由于主题公园投资失败，也会造成农民未来的就业不能得到保障。

鉴于上面两点，政府说没有浪费资源，我觉得是不成立的。其实有一部分资源是一定要浪费的。

第四，还要看政府决策者的决策。"站在我的角度可行"，但是你一定要记住，你站在你的角度是不可以的，一定要站在消费者的角度考虑。比如在北京郊区或者附近，很多地方政府来谈项目的时候，我就告诉他们，你不要站在你县政府、县委书记的角度考虑。主题公园的设想，实际上是针对消费者的。所以我看了很多国际知名的企业，像迪斯尼这么好的项目，它是有自己精密的考虑，它知道这里有经营效益、利润等等。可是我们现在的地方领导是不考虑的，他只是考虑到在这个任期完成这项投资，运用到GDP增长中去。有的可能是决策者不明白，也有决策时考虑政绩的因素，结果都是资源的严重浪费。

杨禹：我见过一些地方，前一任的书记、市长建了一个主题公园。

换届以后，前面这个正好遇到困难了。怎么办呢？再另起炉灶。这样的浪费不仅是反映在钱上的浪费，土地上的浪费，也反映在有一定决策权的地方领导缺少约束。

李铁：因为 GDP 上来了。

杨禹：但是只在这一任里面形成了 GDP。您刚才谈的这几点，我们能看出来，在地方想建主题公园的时候，一厢情愿的想法太多。自己认为的名人不见得是能吸引八方来客的名人；自己认为不浪费但已经发生了。张司长，您觉得，是不是我们讨论的主题公园存在着各种各样要考虑的问题，但是地方的投资者们，包括地方的领导们又不太愿意去考虑？这是不是说明了另外一个问题，现在从全国来说，地方想发展旅游的很多，但是发展旅游找不到更科学合理的途径，所以，明知山有虎，偏向虎山行，知道发展主题公园有风险，但是没有别的什么可以干的，就干这个吧。会不会有这样无奈的选择？

张吉林：旅游要满足两个市场

图2　城市会客厅第06期现场（张吉林）

也不是无奈，还是对旅游发展的规律认识得不够。旅游发展有几个阶段，一开始是观光为主，很多旅游局叫观光局，是观光为主导。发展到一定程度，度假休闲、专项旅游发展起来以后，就变成了多元结构的产品格局。而且从目前的发展趋势来看，度假休闲旅游会占很大的比重。国外甚至已经把旅游等同于度假休闲了，就是游客要到一个地方去缓解一下身心，不一定要看什么。这就是说要从景观发展到环境，就是需要到一个环境里面，跟城市迥然不同的，一个相对可以舒缓身心的地方，像我们的海滩、山林、内湖这些地方，包括温泉、洗浴，能够调节人身心的地方都可以成为度假休闲资源。但是恐怕我们要认真找一找旅游资源，除了我们认识的传统的那些环境资源以外，有哪些能适应现代都市消费者来消费？

大家看一下咱们"十二五"规划纲要，2015年对中国来讲是具有历史意义的一年。到那时候，中国的城镇化率将达到51%。这标志着，中国传统的农业国也发生了根本的改变。既然我们是一个城镇化、现代化的国家，那么这些城里人到哪儿去休闲，到哪儿去度假？我们广阔的环绕都市周边的乡村就给我们提供了非常非常多的选择，如果仅仅盯着传统的那几个景观，发展旅游的余地是很窄的。

而且从整个旅游消费的特点来看，这种观光旅游是中长性的。除非像黄山、九寨沟这样的地方可以吸引我们去，其他很一般的地方，像刚才提到的那几个人文景点，那几个名人故居，恐怕我到了那个边上也不会去。它是一个专项市场，不是一个大众市场。搞历史研究的，或者有特殊偏好的人可以去。对区域市场的影响度是有限的，而区域市场规模最大的就是度假休闲市场。

像北京周边，一到了假日，通往城外的道路都拥堵不堪，大家都要到城外去休闲。对他们来讲，每一个地方发展，根据资源特色，根据整个环境特色来塑造自己的产品，打造自己的产品，而且要把客源层选择好，不是说每一个产品都要面对全世界，每一个产品都要面对全中国，有很多产品可能就只是为本地老百姓服务的。

我们讲旅游的话，要满足两个市场，一个是外来到我这儿旅游的市场，还有就是本地老百姓的市场。首先要满足了本地消费需求，然后再谈怎么满足外地客人的需求。这个关系处理好了，恐怕就能找到旅游的发力点、立脚点了。

4. 地方主题公园建设的几点建议

杨禹：听了你们二位刚才的介绍，有意搞主题公园的人脑子里会多想一些东西了，或许他会觉得我这个地方没有具备您刚才说的五个条件，可能就只有其中三个条件，甚至只有一个或一个都没有，但是还是想干，就干小点，不搞那么多，就搞点小规模的，不把摊子铺那么大。这种本地局部化的主题公园，我们其实在现实中也看到非常多。他们没有那么大的雄心壮志，也不想赚大钱，规模搞得没那么大，这样的主题公园，李主任能不能也给他们提点建议？

李铁：扬长避短，别追着市场跑

所谓公园，就是城市中间的一个生态园，人们休闲的地方。关于搞主题，在完完全全的花草树木之间，搞一点雕塑，或者弄一些视觉上美观的东西并不是不可以。国内的一些大城市，一定会有小孩儿活动的地方，比如游乐园。欢乐谷当然是可以搞的，但是这种大规模的投资性的主题公园，动辄号称几十亿、几百亿的，涉及城市旅游管理部门、政府的决策者怎么来看待旅游的发展。

我觉得刚才张司长讲得很好，旅游的发展，更多的是要由市场决定。我为什么讲参与互动？户外运动属于体育系统管，比如滑雪，我们叫参与式旅游项目。它是多次、每年不间断的旅游项目，也可以叫旅游休闲项目。比如我每星期都要到郊区去运动，每星期都要去滑雪，打高尔夫。当然这些都是在一个旅游空间里完成的，而不是在健身房里，这些项目都可以纳入旅游项目。在这些方面，我们多提供点条件，会有很好的效果，我们的城市之间也是互动的。在城市之外，我们可以丰富农村的经营、经济的活动，给农民带来更好的收益，给一些偏僻的、人迹罕至的地方也带来人的活力。这都是我们作为城市管理者要思考的内容。

另外，是不是在城市景观中一定要搞旅游项目？我觉得这个并不重要，有就是有，没有就是没有，但是可以把城市景观的很多空间变成老百姓旅游、活动休闲的地方，比强行去塑造一个公园，或者让开发商即所谓的投资者，为了私利去搞主题公园要好。政府更多是要考虑公益性，考虑到让更多老百姓、社区人能够受益，而不是去琢磨怎么让这块土地升值，怎么让这块土地赚钱，和开发商的利益一致，然后在这个地方去设置主题公园，这是误导了城市化发展的途径。

我们现在经常讲，城市发展不要被开发商的利益牵着鼻子走，在这个基础上来探讨要不要搞主题公园，恐怕这个问题会分析得更清晰一点，就是不被利益牵着鼻子走，不去为了开发商的利益。我想公益性项目可能会更为丰富，更为活跃，可能会通过市场机制的规律，自发地生成很多旅游项目。

我突然想到西班牙的塞尔维亚。每天晚上很多人去看弗拉门戈舞蹈；在北京，有京剧，有茶馆。它就是一个旅游经济，代表文化和民族的精粹，可以自己选择，可以去可以不去。但如果要培育一个追市场的项目，那是要花费大量的时间精力的。

杨禹：不管站在哪一块，各个行业做规划的同志们，其实大家目标一致，要充分考虑市场因素，也考虑政府恰当的行为，大家的想法最后逐渐趋于一致。

我想我们也许探讨到这儿，才是主题公园科学冷静发展的一个基础，就是最后任何城市，包括这个城市的旅游业，还有其他的行业，要做一个统筹的、冷静的、实事求是的规划，有了这样一个基础的思维，站在这个思维上，再去看要不要做一个主题公园，其实就能做一个很好的科学决策了。

我们今天这样一个访谈时间有限。最后，我们想请两位嘉宾把自己关于主题公园最核心的观点给我们镜头前，也是网上那些正做着梦、想投资主题公园的地方政府和投资们者们几句忠告，几句帮忙的劝诫，或者出几个好的点子。

张吉林：尊重市场

刚才谈了很多，核心就是，建设主题公园，首先考虑市场需求，毕竟我们的旅游业主要是从市场需求中得来，没有市场支撑的项目不可能成功。在我们打造的过程中，要把握一点，我们打造的是文化精品，不是文化赝品。很多人把我们的传说、人物简单复制出一些生活场景，那个就是叫做文化赝品，因为它没有什么历史文化的价值。其实我们打造的是一个文化精髓的东西，就是通过我们现在的技术手段，把现在文化研究的这些成果、历史研究的成果，更好地再现出来，我们内在的文化历史才更有内涵。

所以，我们不能在表面上做文章，我说的是有建设这种主题公园基础的城市。作为我们来讲，在今后的发展中，要有一个审慎的、长时间的、冷静的决策。我们从整个迪斯尼的发展可以看出来，不是一朝一夕就能做这个决策，要对市场需求的变化进行长期的追踪，最后才能确定下来。

李铁： 主题公园问题的出现有它的原因。关键是，如何避免这些错误发生，核心的问题在于政府的决策和思维方式，是不是考虑到地方公众的长远利益。公众不仅包括城市人口，还包括占地的农村人口，是不是受GDP的政绩所左右。城市的发展规划、发展思路一定要追寻主题创新，不要跟着开发商的屁股走。最重要的一条，当地是不是有一个好的、长远的发展规划来认真思索这个问题。城市的发展规律及主题公园要追寻客观经济规律，违背了这些规律，决策一定会失误。

杨禹： 我们看直播的网友们，都从刚才两位嘉宾最后的总结中看出，主题公园的发展对中国旅游业的发展有促进作用。但是，孩子们可以去迪斯尼里面做做这个梦，但地方政府的管理者和投资者不要轻易做这个迪斯尼的梦。在对于主题公园和它背后的中国旅游业和城市发展中保持冷静理性的态度非常重要。要想有这个态度，有机会可以找找李主任和张司长一起去探讨探讨，也许一个科学合理、从长计议的规划能够帮助你更长期、更深刻地去认识主题公园和它背后的规律。

三、观点

观点1 >>> 刘振宾：错不在主题公园

世界公园经营策划部经理刘振宾认为，建设目的、经营策略等方面的选择失误导致若干不成功的案例，使得主题公园没有发挥出其应有的带动作用。主题公园这个名词是近年来旅游界频频谈论的题目，关于主题公园的研究明显滞后于国内风起云涌的建设热潮，先期成功的几家公园的示范拉动作用，引发一个又一个波次的重复建设潮，这成为近期媒体关注的热点。

主题公园具有明显的拉动区域经济的作用，是旅游产业中重要的组成部分，但是近年来主题公园大多都走向了衰落，使得人们认为主题公园的前景十分渺茫。

然而冷静分析后得出结论，并不是主题公园本身不行了，其失败的原因是多方面的。对于一个主题公园的成功，其必要的客观因素包括地理位置、依托人群、气候条件、交通及配套设施等多方面因素。此外主观因素包括具有一定的规模、经营管理方式等等，更主要的是考量主题公园是否有充分、丰富的文娱表演。

目前我国的主题公园所面临的问题是空间分布过密、缺乏新意、市场定位模糊，投入与产出没有经过严格的论证以及缺乏专门的人才和长期经营的打算，这都是阻碍我国主题公园发展的因素。

（刘振宾，世界公园经营策划部经理。原文载于《北京规划建设》，2003 年第 5 期）

观点2 >>> 李沐纯：都市旅游与主题公园之间存在良性互动

从现代意义上的旅游诞生之日起，都市就与旅游紧密地联系在一起。由于都市是一个国家和地区的重要门户，因此，都市往往不仅是区域经济、文化、政治中心，也是重要的旅游中心。与其他形态的旅游目的地不同，都市旅游目的地的吸引力不仅取决于适宜的气候条件、旅游吸引物的丰富性与垄断程度，而且还取决于其是否有悠久的历史背景、深厚独特的文化底蕴、科学良好规划的市政景观等多项因素。而作为依托都市的新型旅游形态——现代主题公园可以说从其诞生就与都市结下了不解情缘。

主题公园的建设能有效诠释都市旅游目的地独特的文化底蕴，是一种蕴含独特主题文化的产品，同时也是特定文化形态的典型代表，巴黎附近的欧洲首屈一指的艾斯特里克游乐园则以法国家喻户晓的童话人物艾斯特里克为主题，生动展现了法国文化。

主题公园的良性发展促进都市旅游目的地特色商业发展，都市作为一个地区的经济、文化、商业繁荣区域，其独具特色的饮食、购物等特色商业活动也是都市旅游目的地吸引力的重要因素之一。运行良好的主题公园自身不仅能够取得较好的经济效应，还能够产生较好的产业关联效应，如商业、交通运输业、住宿业等。通过产业链的关联性，形成营业收入、居民收入、就业和进口额等乘数效应，从而进一步带动都市社会经济的整体发展。

（李沐纯，华南理工大学经济与贸易学院讲师。原文载于《商业时代》，2006 年第 18 期）

观点3 >>> 宋咏梅、孙根年：好的主题公园可以带动城市旅游

旅游业的特性决定了它是游客获得经历的活动，处于体验经济的前沿和核心部分。而主题公园又是最贴近体验旅游的业态，无疑，好的主题公园必然会带动城市旅游业的发展。从本质上来说，主题公园人工雕琢的痕迹明显，是一个商业化的娱乐场所。因而它的兴建，首先要考虑客源市场和交通区位等因素。在它周边应该有潜在的游客群体，可以满足公园的旅游消费需求。毕竟主题公园不能点石成金，指望在穷乡僻壤修个主题公园，再靠促销去"培育"游客，从而拉动旅游经济增长的想法，是不现实的。

一个好的主题公园必然有着较高的科技含量，人们在主题公园里追求的不是亲近自然，不是人文景观，而是惊奇震撼或者温馨快乐的主观感受。因此，设计时就必须用现代的声、光、电手段来营造梦幻般的景象，以满足游客的体验需求。

主题公园建在一个合适的区位，可以直接带动城市的观光游览、酒店服务、交通通信、娱乐表演、商品零售等许多部门发展，并通过吃、住、行、游、购、娱六要素，向其他相关产业呈分层次、辐射式扩散。

（宋咏梅，西安科技大学讲师；孙根年，陕西师范大学教授。原文载于《城市问题》，2006 年第 9 期）

观点4 >>> 陈楠：香港旅游局：放长线，钓大鱼

在人们的臆断中，一向以人满为患且价格不菲著称的香港迪斯尼乐园，无疑是其两大股东香港政府以及美国华特迪斯尼公司的"摇钱树"，但事实并非如此。自2005年9月开幕以来，由外而内暴露出的各种问题，使得香港迪斯尼乐园每年都未能达成既定目标，也让开业的4年时间成为了香港迪斯尼的"纠错期"。虽然香港迪斯尼公司为了进一步吸引游客，计划新建主题园区及游乐设施，但它仍然面临着游览人数下降以及亚洲地区新兴主题公园的挑战。

对比亚洲最成功的东京迪斯尼公园，香港迪斯尼公园最大的发展障碍之一就是其水土不服的美国式管理模式，有相当一部分的管理和运营权掌握在美国华特迪斯尼公司手里，而作为股东之一的香港政府只能从门票收益部分领取提成，而香港迪斯尼门票消费仅占到游客总消费的50%。为此，香港政府在与华特迪斯尼公司商议，决定以"以债换股"的方式与迪斯尼公司合作，希望提高经营上的主动权。

对于香港政府的做法，很多人产生质疑，但是香港旅游局却表示，坚持经营迪斯尼乐园给整个香港的经济带来不可忽视的增长。可见，官方还是坚信主题公园对都市旅游及相关产业的带动能力的。

（陈楠，《商务周刊》记者。原文载于《商务周刊》，2010年第5期）

观点5 >>> 王忠丽：主题公园建设可以提高城市旅游竞争力

旅游竞争力是产业竞争力的一种，是指旅游业在现代市场竞争条件下通过销售产品而表现出来的竞争能力。城市旅游竞争力是城市竞争力系统中的一个子系统，从这个意义上来说，城市旅游竞争力也是一种区域竞争力。

主题公园对于提升城市竞争力的作用主要体现在三个方面。一个是实现了旅游资源的合理配置，并提升了旅游目的地的核心竞争力。再一个就是对区域经济积极的拉动作用。这个作用从很多方面都能看出来。比如说

它能够带动产业转型，优化产业结构。无锡影视城所在的大浮乡在主题公园的驱动力下，成功地完成了一产到三产的转型。再比如，它能够给区域提供可观的就业机会，还能引发新的产品系列和产品链条。主题公园是个品牌，能够拉动一批与之相关的产业的发展，而我们这里说的相关产业又不仅仅局限在旅游业内，而是涉及社会和生活的方方面面。

除了上述两个作用以外，主题公园还能优化旅游目的地的环境。它能够促进城市规划建设，用国际旅游城市的发展观念来统筹城市建设，用主题公园的特色吸引来凝聚城市人气，从而推进城市建设，提升城市形象。

（王忠丽，河南大学历史文化学院旅游学系。原文载于《南阳师范学院学报》，2006 年第 12 期）

观点6 >> 池雄标：城市旅游系统论下主题公园的发展

从系统论的角度来看，旅游城市是一个大系统。主题公园是这个系统内的一个子系统或一个点。主题公园本身也是一个系统，它依赖城市这个大系统而运转，其功能的发挥，即对城市旅游及区域的带动，都是在这一大一小的两个系统之间的相互作用中表现出来的。

主题公园对于城市大环境的依赖主要体现在三个方面。第一，对城市及其所处的周边地区的经济发展水平、区域人口规模以及游客消费水平有较高要求。第二，主题公园与旅游城市在旅游形象上应该统一并互补。城市的旅游形象对中、远距离的游客会产生决定性影响。如果主题公园与旅游城市形象不统一，就会使游客的旅游行程及目的分散化。第三，在城市内的围观区位对于主题公园的可进入性及人气高低会产生影响。

相对的，旅游城市能够得益于主题公园这个子系统的点也有三个。其一，主题公园对凝聚城市"人气"，带动城市相关第三产业的发展有明显作用。其二，主题公园对促进城市环境改善、市政建设提升的作用不容忽视。其三，主题公园对城市文化积累、提升与活化有一定的积极影响。

总的来看，作为一个大系统的城市和作为小系统的主题公园，两者形成了包容与被包容的关系。作为子系统，主题公园的成功与城市的兴衰是息息相关的，但作为外环境的城市也要给主题公园提供一定支持和基础，才能让它发挥其应有的能力。

（池雄标，深圳市贸易发展局、旅游管理局副局长。原文载于《中国主题公园论坛》，120 ～ 129 页）

四、延伸阅读

中国旅游业的投资方向和投资重点
张吉林

当前我国旅游业正面临一个承前启后的发展阶段，一方面是大众旅游的积极性被调动起来了，但促成需求的条件还有待进一步放宽；另一方面是现有的供给体系不适应大众旅游的需求，需要在结构和总量方面做出调整。

从供给体系来看，我国的经济体系已经跨入了小康阶段，在大的框架结构上已经告别了短缺时代，但是在产业结构体系方面还有待完善，特别是一些明显的短腿制约了经济总量的供给能力，出现了结构性短缺。

要解决这个问题，从长远来看当然是要改善供给能力。第一是解决困扰旅游业发展多年的交通等基础设施问题，为旅游业的发展提供保障。第二是营造新的旅游消费热点，实现旅游客源的结构性分流。当前我国旅游市场的特点是热点太热，冷点太冷，大部分游客集中在少数几个热点上。今后，要结合西部大开发，挖掘西部地区丰富的旅游资源，形成新的旅游消费热点，从空间上实现客源分流。

一、以资源开发为重点，实现多元化发展

首先，观光产品的建设项目。观光产品过去和将来都是中国旅游业的主导产品，丝绸之路、长江三峡、北京、上海、广东、西安、桂林等

是中国旅游业创汇的主力，但在未来却面临着进一步完善产品、提高效益的问题。

第二，开发适应市场需求的新产品，建立新的成规模的旅游发展基地，形成中国旅游业持续快速健康发展的增长点。长期以来，中国旅游产品主要是以观光产品为主，缺少适应海内外旅游者需求的度假旅游产品和专项旅游产品。未来若干年中，加快开发能够吸引国际国内旅游者的新产品，特别是加快海滨度假、温泉疗养、会议旅游、自驾车旅游、游船旅游等项产品的建设，将成为投资回报较高的领域。

从旅游业发达的国家来看，在其旅游业发展的过程中，都逐步形成了若干个旅游产品比较集中的区域，形成了具有市场影响力的大型旅游项目组团，在市场上产生了巨大的规模效应。如欧洲的阿尔卑斯山区、环地中海，中南美的加勒比地区，美国的奥兰多主题公园城、迪斯尼世界系列、环球影城系列主题公园等等。中国旅游业的发展已经孕育了对这类产品的潜在的市场需求，但是产品的开发相对滞后，需要在未来产品的开发中重点策划，以抓住需求发展的契机，实现我国旅游业更高层次上的发展。

二、以中西部为重点，充分挖掘旅游资源的垄断优势

从整体上看，中国旅游业的发展已经进入产品结构的转型时期，一方面，东南沿海经济发达地区经过多年的开发建设，旅游资源开发的空间已经所剩无几，下一步必须在提高产品档次，加大技术含量，营造市场形象方面加大投入，产品开发的边际成本大幅度提高，超额利润转向了平均利润，客观上存在一个寻找新的投资热点和利润增长点的动机。另一方面，旅游消费主题集中指向了中西部的生态旅游资源，市场开拓的空间极为广阔。考虑到近几年来勃然兴起的国内旅游市场，只要产品规划开发得当，就可以营造出新的消费热点，开拓新的超额利润的空间，拉动地方经济的全面发展。

由于中西部地区对自然资源的依赖程度相当高，从而受自然条件制约的程度也相当高，由此造成了冬夏两季旅游客源的差异，淡旺季之间的反差极大，这使饭店等住宿设施的建设和经营陷入进退两难的窘况，很难得到充分的发展，再加上综合服务等配套设施不足，尽管中西部地区在资源方面拥有明显的长处，但其发展规模却不得不屈就于交通、住宿等短项的接待能力，综合接待水平长期得不到提高。接待能力不足制约了市场的发展，市场需求不足又影响了接待能力的提高。中西部地区陷入了规模不足的循环。

从根本上说，中西部地区旅游业的发育程度是由其经济发展水平所决定的。旅游业是现代经济发展到一定阶段的产物。它是在人类分工高度发展，将社会服务等劳动从物质生产活动中剥离出来以后才具有了独立发展的资格。对于中西部地区而言，其经济发展水平和传统的经济结构很难在自身封闭的体系中为旅游业这个现代经济的产物找到生存发展的空间。所以，中西部地区的发展，必须与现代经济发展水平相联系，与现代产业分工体系相联系，也就是说，中西部地区旅游业的发展一定要建立在开放的格局上，加强与发达地区的联系与沟通，以优势资源吸引资金和技术，开拓发达地区的客源市场，以观光产品为主导，专项产品为补充，围绕资源环境的改善，提升交通、住宿等配套服务设施的水平，建立健全产业体系，形成具有规模和影响力的旅游线路和旅游区域，使特色资源尽可能转化为经济优势。

在投资项目上以建立健全产业体系、完善配套服务设施、形成产业规模为目的，对旅游资源进行成规模、成系列地开发，以项目规模启动市场规模，由规模效益维持投资项目的生命力。即以产品的横向开拓为重点，针对资源特色，集中力量进行整体开发，围绕优势资源建立要素结构完整的产业体系，形成连片成线的经济规模。

三、以都市旅游为依托，完善旅游产品结构

东南沿海是中国旅游业发展水平最高的地区，也是市场需求最为旺盛的地区。近30年的发展，已使东南沿海具备了大致宽松的供给条件，那么，今后东南沿海的增长点在那里，怎样实现更大发展？

从东南沿海地区的需求特点来看，其市场在总量上将进一步扩大。东南沿海一直是中国经济发展最为活跃的地区，在未来中国经济的增长过程中仍将保持领先地位，由此决定了其旅游市场将在已有的基础上延续和发展。

第一，消费时尚的惯性作用。东南沿海是中国国内旅游发育最为成熟

的地区，无论是接待人数还是出游人数在全国都位居前列，对于这一地区的居民来讲，旅游消费已成为生活习惯的一部分，在经济发展的前提下，具有不可逆转的趋势，为旅游市场的发展和壮大提供了可靠的保证。

第二，经济活跃的刺激作用。随着中国经济的攀升，东南沿海一带固有的经济发达、开放度高、交通便利等优势将更加凸显出来，各种商务活动、社会活动将会更加频繁，经济发展更富于活力。

东南沿海的市场需求并不是一个简单的局部的概念，它包括了东南沿海的本地市场，外部市场以及国际旅游市场几个部分，这个市场规模在未来的发展中将会出现结构性细分。

第一部分是远程市场，包括国际旅游市场和国内其他地区的客源市场。第二部分是本地市场，以常住居民为主。第三部分是局部地区市场，以城市及其周边的消费群体为主。从以上客源市场的需求特点来看，覆盖了观光产品、度假产品、专项产品三个方面，由此要求东南沿海地区在产品结构的转换上加快步伐，以国内旅游为基础，以国际旅游为导向，全方位地开拓产品，建立符合现代旅游发展规律的三足鼎立的产品格局。

在观光、度假、专项旅游产品之间，并不存在消费水平的高低之分，这三类产品是独立发展的并行的结构关系，各自有不同的需求层次，这就使得产品开发必须以不同的需求层次为对象，根据不同的类别建立各具特色的产品系列，形成完整的纵向排列的产品结构，联合成统一的旅游市场。

值得注意的是，东南沿海的市场发育已相对成熟，市场拉动的作用力正在逐渐减弱，今后旅游业的发展水平将直接取决于产品开发的力度。在大众旅游消费比较普及的东南沿海地区，一定要注意旅游项目开发的档次与水准，在投资项目的选择上要注重旅游产品的深层次开发，加快度假、专项旅游产品的建设，完成从单一的观光型产品向观光、度假、专项旅游产品相结合的完整的产品结构的转换，以新产品的开发扩大利润空间。

（张吉林，国家旅游局规划发展与财务司副司长。原文载于《中国旅游报》，2005 年 12 月 2 日）

第五章
如何对待城镇化
过程中的土地整治

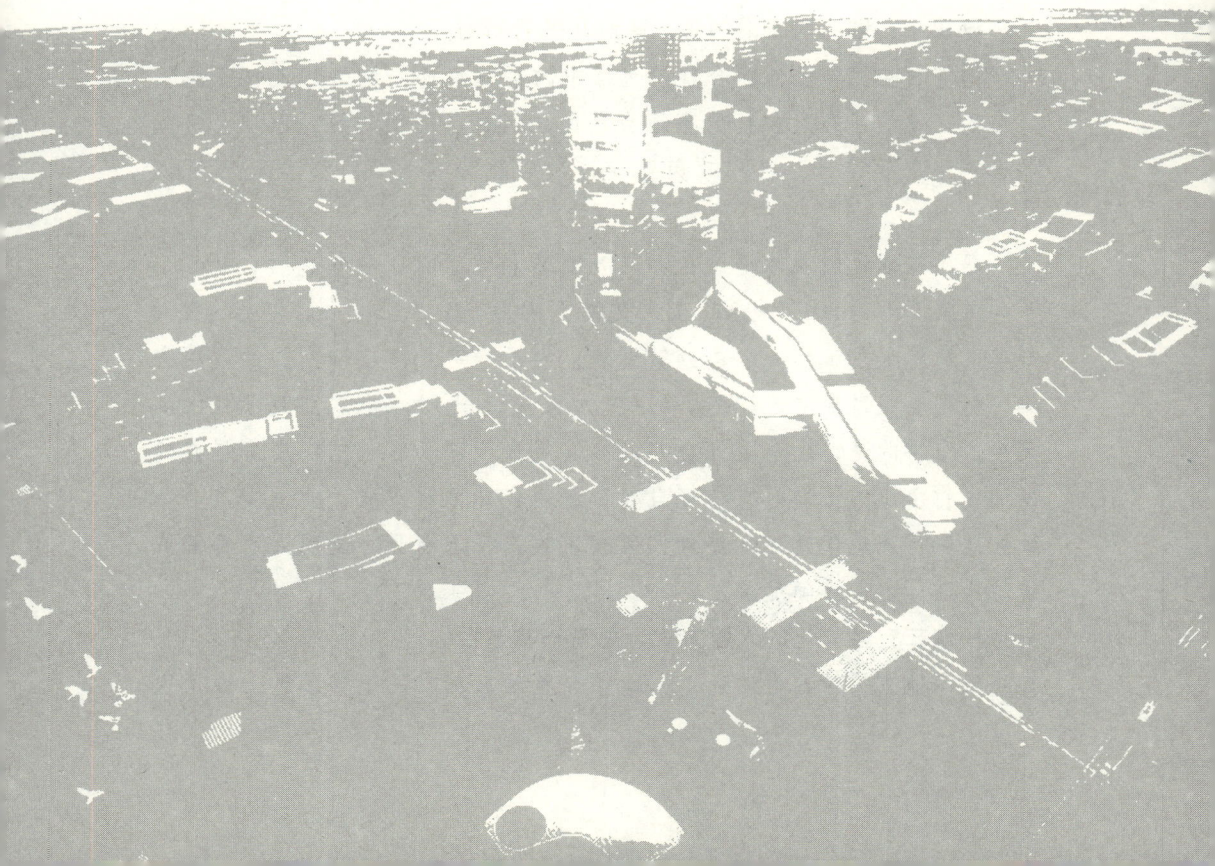

一、案例

■案例① 四川双流县："地坪模式"的秘密

双流县是中国四川省的一个县，隶属成都市。它是我国最具实力的县市之一。其下辖的籍田镇地坪村是整村推进土地综合整治村，在土地整治过程中探索出了一套特色模式，被称为"地坪模式"。

秘诀一：谁的房子谁做主，政府在旁听吩咐

地坪村在实施土地综合整治过程中的第一个秘诀就是"还权赋能"。说白了，就是让群众自己的事情自己做主，自己的问题自己解决。房屋从选址到户型设计，再到政策制定，最后到分房方案上，全是百姓说了算。

籍田镇通过村民议事会先后4次征求群众意愿，在镇、村、社三个不同层面召开的30余次会议上，发放了1000份意愿征求书。但是这么大规模的意愿征求工作不可能频繁开展，为了确定具体琐碎问题的解决方案，村两委经过自主选举，从414户村民中选出13名村民组建了业主委员会。难得的是，这个委员会并没有发展成代理长官。咱们用房屋修建的问题打个比方：当时有统规自建和统规代建两种方式。业主委员会一致同意实行统规代建后，委员们又挨家挨户征求意见，发现大家都赞成统规代建，才最终确定了方案。

秘诀二：多样化的入股方式，总有一款适合你

很多地方搞新农村建设，土地综合整治后，农民上楼，过上城里人一样的生活，看上去是件好事，但离开土地的农民，收入却成了大问题。为了解决这个难题，村里响应镇上的号召，组建了红樱李种植合作社。多样化的入股方式，是地坪模式的第二大秘诀。

方式之一是土地入股。种苗和技术由合作社提供，村民只需按照统一的技术规范管理土地。至于果实的销路和价钱，都无需村民担心。合作社将红樱李统一售出后，扣除成本，就会给入股的村民分红。

方式之二是现金入股。这种方式特别适用于家里地少，手里又有活钱的村民。每1000元入一股。很多村民看好红樱李这种优质水果产业，积极参与。

对于不愿意土地入股，又不愿意自己耕种的村民，合作社为他们提供了有偿流转的方式，即将土地集中起来由合作社种植，每年按照种植作物的市场价，支付给土地所属村民一定的现金。

秘诀三：反担保，融资不再是难题

地坪村在土地综合整治中有一个创举——反担保。这也是其土地开发成功的秘诀之三。

在项目动工时，不少村民因为手里缺乏资金而犯愁。想求助于银行吧，家里贫困的经济条件又难以满足银行的借贷条件。由于这种现象普遍存在，村上出具证明，以还未建设好的房屋作为抵押，向银行贷款，解了燃眉之急。

（来源：四川三农新闻网）

案例② 镇江市：造福百姓的"万顷良田"

镇江市位于江苏省南部，处长江三角洲北翼中心，是长江与京杭大运河唯一的交汇枢纽。因地位雄势、扼守长江，故其名"镇江"，自古即为江河南北之商埠重地。镇江市是江苏省开展"万顷良田工程"的13个城市之一。这种土地开发模式，不仅提高了农民的生活质量，保障了农民的生活收入，更大大缩短了一代人进城的时间。

"万顷良田建设工程"是以土地开发整理项目为载体，对农村的田、水、路、林、村进行综合整治，将农村居民迁移到城镇，增加有效耕地面积，实现居住集中、耕地连片。对腾出来的农田进行高标准耕种。按照规定，耕地分片面积最小不得少于 4500 亩，并且工程区范围内不得有安置房用地。

镇江新区"万顷良田"工程土地整理总规模为 5.59 万亩，准备将周边 3 个镇上 18 个行政村和 84 个自然村的 7826 户，大约 2.1 万人置换到这里。预计建设用地复垦总面积达 8276 亩，可新增耕地 3957 亩。农民即将入住的新小区要建 300 余栋小高层和多层住宅，同时还会配建邻里中心、幼儿园、绿地等配套设施 6.8 万平方米。在拆迁的过程中，政府对工程涉及的一草一木、一砖一瓦都给予了相应的补偿。

留村村民殷荣春是"万顷良田"工程的受益者之一。他家承包地加自留地一共 5 亩 6 分田。以前自己种时，每亩地纯收入最多 500 元。现在政府按照每年 800 块一亩的价钱流转殷荣春的地，不用出力，挣得还比以前多不少。家里 225 平方米的宅基地换来了两套新房，刨去购房款，还能余个六七万。以后再把其中一套一租，就又是一笔收入。从农村到城市，一步到位。身份变了，还有钱赚，此等好事，何乐而不为呢！

镇江市资源失配的格局、传统的农耕方式、农村散居的模式、城乡发展的路径都在此次"万顷良田建设工程"中得到了转变，实现农村耕地、建设用地、劳动力和市场需求与服务资源这四大资源的集聚，加速推进土地节约集约利用。不过"万顷良田"虽好，却也不是各地适用。

镇江市国土资源局副局长黄毅曾公开表态，认为整合土地资源需要政府巨大的财力投入。人均 GDP 低于 1 万美元的城市就不推荐搞这个工程了。倘若政府财力不够，就容易下意识地从农民土地上攫取利益。官员的眼睛不能只盯着"土地"，要系统考虑解决"三农"问题，否则将会引发社会问题。

（来源：中央人民政府网、国土资源部新闻网）

▮案例③ 天津华明镇：上海世博会上的城市最佳实践区

天津华明镇在 2010 年上海世博上作为城市最佳实践区项目，向全世界展示建设成果。全世界87个城市报名参选的106个项目中，"华明示范镇"项目能够脱颖而出，是因为它是新农村建设"宅基地换房"的先行者。在这方面有值得其他城市借鉴的地方。

位于天津市东丽区中部的华明镇，规划建设农民安置住宅和配套公建142.5万平方米，涉及12个村，1.3万户，4.5万人。通过"宅基地换房"计划，镇里农民可以迁入小城镇居住。城里的住宅是按照规定的标准，用原有宅基地置换来的。人搬走了，村庄原有建设用地就空下来，再由政府统一进行复耕，而节约下来的土地则部分用于商业开发。

总结下来，华明镇提供给我们的经验主要有以下四点。

第一，宅基地换房。华明镇原来大约有5万名农民分散居住在12个行政村里。宅基地换房后，把他们集中安置在镇上的新住宅里。在换房过程中，作为农村基本制度——家庭承包责任制并不发生变化，保证了农民的合法权益。同时做到广泛征求群众意见，尊重农民意愿。

第二，节约土地和提高土地利用效率。当第一步换房完成后，就要开始进入土地整理复耕环节。区县级政府拟定的土地整理复耕规划要在报请上级政府批准后才能正式实施。复耕工作的主力是村民，负责验收的是市土地行政管理部门。这样，耕地面积没有减少，还提高了土地利用效率。

第三，吸引企业参与城乡一体化改革。除政府和农民以外，企业在华明镇的城乡一体化改革中成为第三方。企业通过融资等手段，吸纳社会资本，解决了土地整治过程中的资金问题；在地权制度不变的前提下，通过企业和农民的谈判，实现土地的合理流转，并履行谈判中所拟订的方案。企业入镇还会给当地就业带来很多机会。在拥有好的居住条件和稳定的就业环境的同时，农民们还实现了身份的转变和收入的增长。

第四，促进软件建设，缩小生活差距。要想农民真正进城，还要完善社会保障体系，推进服务设施建设，这样才能使进城的农民和城市居民在生活中趋同。"四金"制度是华明镇的又一亮点。"四金"是指"薪金、股金、租金、保险金"，这些是农民增加收入、改善生活的必备之物。此外，按照镇的规定，男60周岁，女55周岁以上的农民，平均每月可享受 470 元的社会保障金，80 岁以上的为平均每月 570 元。镇里还建立了区级敬老院，力争让五保老人全部集中供养。

以上四方面的经验，是华明镇在城乡一体化改革实践中积累起来的。各地有各地的经验，华明镇的经验反映了一个道理，即任何一个地区在实现城乡一体化改革时所积累的经验，都应符合当地的实际。

（来源：来自网络）

案例④ 重庆：教你如何让土地生金

重庆，是长江上游地区经济中心和金融中心，还是中西部地区发展循环经济示范区。近几年来，这样一个地处我国西部的城市落成了大学城、少年宫、国泰大戏院等一批经济效益不甚明显的社会文化设施。这么短的时间，到哪里去筹集这么多资金呢？重庆的经验是让土地生金，反哺公益。

瞄准一级市场，生地变熟地

近年来，房地产开发过程中，由于土地粗放利用引起的供给与需求间的矛盾日益明显。全国兴起了一次以经营性土地"招、拍、挂"为主要内容的土地使用制度改革。在改革过程中产生了一种新的土地运作方式——土地储备。

2003 年，重庆地产集团在这次改革中应运而生。其运作方式是：在政府主导下，目标瞄准在土地一级市场，大力收购储备或征收重庆主城规划区的经营性土地，拿到地块土地使用权证后进行融资，用融资来的钱整治土地，将生地转变为熟地，然后把熟地的土地使用权以"招、拍、挂"方式出让，实现土地价值的最大化。

时间换空间，一边挣钱一边建

为了加快城市建设步伐，尽快完成"与长江上游经济中心地位相适应的新重庆"的构想，重庆市要在 2003～2007 年间投资建设"一宫、一院、三馆、三城"等文化设施。可是巨额投资无处寻，于是这个融资的重担落在了地产集团肩上，所有的建设成本都要从土地储备整治的收益中出。

为此，地产集团充当了资金储蓄池的角色，一边加紧对城市拓展重点区域和改造地段的土地储备，玩命往池子里攒钱，一边打开资金出口，把挣来的钱都投到收益小的城市建设中去，用时间成本换来城市空间优化。

五大护法，保平安

离开了制度的保证，再好的模式进入到实践阶段也将禁不住考验。重庆的土地储备模式也不例外。因此，重庆政府制定了缜密的制度，为土地整治模式保驾护航。具体是哪五大护法，容我一一道来。

一是加大土地市场化配置力度。20世纪末期，重庆主城区采用招标、拍卖、挂牌方式出让的只有10%左右，协议出让还占据主导。国土资源管理部门在2000年开始大力推进"招、拍、挂"的市场化进程。3年后，重庆主城区经营性土地供应"招、拍、挂"出让率已达到100%。

二是加大已供土地监管力度。政府在闲置土地清理问题上毫不手软。凡闲置两年以上的土地，不论从属于哪个开发商，都要强制收回使用权。久划不拆、久拆不完、久拆不建、久建不完的"烂尾楼"，全都是待处置之列。

三是变先卖地后规划为先规划后卖地。重庆主城区200多平方公里土地都由专业机构做了控制性详细规划。规划过的土地，发展前景明确，开发商也有据可循，价值自然是要高于没有规划过的土地。

四是变出让生地为出让熟地。熟地就是经过"七通一平"配套建设后的土地，生地与之相反。政府出面对农村土地征用或城市房屋拆迁，统一进行整治后再让给开发商。这"一整一让"之间，土地价值能翻好几番。既提高收益，又避免开发商与群众间的征地拆迁纠纷。

五是变土地无形储备为有形储备。由市政府土地储备机构地产集团储备开发建设土地，实现一级土地市场的良性循环，开展战略性土地储备。

（来源：新华网）

二、对话

主　题	城乡协调发展需要土地如何整治？
嘉　宾	郧文聚　国土资源部土地整理中心副主任
	袁崇法　国家发改委城市和小城镇改革发展中心副主任
主持人	徐志军　中国国土资源报社副社长
时　间	2011 年 10 月 19 日

图 1　城市会客厅第 05 期现场
（左起：袁崇法、郧文聚、徐志军）

徐志军：土地是财富之母。威廉·配第讲过，在生产要素里面，土地、资本和劳动等，土地是最重要的要素资源。今天我们讨论的主题是关于城乡协调发展需要土地如何整治，我们先请郧主任给我们介绍介绍什么叫土地整治。

1. 如何理解土地整治

郧文聚：我先破破题，既然题目叫城乡协调发展需要土地如何整治，我就对城乡协调发展的事说一说我的想法。从城乡发展来看，追溯过去，确实是城是城，乡是乡。但是随着发展，现在普遍的认知是城不像城，乡不像乡。再发展下去是不是应该城像城、乡像乡，这样城乡才能够和谐发展？我觉得这可能是我们城乡之间关系的一个模式。过去是城里人是城里人，乡下人是乡下人。然后发展为市民跟农民，但是我看将来要归一，就是公民。不管城里人还是乡下人都是公民。公民应该怎么样生活在城里面，怎么生活在乡下，可能要好好研究。

土地整治在中国的发展应该说还是比较新的事件。1998 年颁布的新土地管理法制定和颁布的时候，才规定了国家鼓励土地整理这么一件事，十多年来，取得了长足的发展。真正来讲，第一阶段，或者说过去十年，我们土地整治的工作还是在农田整治，就是通过土地整治工作，把农田从一个低的生产状态向一个高产能转变。后来发现这是不够的，应该把农村土地整治放在一块考虑，不能田是田，村是村，应该把农村的土地整个协调起来看，发展成农村的土地整治。现在看来，全域土地整治工作是支撑我们城市的发展、工业化的发展跟农业现代化，或者农村社会进步的一个很重要的平台，所以应该发展到土地的综合整治，这样从农田拓展到了农村，从农村拓展到了一个城乡发展的总的支撑。现在也提出一个概念叫全域土地整治，就是这么个道理。

但是从土地整治的内涵来讲，实际上我们现在还有几个途径。

第一种途径就是在已经明确了土地用途的情况下，是不是达到了土地的高效利用。如果不是高效利用，我们给它起个名字叫土地整理，通过调整、梳理这种办法，是从低效走向高效。

第二种途径是土地的复垦。就是由于我们生产建设中可能破坏一些地，使其原有的功能就丧失掉了，比如说采矿，下面一挖，上面塌下来了，造成了塌陷。那怎么办呢？这时候就要恢复起来，我们叫土地的复垦。

第三种途径是土地的开发。我们现在960万平方公里，并不是每一块地都已经投入到生产、使用状态，还有宜农宜耕的土地，我们如果将来耕地不够，也可能把这些土地转化为耕地，那我们就叫土地的开发。

实际上，我们的土地整治是包括了整理、复垦、开发三个大的范畴。但是这是从土地形态上来讲的。从根本上来讲，是调整了权利。所以说土地整治根本来说就是重新组织跟调整土地利用，调整这种权益，使得我们有限土地能够支撑更大的发展，这才是土地整治真正的内涵。

2. 这是一个从施工工程到社会工程的转变

袁崇法：过去我们土地整理还是主要围绕着农田，围绕农田的利用效率。随着整个农业方式的变化，土地整理在一点点拓展。我们的土地整治有土地整理、土地复垦，还有土地开发。这三个内容还是以农田为中心的，但是在2011年国务院的文件当中，土地整理已经远远超出农田的概念，原来我们叫田水路林村，但是田水路林村真正全部做起来的话，其实并不是均衡的。特别是村，近几年发展势头很猛，再加上土地整理的范围是从原来的范围带过来的。后来发现把村带进来以后，内容自然就扩大，由农田延伸到建设用地。有建设用地，就牵扯到一个问题，就是过去农田整理基本上是一个工程，以围绕着表层土壤的自然性的工程为主。村庄进行整治的话，有很多个村庄的组织、人的关系加进来，所以这样的土地整理，不是一个简单的自然性的工程，而是变成一个社会工程。后来又从村庄演变到城镇，逐步以田为核心，扩大到村，村又扩大到城镇、城市，城市里面的内容就多了，有城市居住区、有商业区、有工业园区。所以现在这个土地整理的范围，首先已经扩大到全域。这只是说按它的功能来延伸，咱们还没有说土地的一些利用的功能，还有生态类的，还有各种各样的自然环境所必须保护的。山、水、沼泽、湿地，海岸的岸线，河岸的岸线、岸堤，这些实际上也都在这个范围之内，总的来说，总的土地整理的范围已经变得很大，不是一个简单的施工工程的概念，而是一个社会工程，应该这么去理解。

3. 如何从土地整治的角度理解工业化和城镇化

郧文聚：如果从土地整治来看，工业化、城镇化怎么理解呢，咱就这么想吧，城市跟工业是一种用地类型，建设用地类型；农村跟农业，因为农村居住是为农业生产，是农业用地的类型。现在看来，随着发展，这种类型的比例逐渐在转换，比如说工业化、城市化以后，农村人口减少了，但是农村用地居住用地量是非常大的，这是什么概念呢？城乡居住用地是什么概念呢？城镇人口跟农村人口大概是1：1，但是居住用地，城乡大概1：4还要多一点。如果将来有一日，我们进一步城市化了，城乡人数变成4：1了，那么农村居住用地是不是还需要那么多呢？肯定不需要。怎么办？这个调整土地的过程应该通过整治来实现，通过合理地处理人与人之间的关系，特别是利益关系才能实现。城跟乡之间有什么关系呢？第一个就是结合部，城乡结合部，第二个就是城乡之间还有一个界面，什么界面呢？人是怎么流动的？钱是怎么流动的？用地是怎么转换的？这种转换我们应该很好考虑、解决的。实际上还有一个就是结合点，真正的结合点就是在小城镇这个点上，这是城的前沿，也是农民进城的第一站，这个点如何摆布好，如何发展好，可能是将来我们调整或者是重新组织更好的土地利用的关键部位。

徐志军：去年国务院颁布了第47号文件：《关于严格规范城乡建设用地增减挂钩试点切实做好农村土地整治工作的通知》。我记得这个文件出来以后，国土资源部目前也正在组织报国务院审批《全国土地整治规划（2011～2015年）》"十二五"规划，规划里面明确提出土地整治的主要目标和任务。

4. 土地整治对我国经济社会发展、城乡统筹发展有什么作用

郧文聚：现在咱们国家已经把土地整治工作作为一项国家战略提出来。而且在高层，不管是讲话也好，文件也好，会议也好，都已经把土地整治这个词摆进去了，在十七届三中全会上把我们过去的土地整理规

范为土地整治。这个词是提得非常好的，用起来也比较好。我觉得之所以国家重视土地整治这个战略，是因为它跟另外几个国家战略紧密相关。

哪几个战略呢？第一个是国家粮食安全战略，第二个是社会主义新农村建设战略，第三个是城乡统筹发展战略。这三大战略，都跟土地整治国家战略相关。我简单地说一下。

比如说第一个战略，没有土地整治就没有现代农业。现在国家粮食安全是靠我们现在这种一亩三分地来保障，还是靠现代农业保障？我看只有现代农业才能保障我们粮食安全。粮食安全有这么几个判断。第一，国家粮食安全是我们长治久安的根本大计，绝对不能放松。第二，维持国家粮食安全，最关键的措施是耕地保护。但是我们国家目前的耕地分散的状况非常严重，质量差异很大。土地非常零散，怎么发展现代农业？我们现在是传统农业在全世界发展到了极致的状态，可是现代农业我们仅仅是一个起步阶段。但是不搞现代农业肯定不行，怎么办呢？这就需要土地整治，大规模地建设高标准基本农田，提高高标准农田的比重，为现代农业创造条件。只有在这样的情况下，我们国家粮食安全战略才有了很好的物质基础。有了良田，再加上良种、良法、良装备，我们才能够实现国家粮食安全战略，才能解决这个问题。

第二个战略，社会主义新农村战略。市民与农民，现在都是公民，咱们总理都说了，要让所有的人都生活得有尊严、体面，这当然包括农民生活得有尊严跟体面问题。现在来讲，为什么到农村一看没有青壮年了呢？青壮年跑到哪里去了？进城去了。是城市里面的生活体面了吗？也可能不是，但是肯定机会大于在农村。要想这些人安心在农村，让他们能够从事农业生产，让他们能够生活得有尊严、体面，就一定得有好的生产条件跟生活条件，还有生活的环境。所以，社会主义新农村建设，不能是一个口号，应该是一个实实在在的工作。把田整治好，把村庄整治好，把环境整治好，使他们生活在农村，靠农业有收入，靠农业生产不是那么苦，能守得住。还有一个，生活要方便。现在吃水不方便，孩子上学不方便，这个肯定不行。要想解决这个问题，需要通过对农村这块地的整治去解决好。

国土资源部土地整理中心　副主任　研究员
国家发改委城市和小城改革发展中心　副主任　研究员
网　中国国土资源报社

图2　城市会客厅第05期现场（郧文聚）

　　第三个战略，就是城乡统筹发展战略。在国家人地关系很严峻的情况下，用地的问题已经不是一个指标问题了。指标是不是问题？是个问题，大家说指标不够是个问题，但是指标给了你，还存在一个落不落得下去的问题。项目一落下去，不是砸到基本农田了，就是砸到人家房子了。人家基本农田退不退，转不转？人家房子搬不搬？都是问题。怎么样才能够很和谐地把地调整出来呢？还有一个问题，农村人口减少了，农村的居住地减少了，那个居住空间怎么能发生大转换呢？这也是一个统筹的问题。

　　对于农村来讲，像美国人一样，我把土地置换出来了，我原来住一亩地的宅基地，现在住四分，腾出六分。这六分我可以干吗？我可以办工厂，我可以建招待所。我现在不建工厂了，放弃了这个权利，这个权利我可以交易，谁来买我卖给谁，这就是发展权，卖了就可以了，我们在这方面也在探索。但是我想土地整治对统筹城乡的发展，尤其是和谐的发展、科学的发展，意义非常重大。从这个意义来看，从这个战略跟那三个战略的关系来讲，不重视土地整治，在逻辑上是站不住的。况且经过实践已经从中间尝到了甜头，我们有了体验，而且形成了制度化。

所以，现在国家发这个文件，在理论上解决了问题，在实践上积累了经验，有了一套制度，应该大力推广。

5. 土地整理有哪些基本原则

袁崇法：土地整理实际上有两个核心的东西。第一条就是要守住一个基本原则，这个基本原则就是我们的粮食安全。因为我们国家有那么多人口，每年每个人需要800多斤的粮食，按我们现在的耕地水平测算下来至少要18亿亩耕地。因为那么大的国家不可能从国际市场上来买粮食，我们要保证很高的粮食自给率。这可以说是我们所有土地整理的基本的原则。第二条实际上土地整理要符合历史发展的趋势。什么是历史发展的趋势呢？有几个关键，其一就是农业的现代化，就意味着有大量的科技要注入到农业当中去。同时，农业现代化在一定的区域里面要讲究规模效益。土地的规模效益必须要有规模，土地的投入、经营要有效益。其二是现在大量的农村劳动力外出，特别是年轻劳动力外出，后续劳动力的问题，农业产业化的问题。其三是农民追求城市化的生活方式，不管进城不进城，都要满足基本公共服务均等化。城市化的生活方式，不是说农民绝对抛弃农村，而是一种现代化生活方式。城市也好，新兴的农村也好，只是一种载体，帮助农民实现现代生活而已。这样的生活方式有一些基本的要求，要求人有一定的集聚。比方说多少人口建一个学校，多少人口建一个医院，多少人口搞一个比较能够符合标准化的上下水系统，是有规模效益的。不是三五个人，基础设施都要配套下去，基础设施也有一个规模投入在里面，人数太少的地方是不可能的。

郧文聚：我听了很多这样的例子。北欧一些发展很不错的资本主义国家，为了要不要维持这个村子，要不要办一个小学，要不要修路，会反复研究。为什么？就为这几户，社会要不要付出这么多代价？我们在这方面一定得考虑。

袁崇法：基础设施属于公共投入，也要讲规模效应。因为基础设施投入很大一部分是政府承担的，政府承担实际是全民纳税承担的，也要讲究效率。否则的话，老百姓不堪重负了。这是一个要求。

另外一个就是，空间上人口集聚了，小村变大村，北京现在叫新型社区，十来个村搞一个新型社区，选在什么地方，这就和原来地块的布局、地块的功能产生了冲突。选择的地方好，各方面基础设施投入建一个农村新社区就可以了，但是可能占用了一部分农田，甚至是基本农田。搬出了那个地方的话，和新建的地方关系怎么处理？这个涉及我们土地整理而不是原来地形、地貌、土壤质量这个问题了，有一个新的内容叫空间上的置换。空间置换里面又有规模问题。

这样的问题再延伸一点，现在在工业城市发展里面也是这样。城市发展越来越细，有工业园区，有科教园区，有大学城，有居住区，还有商业区。过去我们在城市发展过程当中，也是前期我们认识不足，或者说我们来不及反应，城市就开始建了，功能上不是安排得很好。现在发展起来，往前走的话，也遇到大量的问题，如果布局过于紊乱，基础设施很难安排。究竟这个区域里面是按工业设施去安排，还是按居住条件或者商务条件去安排？这也是一个问题。有了这些问题，整个土地整治就变得比较复杂。按这样的条件来考虑的话，我们必须得有一个新的思路。能不能突破一个空间上、规模上、城乡之间的原来定义？恰恰这都是发展的趋势性的要求提出来的。

我实际上讲了两个，就是我们守住一个基本原则，还必须符合一个发展趋势。这对我们整个土地行业或者我们研究城市发展来说是个挑战。这个事做好了，会大大地促进我们社会的发展。土地整治这样一个规划也好，方案也好，不是一个土地利用总体规划的细化和具体化，而恰恰土地利用规划是社会发展的一个衔接性的规划，协调性的规划，这样的协调不光是工程类的内容，还有社会的关系需要处理，还有城乡关系，城乡统筹、城市内部、农村内部、城乡之间各种各样的关系协调和统筹，都必须处理好。

郧文聚：从规划的现状，20 年或 10 年有一个蓝图，怎么走出去？这是个关键。另外蓝图设计的时候，能不能实现空间结构优化？需要好好琢磨。将来的城市应该是有活力的、有个性的城市才对，不能一个城市跟另外一个城市都一样。怎么叫一个个性化的城市呢？在区域土地整治过程中，还得有生态的视角，不能为了城市的生产，不能为了工业的生产、农业的生产，就忽视了生活在城乡当中的人生活的环境，这都是土地整治一些新要求。

6. 试点对全国土地整治规划有什么意义

徐志军：国家在编制全国土地整治规划的同时，还在全国范围内挑选了8个地级市和6个县级市作为规划编制试点，同时编制各地的土地整治规划。土地整治并不是一件新事物，试点对全国土地整治规划有什么意义？我们在试点过程中突出哪些方面作为咱们试点中的重点呢？

郧文聚：国土资源部非常重视开展土地整治规划工作，准备工作是比较早的。部里面实际上是去年开始部署，部署以后就开始编。今年年初部里面又专门下发了文件，明确了今年的土地整治是一个体系，包括四个层次，国家级、省级、市级和县级，明确了规划的层次。同时还要求，国家级和省级要突出战略性，市县级要突出操作性。市县级土地整治规划既要衔接好五年规划，又要承接好土地利用总体规划。省级规划和国家规划是同步编制的，所以有些原则性的内容，实际上部里跟各个省都已经沟通了。

但是怎么编制好市级规划、县级规划？对我们来讲土地整治不是新任务，但是编好两级规划还是一个新任务。我们以前编过一个土地整治规划，2003年发布的，那个规划只有国家级。省级的编了，但是没有批，市县的也是。怎么按照新的要求、内涵、目标、形式编好市县级规划，确实需要我们在试点的基础上去总结，形成一些指导意见和一些规范要求，再指导全国全面展开。部里面要求我们是在试点基础上形成初稿，很快就通过通知的方式部署下去，全面推进。

部里面部署文件的时候讲了八个市级规划，这个市是带区的市，是大市，县是选了6个。我们也做了两个试点，其中第一个试点是江苏扬州的，第二个是浙江嘉兴的。我们是亲自去做的。城镇中心做了一个嵩明的规划。这个规划是城镇中心参与的，我们一块参加，作为全国规划，我们先做的专题，然后形成规划，大概是这么个进展。

另外在试点中要突出什么呢？试点实际上还是一种探索，通过探索考虑未来的需求跟我们未来的可能。实际上是有两个要求。第一要提出未来的目标、任务。第二在保障措施，尤其在体制机制创新方面，一定要考虑好，要落到地方去。

7. 嵩明县试点区的做法

袁崇法：我们非常有幸接了全国六个县级市的土地整治规划。我们在动手以前，就对这个土地整治规划做了认真的调查，调查完又讨论研究了很长时间。我们想通过土地整治规划，按照国务院新的要求、新的思路去做。以前的土地整治太讲究实用性，因为嵩明这个区域在昆明往东北延伸的一个拓展区，有很多大的项目准备放在嵩明县。我们做这个规划的时候，特别强调全域联动，全域整治。一方面考虑项目落地，一方面考虑农业产业怎么安放，城市人口往哪里集聚，新的城镇形态怎么表现。所以，我们把整个嵩明县全域进行了一个考虑。嵩明的地域有山区也有平原，整个不是很平的一块地，还要考虑它的现实，基础设施，人口现有的布局，农业片区本身自然发展形成的规模，我们把整个嵩明划成七个大区考虑。

这七个片区功能基本上展示出来，这不是一个绝对的分割线，这一块主要是农业、农业示范区，这一块是生态，这一块因为是半山区，基本上还是按照原来的结构，这个是属于镇区，这个是留出来的大项目的安排，这个区域也是半山区。半山区实际上是做一些铺垫，将来为人口转移和产业的发展结构留有余地，重点把现代农业核心区做出来，或许对半山区产业有一些影响。土地整治规划是五年，但是全域的变化也可能是50年，我们不能说把五年的事情全部规划完，这也不现实，所以有一些是过渡性的。中心这几块功能稍微突出一些，这个大区考虑地形、相应的基础和未来的产业重点项目的安排。这样的安排恰恰是发展规划安排出来的东西，我们这个整治规划实际上基本上都落地了。

8. 土地整治的同步性问题

郧文聚：德国的土地整治实际上是三个阶段。第一个阶段是关注农田问题。因为德国的田是一条一条的，分得也很细，后来通过农田的整治，使农业的生产效率上去了。二战以后，工业化、城镇化恢复重建，很多大型的项目，而且是战略性的项目要发展，也要协调这个问题。就比如这个地方，一个超大型项目要落在嵩明，嵩明这个地方的土地利用要重塑，怎么去承载这个项目，怎么安排未来的新的土地利用，就是一个大问题。德国的第二步也是针对城镇化过程中的落地问题进行整治。然后进入了第三个阶段，现在生态环境问题怎么办？目前来讲生态环境是一个主导问题，如何在此情况下搞土地整治的问题？我们国家不是这样的状况，我们现在同步了，又得管农业，又得管工业化、城市化，还得建生态文明。所以我看了这个图，嵩明的试点，实际上就解决了农业怎么办，超大型项目怎么落地，生态环境怎么妥善处置的问题。这个规划就是一个同步。

在土地整治规划编制过程中，跟地方如何衔接？跟老百姓如何互动？

袁崇法：我们做调查的时候，涉及村庄的迁并，但是主要还是围绕将来大项目落地的区域做得多一点，生态、山区这些稍微弱一点。我们过去做小城镇规划有经验，必须跟老百姓访谈，看看他们是不是支持这样的事情，看看他们是不是理解这样的事情，看看今后如果政府要上这个项目，他们有什么样的需求，把需求表达出来。跟老百姓不是简单的互动征求，让老百姓参与越多，老百姓越积极；如果把老百姓放在边上，一切都安排好了，反而各种问题都出来了。我们专门考虑这样一个问题，土地要靠谁来整治。政府往往有一个很好的目标，但即使是一件好事，老百姓不支持也是没有用的，推不动，就推出一堆意见，政府也很委屈，老百姓还是意见很多，实际上还是缺乏沟通。我们在规划前期做了调研，他们也希望产业带动。农村也有40、50的问题，40岁的女的，50岁的男的，出去找工作很难，就希望本地有工作，希望能够尽快改善这个面貌。

但是操作过程中间还有很多问题，往往大的趋势老百姓不反对。只要是发展，大家还是很支持。但是涉及每家每户怎么迁，迁到哪里去，补偿多少，房子怎么拆，怎么弄，这个会很计较，这也很正常，每个人都要尽可能使自己的利益最大化。国家政府也是希望政府这方面的利益最大，这个是很正常的。在市场条件下，不能因为老百姓在利益上计较一些，马上说老百姓反对这个事。以前有些媒体这么报道，我们觉得这个不客观。

图3 城市会客厅第05期现场（袁崇法）

郧文聚： 县级的土地整治规划，农民群众的参与有了，但是规划的参与跟项目的参与是两个概念，因为项目是真要动的，规划是我要做，还没有说绝对要动。但是规划要是有一个合适的相关的利益方的代表，并且相关利益的人能够知道，能够参与，意见能够回馈到规划中，对规划是有保障的，这是非常需要。还有一个层级的问题，比如说国家级的规划怎么样保证参与呢？不能光说农民参与没参与，这可能是规划涉及的各个利益方的参与问题。如果各个利益方的代表不参与，规划将来想协调可能比较难。从这个角度来说，我认为好的规划要想编好，要想实施好，必须把各个利益方表达的机制在规划过程中就安排好。

国家规划需要各个部门来研究，要提意见，要公开征求意见，要专家来论证就是要保证这个事。总体来讲，在规划层面上，我们的开放还要进一步进行。将来我们对于市县级土地整治规划，关于参与这个问题上，还得更加明确地要求，保证我们市县级的参与是真正给这些切身利益相关者更多表达意见的机会。嵩明已经做到这一点，确实非常好。

9. 嵩明县试点区规划的政策问题

袁崇法： 嵩明的规划还装了很多新东西在里面，基本上都是按照国务院提到的一些政策，尽可能在区域里面发挥它的作用。比方说城乡建设用地增减挂钩，一些土地的整合利用，怎么样使城市和农村结合起来安排这些土地。还有，我觉得可以说是一个突破，也可以说是一个探讨，关于有一些已经废弃基础设施用地，但是当年这个基础设施用地是征地征下来的。我们这次大胆提出来，不管以前属于谁，现在废弃了，使用期限就已经到了，就要纳入到土地整治的范围里面，让它恢复成一部分是农地，一部分是建设用地。这样的情况，之所以我们会提出来，因为在全国这样的情况虽然量不是很大，但是是不可忽视的情况。我曾经到内蒙古草原看过，那里有大量的煤田、铁矿等等，当初也是按照征地法征的 30 年，其实六七年就采完了，采完了以后地就搁在那儿，这个使用权还在当初征地的企业手里，所以我们现在这样的边边角角上的一些土地利用的粗放、不合理的情况还是大量存在的。看到这样一个情况，我们就不放过，看到一点我们就处理一点，包括一些废弃的企业用地。

郧文聚： 这确实是我们过去征地制度里面的问题，尽管那么长时间，但是作为地的永续利用来讲，还是一个有限的时间，有限时间过去了以后，应该恢复。可是我们的征地制度，从一征地那天起，就彻底的转了家了，这就是一个问题。实际上也就是 30 年的使用期，但是 30 年后怎么办呢？

袁崇法： 一个是 30 年以后怎么办，一个是不到 30 年，实际上用途结束了，怎么办。这些问题都要明确，我们不管，就是让实践开路，我们先做起来，地方政府也很支持，现在也没有遇到麻烦，他们也是这么干的。这个过程当中，咱们可以慢慢地通过国土资源部或者其他渠道，让国家给明确一下。也可能是突破，也可能是探索，但是肯定是积极的，从国家层面来讲，可能是更加有利于提高土地的利用率。

10. 昆明市的市级规划是否要适应嵩明县级规划

郧文聚：从管理的层次来讲，我们在编制规划的时间时，应该根据市里面资源状况的全局去定。要把这个县的情况摆在一个更大的空间里面去思考，这样才能准确地定位目标和任务。

袁崇法：在做嵩明规划的时候，尽管昆明市全市的土地整治规划是没有的，但是昆明市经济发展规划上的主要的内容体现出来了。还是从这个层面来讲，土地整治是服从地区经济发展的。虽然全昆明市没做土地整治，但是崇明的规划绝对不是仅仅按照嵩明的经济发展、社会发展来做的，而是按照整个昆明市的经济发展战略来做的。

11. 土地整治的资金投入如何安排

郧文聚：在土地管理方面，1998年修订的《土地管理法》就土地整治不仅提出了目标任务，同时也解决了资金来源问题。新增建设用地有偿使用费这个钱拿来专项用于土地整治，这是我们在《土地管理法》里面规定的土地整治的资金来源。但是在土地管理过程中产生费用的途径不止这一个，比如说我们有耕地占地平衡制度，一个用地人有义务补充耕地但是没有补充耕地，说没法补充，那可以更改为交耕地开垦费，这个钱集中在市县层面上，也可以用来搞补充耕地。补充耕地也是土地整治，也算土地整治的范围。按照房地产管理法的要求，土地出让金不低于净收益15%的部分用于农业土地开发，实际上也是一个来源。矿山的占地，要有一个土地复垦费，这也是一个来源。还有一项资金，就是耕地占用税，这个耕地占用税也是土地整治开发的一部分资金来源。我们现在的土地整治里面用的前四项资金，实际上也有土地整治的内容在里面，这就是从相关规定中确定的资金。土地整治资金现在的主渠道是来源于我们加强土地管理过程中收的各种费用，算是比较稳定的，而且也是数量比较可观的资金支持。

现在在实践中发现，有些工作还可以联系起来干，比如说土地整治中，修路跟交通部门衔接，修渠跟水利部门衔接，种树跟林业部门衔接，土壤改良跟农业部门衔接的问题。这样实际上也有不少的资金进到这个区域里面来了，这个钱整合到一块，使我们土地整治效果加大。

图3 城市会客厅第05期现场
（左起：袁崇法、郧文聚）

更大的是我们能不能从市场撬动一部分资金。我认为国土资源部里面搞增减挂钩实际上是最好的措施，也就是发展权交易的问题。这个挂钩实际上就是发展权的转移。

袁崇法：土地整理实际上有一笔是政府资金，有一笔是市场资金。我觉得，关于土地中的农地或者耕地，特别是基本农田，实际上该由政府承担，就是标准化的农田应该是怎么样，到了什么程度，政府就给补贴。我觉得我们政府也有这样的一部分资金。现在这个政府资金主要还是集中在耕地上，我认为这个方向是对的。至于我刚才讲的土地整治，现在延伸到建设用地、城镇用地，这个范围延伸了，延伸出来的一块资金今后主要的来源应该是市场。

除了耕地、农地这一块政府要承担主要的责任以外，我认为耕地以外的整治，如基础设施用地是另外一块。建设用地整治有很大的潜力可挖，应该用好用足社会资金，当然可能政府要先注入一点资金去启动，去撬动基础，这个应该在市场上有很大的空间。从原理上来讲，我们有很多探索，有增减挂钩，因为农村集体的建设用地相对来说有一点弹性，如果它能够集中起来，容积率提高以后，建设用地也可以省出一块。省出一块来的话，按照我们国家要求，留一部分搞农业，还有一部分农民自己用，有一些农民可以自己办点产业，还有一部分土地可以去运作。因为这个土地已经是建设用地了，只是说是集体建设用地转成了国有的建设用地。农民把土地这块的指标让给城市作为开发用的话，资金转过来就可以支持农民建新村，资金形成一个回流。

所以，我们国土资源部干了一件天大的好事，就是让城乡建设用地增减挂钩。挂钩这件事情，只要有这个条件，就大大加快了新农村建设的进程，也满足了相当一部分土地供给不足的问题。这里面关键是不能多占土地。我们讲土地要平衡，一拆一建这个土地必须得平衡，不能多占，只能少占，节省，这个文件里面有规定。还有，占地过程当中不能让农民吃亏，农民旧房子换新房最好，换得又多又不花钱，这个是可以运作的，我们有很多地方，像天津、嘉兴都在做，但是做的过程当中，大家在探索，有的做得好一点，有的可能农民意见大一点。

还有，国土资源部有一个试验性的政策，在广州那块先试验，旧城改造。旧村、旧城、旧企业，三旧改造。当然在做的过程当中，有的人看不懂，我觉得最具有价值的，就是可以允许使用土地原有使用者的资本自己改造，改造过程当中会做出土地增值的增量，用增量来完成改造，又满足了政府基础设施的投入，又使改造有了积极性。这个里面我们探索一条，就是建设用地不是不能调整，如果把利益的结构设计好，可以由原有的土地使用者自己来完成改造。所以这样一来，我们可以想得更多一点，其实除了农田的改造，建设用地的改造，目光应该盯的不是政府拿过来改造，而是原来的使用者，让他们自己改造。这样可能效果又好，矛盾又少，资金的问题也不会压在政府头上。

郧文聚：前段时间我去台湾，台湾的土地整治，他们叫土地重划，是农地重划、市地重划、农村社区重划，就是农田整治、村庄整治、市地整治。这三个法规以外，就是政府支持群众自办土地整治，就是把这个利切一大半给群众了。谁办起来了，就给谁。应该考虑一些市场群体，群众的基层主体愿意办的事，就让他们去办。实际上他们能够把这个事办得更加和谐，更加满意，也非常好。这个里面也得有条件，根据区域总量的控制要有规划。

12. 政府在土地整治规模中的调控作用

袁崇法：一块地改造为道路，改成绿地，就变成一个公益项目，就是这个中间要有搭配。政府在这个规划上必要的时候要有点资金补贴。这样的话，启动民间的土地原来的使用者，改造的原则就是"谁改造、谁受益"，这样积极性都上来了。原来那个很大的破烂房，一下搞到二十几层，收益是惊人的。

郧文聚：现在担心这么一整，要压速度压不下来，这是另外一个事。

袁崇法：扩大基建规模了，失控了，这是另外一个概念，变成一个宏观上的控制发展速度，控制投资速度、投资规模，但是我们已经看到一种机制。这个机制我认为对，应该按照这个方向去做，而不是说凡是土地整治都拿到政府来，整理途径都是一样一样的，而且做得怨声载道。但是我们要设置好，讲到底，还是政府角色到位，还是在机制体制、宏观引导规划上。

郧文聚：对，这是一个我们搞土地整治和宏观调控之间的问题。另外，还有一个被上楼的问题，群众利益的问题。实际上袁主任上次就说有条件。什么叫有条件？有的地方办这个事可能比较稳妥，到这个时机了；有些地方办可能时间早了点，但是如果能够做到开始群众知道，中间群众参与，事后群众满意，不能蒙着头自己整，这样肯定不行，这样就把条件转化了。

举个例子，就是群众现在上访说我要上楼。今年我到浙江去，参加一个群众座谈。那个同志叫蒋亚仙，浙江的一个女同志，她就是参与到我们项目中间，进入到新型社区去住了。我就问她，我说你要想建成你

图4 城市会客厅第05期现场
（左起：郧文聚、徐志军）

现在的房子需要花多少钱？她告诉我22万，很清楚，22万。我说那你告诉我实际花了多少钱。她说我不跟你说我花了多少钱，我告诉你个别的账，我是怎么算账的。她主动告诉我怎么算账的。她说："我原来的旧房子拆掉了，如果说我要自己在原址拆掉建新房，旧房一文不值吧，建新房还得花22万。但是由于我参加了这个项目，我造新房的22万没掏，拆旧房补贴了我16万。另外我拆旧房应该请人过来帮忙，得花一两万吧，就得18万吧。"那你算算，这一来一去她赚了多少钱，她认为她赚很多，她特别高兴。她两口子为这事不合，她老公不让搬，她坚决要搬。她说现在她在家里面可有地位了。我说有什么地位？她说两个闺女都认为她有眼光，把事办好了。

另外就是这个女同志说，这个村的村支书提供了一个反面典型。因为他是村支书，要领着干这个事，他要想进去，肯定得干的。结果他夫人不让搬，不让进这个社区，他就没进去。现在呢，他感觉到压力非常大，他夫人说你看搬了家了，等于赚了一大笔，房子那么好。这个书记就急了，上访去了。我去的时候，他就说，你们一定要给我说句话，政策变不变，我说政策肯定不变，你放心，因为这是个好事，群众满意，一定支持，一定办好。也可以说这个是有条件办这个事，有能力办这个事，也会办这个事，办得好，办得群众满意，取得这么个效果，确实是好事，大家支持。

同时我在那儿了解到另外一个现象。现在我们搞村庄整治在那个地方非常有意义，我们算人均用地指标，大概是人均180平方米建筑用地，按农村来讲是150平方米，应该多了30平方米。这是一个账，真正的大账不在这儿。那个地区现有的农村的住宅大部分没有用，是空的，空置了。曾经有一些报道说一个小偷住了好几年都没有人知道，那房子都很漂亮，都是三层楼、四层楼。办这一期工程的时候，提了两个选择，一是你选择要钱，我给你钱，二是你选择要房，我给你房。

徐志军：有没有又要钱又要房的？

郧文聚：那不可能，你怎么可能钱房都要？钱房都要，肯定面积少了，是吧？

徐志军：面积小点，多要点钱。

郧文聚：那也可能，我没问。结果呢？有61%的家庭选择了要钱不要房。这证明了什么概念呢？证明在那个地区61%的房子是闲置的，没用的。如果我们不去整治，不把它拆掉，那个房子就是占资源，没有任何价值，但是这个事办得好，这60%多的闲置就清除掉了。我另外还讲，那40%的里面还存在相当的比例就是新的闲置、空置。所以说在那个地方，你想想，我们农村的集体建设用地上，或者居住用地上，有多么大的潜力可挖。我们为什么不推动这个事，把事办好呢？

另外中央也说了，这个事是一个大事、好事、难事。为什么难？难在要整合方方面面的东西，跟多个部门打交道；难在我们各个管理业务都要衔接，不光是整治的问题、利用的问题、地基的问题、执法的问题、规划的问题；难在工作要一家一户去做，如果不这么做就不行。

13. 荷兰的土地整治

郧文聚：我1991年在荷兰待过一段时间，它的土地整治，从提议这个区域要整治,到干完这个周期平均多长? 平均 25 年。为什么那么慢呢? 搞一个工程那么慢吗? 不是的,难在用 20 多年的时间去做具体的整治规划、整治方案。怎么整,房子怎么搬,地怎么调,路怎么修,渠怎么修,研究来研究去研究 20 年,真正做工程一两年搞完了,搞完以后,重新登记产权,很清晰。现在我们国家土地整治工作,实际上我们碰到的难,也还是刚刚开始,怎么样把前面这个事做好是真功夫。只有面上做好了,才能真正把这个区域的土地利用规划好,设计好,组织好,才能得到长治久安,所以我觉得那是很难。但是总的而言,中央说了,说这个工作还是利城利乡利国利民利工利农。但是从我们来讲,虽然现在这个规划做了,但是其他方面的工作还多的是。至少我的感觉,可以说我们现在还难以适应,难以做到。我们能够把这个事干好,满足中央的要求,满足群众的要求,但我们做得还不够,我们还要继续努力。

14. 土地整治过程中的难点

郧文聚：从规划层面来讲,协调各个相关方,把各种土地利用矛盾的冲突解决好。那个五年规划好办,这个土地利用规划,如果是仅仅是指标分区的话,也好办。具体到了要往哪儿搬,为什么让我搬,搬了以后给我什么东西,这些问题如果解决不了就不行,所以说规划要有操作性,有实质性。

袁崇法：核心问题,我们在做土地整理这件事情上,不能光见地不见人。为什么荷兰做得很慢,我们做的大量的工作是人的工作。我们是有亲身体会,做这个规划的时候,首先看看老百姓的意愿,规划的时候,把老百姓意愿准确地把握住,规划就不会偏到哪里去。在规划过程当中,一定要有一个非常透明的公众参与过程。但是说实在的,我们做得是不够的,要是做得够这个规划不可能半年一年能做出来,也得做很多年。这个还不够,公众参与度还不够,还是要公众来加入这样的项目,才是最高的境界。

郧文聚：要参与编制规划,更要参与执行规划。

袁崇法：参与执行,而不是说简单参与意见。

郧文聚：如果思路一转，可能是另外一番天地。我最近在关注生态问题，我觉得人也别把自己看得太高，人的生命跟动物、植物的生命是一样的，因为人的生命依赖于那个地方的动物和植物的生命。如果那个地方动物、植物的生长不好了，人的生命也受到威胁。所以最高准则应该还是合一的观点，我们不能光算地账，还要算人账，要把人放在更大的循环体中间去思考。

袁崇法：我以前是搞农村改革的，我们在改革开放以前粮食是不够吃的，是饿肚子的，算来算去，又派工作组，又兴修水利的，粮食产量还是上不来，最后一个方法是把土地包给每一个家庭，问题全解决了。所以说地和人的问题，人是第一位，国家没有增加投资，粮食却大量增加。改革开放也是一样的，没有改革开放以前，我们的经济发展到了崩溃的边缘，由深圳作为一个窗口先干起来，后面全国都在学，慢慢这个体制把人的能量释放出来，每年都是九个、十个的增长点。土地整治也是同样的道理，我们现在的土地整治已经从农田转到更大一个范围，由一个土壤为主的整治变成一个社会性的工程，社会工程核心就是人的积极性怎么调动，所以我们可以讨论资金的问题，但是我认为还不是人的问题。

郧文聚：机制的问题，还是要在机制方面多思考。

袁崇法：我们现在还是在探索，所以很多人感觉到这个是个好东西。

郧文聚：土地整治不是为了地，而是为了人，依靠人。

袁崇法：这里面还有一个背景，整个社会慢慢富裕起来，解决温饱问题以后，收入也开始多了，人对自己的权益的维护诉求越来越高、越来越强硬。这个问题如果在过去可能十年前能够成功的，十年以后不成功，这是一个深层的问题。我刚才讲了，也是一个变化的趋势，一个核心是人的需求在变化。过去觉得好像在唱高调，现在变成现实的需求，不能再回避，回避就要出大事。我们一再解读这个问题，其实国家看得很长远，所以我们在做事情当中，千万千万别评论若干年以前的成功的经验，现在看老办法都不管用了。只有把人放在第一位才可能越走越顺；否则见地不见人的话，肯定越走越难，本来是想干好事，结果可能一肚子委屈，干不成事。

郧文聚：我也长期从农村角度考虑问题，对待人的问题。咱们现在说粮食安全，如果做不到很好地善待这些耕种者，你可能吃得饱，但是你是不是能放心地吃，是不是敢吃？如果他的生活跟你的生活一样，他认为给你提供的农产品是他一种很高尚的奉献的话，那个农产品你就放心地吃，放心享用，是不是？我们国家现在就得考虑这个问题，从这个角度来讲我们重视农业，重视农村，一点不为过。

郧文聚：我们国家的三化同步加快发展，这是一个壮丽的诗篇，在这个诗篇中间，一定有土地整治的贡献，而且土地整治一定能够为这个壮丽的诗篇提供很好的支撑，我们作为土地整治的工作者，应该好好研究问题，去做好我们的本职工作，保证这个进程能够顺利发展。

袁崇法：我觉得可以这么说，土地整治既是解决今后城镇发展、经济发展、土地供应的一个主要的方向，也是我们整个社会在优化土地的配置、提高土地利用率上，推进今后经济社会健康、稳定发展的一个很重要的方面。

三、观点

观点1 >>> 赖文生：扎牢土地整治的"钱袋子"

在 2011 年 12 月，财政部、国土资源部印发《土地开发整理项目预算定额标准》。新《标准》的颁布执行，标志着土地整治专项资金预算管理的技术标准日趋完善，专项资金预算管理工作更进一步。国土资源部财务司司长赖文生为此做了如下说明。

总体来说，新《标准》更科学、合理，符合实际情况，对夯实土地整治项目预算管理的基础，保障土地整治工作的规范、有序推进将发挥重要作用。

具体来说，新《标准》的颁布、执行，一是将促进高标准基本农田建设、土地整治重大工程、土地整治示范省建设的顺利推进。本次修编，结合土地整治工作的实际情况，对费用构成和费用计取进行了调整，为项目的组织协调、工程质量管理、耕地质量等级评定等提供了经费保障。二是将促进土地整治项目预算编制更加科学、合理。此外，本次修编结合当前实际情况，对人工、材料、机械等基础单价及项目划分等进行了修订，将促进新材料、新技术、新设备、新工艺在土地整治项目中的应用，促进合理确定施工组织方案，提高预算编制、评审的科学性和合理性。三是将加强对项目招投标工作指导作用，促进招投标工作规范进行。本次修编，对预算表现形式进行了调整，满足工程量清单报价的需要，使预算编制与工程招投标紧密衔接，有利于工程招投标工作的规范化和竣工决算的顺利进行。四是将促进土地整治专项资金使用管理工作更加规范、高效，推动土地整治工作又好又快发展。

（赖文生，国土资源部财务司司长。原文载于《中国国土资源报》，2012 年 1 月 18 日）

观点2 >> 汪阳红：解决土地问题的几点建议

①正确处理土地规划与各类其他规划的关系。在土地利用总体规划与城市规划的协调方面，可否考虑城市规划在土地利用总体规划的指导下，重点搞小城镇建成区内的详细发展规划，而小城镇范围内的广大农村地区则以土地利用总体规划为基本纲要，其他农田保护规划和土地整理规划都必须以土地利用总体规划为纲。在规划的编制方法上要学习国外的先进经验，如采取以控制性为主的规划，既增加规划的弹性，又要保证资源的可持续利用。

②整理土地解决建设用地指标不足的问题。开展土地整理不仅可以扩大小城镇的人口规模，增强凝聚力，而且可以提高城镇建设用地的集约程度，缓解日益突出的人地矛盾。尤其在我国实行严格的耕地保护政策的前提下，土地整理既能够保证城镇发展对建设用地的需求，又能够促进农业产业化和农村现代化的发展。因此，要加快土地整理法规制度

的建设，完善各项管理制度和技术规范体系，保障小城镇建设和农村经济的发展。

③通过土地制度创新为小城镇发展提供支持。要深化土地使用制度改革，建立多元化的土地市场。在坚持土地有偿使用这一前提下，将土地使用制度改革引向深入，逐步扩大土地有偿使用范围，改变单一的征地—开发—出让—转让的市场运行模式，实行包括国有土地租赁、集体土地入市等多样化的土地供给方式。对小城镇土地市场要实行两种产权、一个市场、统一管理的管理模式，即由国有土地使用权和集体土地使用权并存构成小城镇土地市场，对土地利用方式、土地供应数量、土地交易价格和土地交易结果实行统一管理。在坚持土地集体所有制的前提下，探索土地流转的经验。

（汪阳红，国家计委国土开发与地区经济研究所。原文载于《城市问题》，2002 年第 04 期）

观点3 >>> 彭群：走向产业化的土地整理

企业参与土地整理，其作用和意义主要表现在促进我国土地整理事业的发展和企业的健康成长两个方面。就土地整理而言，企业参与的积极作用主要表现在两个方面，一是拓宽了资金渠道，二是培养了专业施工队伍。对企业而言，土地整理为其提供了一个大展身手的舞台。

①土地整理是一项长期而有保障的事业。从农用地整理来看，国家鼓励土地整理并已列入《土地管理法》条文，同时，国家实行严格的保护耕地政策，明确规定各省市区必须确保本行政区域内的耕地总量动态平衡，这就从政策法律上保障了土地整理工作的长期性。从建设用地整理来看，全国各地城市闲置地和废弃地的利用、旧城改造、城市土地置换等工作量也相当大。据有关调查，北京市二环路以外目前尚有 4000 多万平方米的旧城区需要改造。

②土地整理可以产生直接经济效益。从农用地整理来看，一是接受政府代企业委托造地，通过土地开发整理工程直接取得收益；二是通过出售新增耕地折抵建设用地补偿指标获取收益。从建设用地整理来看，

企业也可以从中获得利益。例如，杭州市开发整理建设用地的支出平均约为 66 万元/亩，而出让的收入平均约为 114 万元/亩；萧山市开发整理建设用地的支出平均约为 14 万元/亩，出让的收入平均约为 34 万元/亩。

③为企业的发展获取相对廉价的建设用地资源。在国家对建设用地特别是非重点建设项目用地实行严格控制的情况下，一般企业要想获得新增建设用地已经极为困难，更不用说获得廉价的建设用地了。一些地方的企业通过参与土地整理，利用国家鼓励土地整理产业化的优惠政策，较好地解决了这个问题。沈阳银基发展股份有限公司通过参与政府立项的土地开发整理工程，取得了 65 万平方米的建设用地使用权，为公司的进一步发展打下了基础。

（彭群，国土资源部土地整理中心。原文载于《中外房地产导报》，2001 年第 11 期）

观点4 >>> 国土资源部规划司负责人：走好统筹路，下好一盘棋

2012 年 3 月，我国土地整治事业的第二个五年规划——《全国土地整治规划（2011～2015 年)》发布。这将决定在此之后五年内土地整治的步伐。

在《规划》第三章中提出"统筹推进土地整治"位于各项主要任务之前。国土资源部规划司负责人介绍说，"全域规划、综合整治"，统筹推进土地整治，下好全国一盘棋，正是本轮规划的基本思路。

何谓"全域土地整治"？一是目标多重化，即耕地面积增加，耕地质量提高，生态环境改善。二是整治范围扩大，即统筹安排农用地整治、农村建设用地整治、城镇工矿废弃地整治、土地复垦和未利用地开发等各类活动。三是统筹城乡发展，促进公共资源在城乡之间均衡配置、生产要素在城乡之间有序合理流动。

"统筹区域土地整治，是本轮《规划》的亮点之一。"该负责人介绍说，《规划》与全国主体功能区规划、全国新增千亿斤粮食生产能力规划、中国农村扶贫开发纲要、20 多个区域发展规划充分衔接，落实区域

发展战略，实施差别化土地整治。具体说，就是从东中西部土地资源的禀赋差异出发，确定因地制宜的区域土地整治方向。如东部地区积极开展城乡建设用地整治，提高土地资源利用效率；中部地区加强田、水、路、林、村综合整治，稳步提高粮食综合生产能力；东北地区要大规模开展基本农田整治，建设稳固的国家粮食战略基地；西部地区推广生态型土地整治模式，促进国土生态安全屏障建设。此外，《规划》还提出要加大对革命老区、民族地区、边疆地区、贫困地区土地整治扶持力度，切实改善老少边穷地区生产生活条件。

此外，要确保《规划》得以顺利实施，就必须完善统筹推进土地整治机制。《规划》要求，一是要加强规划统筹，即与农业生产、城乡建设、区域发展、产业发展、生态建设等相关规划和发展要求相协调，合理安排土地整治的规模、布局、重点和时序，保障其各项活动科学有序进行；二是有效聚合相关资金，切实提高各项资金的使用效率，发挥资金的综合效益；三是构建共同责任机制，形成政府主导、国土搭台、部门联动、公众参与、共同推进的责任机制。

（吕苑鹃，中国国土资源报记者。原文载于《国土资源》，2012 年第 04 期）

观点5 >>> 土地整治需要植入科学的生态理念

土地整治是一种土地改良利用活动。从许多已开展的工程来看，还存在一些生态建设方面的问题，需要植入科学的生态理念。

其一，在土地整治中，耕地质量建设是一项"隐性工程"，评价起来较为复杂。于是，一些地方更喜欢去做"显性工程"：在田间修筑水泥道路，为河流、沟渠、坑塘边砌上护坡等。在一定区域内，整块土地是一个相互联系的生态系统，修建大量水泥工程，势必割裂系统间的联系，破坏生态环境，因此必须引起应有的注意。

其二，各地都希望通过土地整治，得到平整的土地、成方的农田。有了大量的机械工具，实现这样的目的并不难。但如果不顾自然地理特征，一味地对土地进行"格式化"改造，将对土地原貌造成巨大破坏。

土地是有生命的。只有尊重土地的自然天性和肌理特征，整治出来的土地才能与周围环境相协调。

其三，在土地整治中，一些地方大量引进观赏树、绿化树，构建林网。单独看似乎很美，但从整体看，存在脱离周围环境、不伦不类的问题。诸如此类的人造景观在农村地区并无实际意义，不要也罢。每一个区域都有自身的生物群落，从当地选择合适的林木栽植，更利于生态环境的建设与保护。

（陈沉，河南省信阳市国土资源局。原文载于《中国国土资源报》，2010 年 6 月 1 日）

四、延伸阅读

稳步推进城镇化，合理配置土地资源
李 铁

党的十七届五中全会明确提出，要积极稳妥地推进我国城镇化进程。城镇化的核心是推进农村人口向城镇转移，也就是针对当前我国存在的许多限制城镇化发展的各类政策，进行一系列的改革，稳步地缩小城乡公共服务差异，逐步缩小外来农民工和当地农民与城镇居民的公共服务差距。

推进城镇化进程，首先要解决土地城镇化快于人口城镇化的矛盾。改革开放 30 多年来，我国土地城镇化增长速度明显快于人口城镇化增长速度，这导致了城镇土地利用粗放，资源浪费，人口集聚度较低，服务业发展无法形成规模效益，服务业就业增长缓慢。土地利用粗放致使城镇发展成本上升，抬高了城镇化门槛，不利于收入较低的农村人口进入城镇定居。因此，要严格限制城镇建设用地供给的增长速度，使城镇建设用地水平逐步和人口城镇化水平相适应，充分提高城镇土地利用率。

推进城镇化进程，要妥善处理城镇建设新增用地中的征地矛盾，要让失地农民共同分享城镇发展过程中的土地出让和开发收益。要改革以往低价征地的做法，充分认识到城镇发展的重要目标是促进社会和谐，而不是造成社会不稳定。造成征地矛盾的主要原因，就是征用农村集体土地的价格过低，农民没有平等的权利共同分享城镇发展的土地收益。目前各地已经开展了一系列有关改革，提高了农村集体建设用地的补偿标准，但这仅仅是向农村集体经济组织平等分享级差地租收益迈出了一小步。实际上，真正要农民分享城镇化成果，分享城镇发展进程中土地增值收益，还需要城镇管理者转变观念。其实不是要求农民和政府分享收益，而是完成土地出让，政府收缴正常的土地出让金之后，农民和开发商分享开发收益。而现在的补偿与开发收益成果的分享，相差甚远。

推进城镇化进程，要坚持耕地保护，保住 18 亿亩耕地红线不被突破。这既要求对耕地占用的审批管理更加严格，逐步缩小规模，也要求继续探索城乡建设用地增减挂钩的路径，如何尊重农民意愿，如何增加农民的财产性收益，如何保障农民进入新居后收入增长和就业增加，如何解决附加在农村集体土地产权之上各种利益的分配问题，如何防止各地在推进增减挂钩改革过程中，一哄而上、大搞政绩工程、严重侵犯农民利益现象的发生。"增减挂钩"涉及农民旧居改造和新居搬迁，实质上也涉及拆迁矛盾。针对当前我国城乡发展过程中日益突出的拆迁矛盾，严格规范城乡建设用地增减挂钩试点，严格限制大规模侵犯农民利益的行为，势必为稳步有序地实现城乡用地转换中的各种改革和探索创造良好条件，否则矛盾爆发，将把已有的改革成果葬送。

推进城镇化进程，还要解决城镇发展用地特别是就业用地问题。改革开放已有的成功经验，就是利用我国劳动力和土地资源，吸引了投资，提高了我国产品的国际竞争力。未来继续转移农村人口，改善城镇居民生活和就业条件，还是要解决发展的用地问题。从各地调研的情况来看，土地问题已经成为制约经济发展的瓶颈，城乡用地面临着粗放利用的问题。加大土地整治力度，通过土地整治整理出城镇发展和非农产业用地应该是一种方向。一是要整理城镇用地，对一些土地产出较低甚至负增长的城镇用地，应该鼓励置换，引进附加值较高的产业，鼓励工业用地向服务业发展用地置换，鼓励城镇核心区的土地实行退二进三，发展服务业。二是要整理农村集体建设用地。我国农村一部分乡镇企业仍然没有改变传统的粗放型增长模式，许多工厂在环境压力下已面临破产，许多企业已经几乎没有市场竞争力，仅是依靠低价的土地来维持生存，导致区位条件非常好的土地无法得以高效利用。

采取经济的办法合理置换，采用行政的手段让这些企业搬迁或退出当地的产业链条，或者是行政和经济手段的并行，这应该是各级城镇政府和农村集体经济组织共同面对的新问题。这里既需要改革，也需要站在国家宏观政策立场上，从珍惜土地资源出发，采取各种方式，把废弃的和低效的土地资源置换出来或者重新利用起来，以便于解决城镇发展中用地短缺的问题。未来一段时期内，有关方面的改革和探索应该会促进这些农村集体建设用地的整治。三是整治农村的闲置用地，例如废弃地、沙砾地等不适合种粮食和经济作物的用地。我国闲置的农村用地资源很多，采取什么办法来鼓励农村集体经济组织整治这些土地，各级政府应该给予什么样的政策置换这些用地用于城镇开发，也是土地整治过程中面临的重大问题。许多城镇政府在规划中只注重开发商最感兴趣的地方，占用了大量的优质耕地，而往往对闲置的不适合农业发展的废弃地或者山坡地没有给予很好的利用。如果把这些资源有效地和城市规划以及开发结合起来，一样会促进空间土地资源的合理配置。有关部门应该从耕地保护的大局出发，从土地资源合理利用的长远目标出发，把发展和规划有机地结合起来，以达到土地整治最积极的效果。

（李铁，国家发改委城市和小城镇改革发展中心主任）

激励与约束并重，保障与规范同行

——对中央一号文件土地整治要求的学习与思考

郧文聚

2010年中央一号文件日前公开发布，这是我国连续七年锁定"三农"问题的第七个中央一号文件。在"保增长、调结构、惠民生"的大背景下，笔者认为，文件对土地整治工作的要求主要可概括为"一个优先、两个并重、三个确保、四个要义"。

一个优先：将土地出让收益优先用于农业土地开发和农村基础设施建设

这是实施城乡统筹发展战略，落实"取之于土、用之于土"，让广大农民群众分享工业化、城市化进步成果的一个重要途径。

推行土地有偿使用制度是一项基本制度的改革。过去的 20 年里，这项改革为我国工业化、城市化建设提供了充分的用地保障和大量资金支持。与此同时，按照"取之于土、用之于土"的原则，相当数量的土地收益从工业流向了农业、从城市流向了农村，有力地支持了农田整治、农业发展和农村建设，依法推进的土地整理事业方兴未艾。

1998 年修订后的《土地管理法》提出国家鼓励土地整理的制度性要求，并且明确了土地整理的资金渠道，包括新增建设用地土地有偿使用费，土地开垦费，土地复垦费；2004 年的国发 28 号文件又依法明确将计提部分土地出让收益用于农业土地开发，再加上更早一些时间创立的耕地占用税制度，可用于农业和农村的土地收入共有 5 个主要途径。随着时间的推移和实践的检验，这些土地收益的收缴、分配、使用和管理等各项制度逐步健全，使用效益明显提升。土地整理事业已经成为农业和农村发展建设的主要渠道之一，土地整理工程也日益成为民心工程、德政工程。

进入 21 世纪以来，我国的土地整理事业更是得到了蓬勃发展。土地整理事业很好地支撑了耕地保护目标的实现，10 年间补充耕地 4000 多万亩，全国范围内实现了耕地占补平衡，为坚守 18 亿亩耕地红线发挥了不可替代的作用。同时，也很好地提升了项目区耕地质量等级，优化了田、水、路、林、村格局，提升了耕地利用效率，为发展现代农业，增效增收，实现良田与良种、良法的高水平结合，农业生产方式的革命性变革提供了基础平台。土地整理后，增加有效耕地 5%～10%，耕地等级提升 1～2 等，增产 20%～30%，农机效率提高 20%～30%。正是因为土地整理发挥着不可替代的作用，使之日益受到重视，2010 年中央一号文件用了不少篇幅和文字要求对其进行支持。也可以说，这是对土地整治工作的一种充分肯定。

两个并重：土地整治与土壤改良并重，农业综合开发和农村土地整治并重

土地整治与土壤改良并重阐明了提升耕地质量等级的两个基本途径，农业综合开发和农村土地整治并重则明确了两个主要投入渠道。

中央要求，大力建设高标准农田。建设现代农业是实现农业现代化、农民增收的根本途径，而现代农业生产体系必须建立在符合现代农业生产体系基本要求的良田上。统一规划、加大投入、集中投入，有计划地推进"良田工程"建设势在必行，这已成为发挥良种、良法倍增效应和加速效应的基础工程。笔者建议，考虑像推进"种子工程"、"农机补贴"一样，把"良田工程"建设纳入国民经济和社会发展五年规划，争取用4～6个"五年计划"，把18亿亩耕地建设成为能适应现代农业生产体系的基础良田。粮食主产区、后备产区和产粮大县的"良田工程"建设宜早作部署，早见成效。

首先，要用规划落实战略政策。结合全国土地利用总体规划修编，抓紧推进全国范围的土地整治规划，尤其要重视市、县、乡级土地整治规划的编制。从我国土地资源现状来分析，加强市域土地资源空间的统一优化配置是一个合理的选择。省域太大，讲统筹失之于空，往往无法落实，县域太小，谈优化失之于偏，往往形不成完整的土地利用结构。县、乡级规划要突出一个"实"字，规划一块、实施一块、见效一块，积累下来，逐步实现空间格局优化。

其次，要用项目落实规划。项目管理是确保战略、政策、规划落实，确保绩效的基本手段。规划的落实是一个长期的过程，"种子工程"、"良田工程"等都需要几届政府、多个班子坚持不懈的艰苦努力才能取得规划效果。通过项目落实规划是从一个具体项目的"点"落实，到规划过程的"线"落实，最终取得规划整体的"面"落实的过程。只有保证项目落实、计划过程落实，才能实现长期战略目标和方针政策的根本落实。应该看到，我们的国力还不算很强，支持农业农村的项目资金总量依然有限，必须精心谋划、计划，按项目落实，坚持走艰苦奋斗的发展之路。

再次，要按项目配置资金，聚合资源。当前有必要创新制度，引导政策性资金、社会资金进入农业，做大支农资金总量、提高资金使用效益。政策性资金必须到位，且不能以任何借口附加种种限制条件。社会资金进入农业和农村需要按照市场规律办事，使之能取得合理利润。经济发达地区应该积极探索，消除社会资金进入农业和农村的壁垒；发展中地区更应该创新制度，在做大总量上下足功夫。按项目配置资金有一个重要理由就是管理好资金，考核资金使用效果。在支农资金使用上，要坚决杜绝只知道资金何处来、不知道资金到何处去的面子工程、政绩工程。

最后，要加强部门协同，社会舆论监督、鼓励和支持公众参与，共同维护好群众利益。在中央持续加强农业建设的总方针指导下，各行各业支持农业和农村发展的政策和资金不断增加，农田排灌、土地整治、土壤改良，机耕道路、农田林网，农业综合开发、农村土地整治、中低产田改造、标准粮田建设等建设项目很多，但也一定程度上形成了资金分散、综合效果不突出的问题。因此，有必要在规划引导下，由县、乡两级人民政府统一指挥、协调行动，按项目聚合资金、整合资金，连片整治、整村推进。土地整治规划、土地整理项目就是这样的基础平台，理应发挥更重要的作用。农民家庭是基本农业生产单元，良田建设规划、实施和运行管理要贯彻一切为了群众，一切依靠群众的方针，切实维护好农民群众的根本利益。

三个确保：确保城乡建设用地总规模不突破，确保复垦耕地质量，确保维护农民利益

这"三个确保"是规范有序推进农村土地整治的总要求。农村土地整治是总结近年来农村土地保护与建设领域的经验和教训凝练出的一个新观点、新概念，也是一个推动工作的新提法、新抓手和新平台。

中央要求，城乡建设用地增减挂钩要严格限定在试点范围内，周转指标纳入年度土地利用计划统一管理，农村宅基地和村庄整理后节约的土地仍属农民集体所有。

从建设用地供需的总趋势来看，有数量问题，也有时序、空间和权属问题。这些问题紧密联系，耦合、纠集在一起，要求我们必须有整体观、系统观。

　　一方面，应辩证地看待数量偏紧问题，如果不考虑节约集约用地和打击圈地投机行为，数量可能有点紧，但如果要下决心走一条科学发展的用地新路子，把节地、调控放在突出位置，就不能说土地供给数量紧张。另一方面，建设用地供应的时序问题需要根据宏观调控的需要，将其作为经济杠杆来运用。根据目前掌握的情况，笔者认为，最大的土地供给可来源于土地利用结构和空间布局调整，其中农村建设用地减少、城市和工矿建设用地增加应该统筹考虑；单纯从数量上计算，追求建设用地总量不增加或者少量增加也应能够支撑经济社会发展用地需要。而深层次的问题是土地权益及其实现途径、测算标准、分配机制问题，其关键应该在于设计机制，探寻科学合理的衡量标准、计算方法和规范程序。机制的设计应该有利于保障经济社会可持续发展，有利于落实"两个最严格制度"，有利于维护人民群众的根本利益。

　　推进农村土地整治必须抓好管住总量、严格转权、确保补充耕地质量等关键环节。年度投放建设用地总量指标是土地参与宏观调控的一个重要闸门。按照最严格的节约集约用地制度要求，积极开展农村土地整治，能够减少农村集体建设用地总量，优化城乡土地利用结构和布局，盘活农村集体建设用地，显化和实现农村集体建设用地权益。但是，作为一个激励因素，节约出来的农村集体建设用地应该怎么用、按什么程序用、按多大比例用、在哪里用是需要严格管理的。如果管理不善，将有可能冲击土地利用总体规划和年度土地利用计划，影响土地参与宏观调控的效果。

　　与此同时，当前应该主张从严管理集体建设用地易主、易位、易权，顺应深化改革的要求，加强理论和实践的探索，尽快提出能够顺利实现和保障权益的农村集体建设用地权益检验标准、计算方法和管理程序。

　　四个要义：农村土地整治的制度创新要服务于推进城镇化发展的制度创新

　　对于年度土地利用计划安排要支持中小城市和小城镇发展，笔者认为应把握好四个要义：开展农村土地整治，推进农村宅基地和村庄整理所节约的土地首先要补充耕地；调剂为建设用地的，不改变农村集体建设用地性质；按照土地利用总体规划在县域内使用；纳入年度土地利用计划，主要用于产业集聚发展，支持中小城市和小城镇发展。

现在，我们明了我国城市化的基本方向，就是要尊重经济规律、自然规律，走城乡统筹发展的道路，当前重点是支持中小城市和小城镇发展。因此，土地政策、土地整治要服务于这个基本方针。

——土地供应要支持中小城市和小城镇发展。我国农村居民点分布现状与农村人口、耕地资源利用远景规划矛盾很大。城乡人口比例即将逆转，而农村居民点用地仍数倍于城市用地，且呈进一步扩大之态势，农村居民点的分布也很不合理，大量散居农户的存在影响土地利用效率的提高。因此，要积极探索激励与约束并重的土地供应政策，因势利导促进农村土地利用方式的根本性变革。

——农村土地整治节约出来的集体建设用地用于支持中小城市和小城镇发展，在本县域范围内使用，发展当地优势产业，方便农民就地就近转移就业。通过农村土地整治，向低效存量用地要发展空间是需要经济发展水平来支撑的。在具体操作上，不能等也不能急，应该在土地利用总体规划的指导下，循序渐进，逐步实现土地利用空间的优化，构建城乡一体的宜居格局。

——搞好因重新规划布局而腾退、调出的农村宅基地、村庄内奇零不整的空闲地、废弃地和集体建设用地的复垦，保证补充耕地质量。河南重点对"空心村"、废弃砖瓦窑场、农村废弃地进行综合整治，大量增加有效耕地。仅周口一市增加的耕地就达90多万亩，相当于一个产粮大县的耕地面积，按照设计要求认真整治后增加的耕地，精心用养3～5年，完全可以达到周边现有农田的利用水平，可见农村土地综合整治的潜力。因此，推进农村土地整治必须强调要把补充耕地放在优先的地位，补充耕地不仅要注意增加面积，更要注重造地质量和用养结合，提升耕地的持续生产能力。

——认真编制、严格执行县、乡土地利用总体规划和县、乡、村土地整治规划，整村整镇推进农村土地整治。农村土地整治工作要兼顾战略性和操作性，县、乡土地利用总体规划和县、乡、村土地整治规划要突出操作性。规划的实质是妥善解决区域整体的问题，必须考虑全域规划、整体推进。北京、天津、浙江、江苏、河南、湖南、安徽、四川、辽宁、贵州等地开展了各种各样的整村整镇推进土地综合整治的试点，成都、扬州正在推进的全市域土地整治试点更加值得关注。试点取得了丰富的实践经验，需要抓紧总结凝练，使之上升为政策反过来指导实践。

——加强因城镇化建设、产业集聚而引发的土地管理相关问题，妥善安置被征地农民。作为一项激励政策，国家允许将一部分开展农村土地整治所节约出来的集体建设用地易位用于发展，解决建设空间不足问题。这条激励性政策的应用有严格的条件限制。该政策符合落实最严格的节约集约用地制度，但不能因此而冲击最严格的耕地保护政策，不能冲击新的城镇化策略和土地参与宏观调控的政策，也不能损害农民群众利益。明确了这几点，把握好这几条准绳，农村土地整治就能进入规范、有序的轨道。

（郧文聚，国土资源部土地整理中心副主任，研究员。原文载于《资源导刊》，2010 年第 03 期）

全域理念给县（区、市）的城市发展战略带来了什么
——关于成都市双流县的调研及其启示
冯 奎

一、背景与问题

成都市委、市政府在落实科学发展观、推进统筹城乡综合改革配套试验区建设的过程中，提出"全域成都"的理念。这个理念的落脚点在于把成都 1.24 万平方公里的市域，而不是传统意义上的主城区，作为现代化的都市区来建设。贯穿这一过程的核心价值取向是现代化，即现代的城市和现代的农村，它是由政治、经济、文化、社会建设一体发展，现代城市和现代农村整体推进的方式来进行，是一种新型的城乡形态，而不是过去那种城乡割裂的或者说是二元结构。这一形态是城市和农村和谐交融的，历史文化与现代文明交相辉映的，而不会互不相干或形成巨大反差。

就发展战略而言，全域理念至少引起我们对两类主体的发展战略的重新认识与思考：一是都市圈的整体发展战略问题；二是作为都市圈组

成部分的县、区、市的发展战略问题。就成都市而言，除了锦江、青羊、武侯、金牛、成华5个主城区以外，还有6个县、4个县级市及4个近郊区。全域理念给5城区之外的14个县（区、市）的发展战略带来了什么？它的突破意义何在？有可能存在什么样的认识和实践上的问题？这些都是普遍受到关注的。在为成都市双流县制定发展战略的调研过程中，我们进行了一些思考，并总结了一些共性的认识。

二、关于双流县的调研及其启示

1. 全域理念突出了县（区、市）城市发展这个主题

双流县位于成都市主城区的西南方向，是自东往西三面环绕成都的主城区。从行政体制上说，双流是一个县，现辖25镇（街道办事处）。根据全域成都的理念以及成都市发展的总体规划，双流县全域1067平方公里纳入成都市区范围。城市发展这个主题因此也成为双流县委、县政府考虑的主要问题之一。

事实上，根据全域成都理念，成都市正通过中心城向外沿6个方向放射形成基本覆盖成都市所有下辖县（区、市）的"成都骨架"，即：中心城—华阳—正兴；中心城—双流—新津—蒲江；中心城—温江—邛崃；中心城—郫县—都江堰；中心城—新都—青白江—金堂；中心城—龙泉驿。在此情况下，除双流县外（华阳、正兴分别是双流县的街道和镇），新津县、蒲江县、温江区、邛崃市、郫县、都江堰市、新都区、青白江区、金堂县、龙泉驿区等，虽然体制不同，但都在围绕"全域成都"，围绕大成都发展思考自身的城市发展问题。

2. 全域理念指出了县（区、市）发展面临的主要问题

成都市下辖的县（区、市）发展水平各异。双流县有"西部第一县"之称，连续多年在四川省的县（区、市）综合竞争力排名中居于首位，也有一些县（区、市）综合发展水平滞后。但是总体来看，用全域理念对照，这些县（区、市）面临着两大共性问题：一是城市化发展质量不高；二是城市发展，特别是城市经济发展水平不够。

就城市化水平而言，以双流县与成都市5个主城区对比为例，5城区的城市化水平都超过双流。特别是考虑到双流县的城市化水平的快速提高主要发生在2003年以后，由于快速城市化带来的城市化质量不高以及

半城市化等问题十分突出。

就城市发展，特别是从三次产业的结构比例来看，成都市的5城区的三次产业结构比例基本上是三二一型。双流县三次产业高度不够。

3. 全域理念明晰了县（区、市）城市发展的定位

城市发展的定位一般可包括城市的性质、功能、产业等方面。全域理念提供了一种大范围的参照与比较，这使得每一个县（区、市）的定位既要考虑到成都市的整体规划，又要充分考虑到发挥比较与竞争优势，进行差异化定位。

比如在城市产业方面，双流县考虑到双流机场就在双流县境内，多年内综合物流产业已有充分发展，因而产业定位之一是西南重要的综合物流中心；中科院核能研究机构坐落双流县境内，国内几家规模居于前列的太阳能企业也落户双流，因而具备打造西南新能源之都的条件；同时，根据双流的地形、水文、城市品质等特点，提出打造空港园林城市，发展休闲、运动等产业，等等。这些定位相对而言是独特的，是有战略价值的。

相比较而言，"十五"期间，成都市各有关县（区、市）注重"小而全"，产业定位雷同现象就非常突出。

4. 全域理念扩展了县（区、市）城市发展的空间

县（区、市）的行政空间都是既定的，是刚性的；而经济空间从理论上讲是不确定的，是具有弹性的。全域理念的价值之一在于，它使得各县（区、市）在成都市范围内取得较为独特的定位，分解承担成都市的部分功能；而成都市又能利用它在绵阳—成都—乐山轴线、成都经济圈、成渝经济区以至西南的区位影响，通过点、线、面等多种方式扩大各县（区、市）的外围发展空间，为县（区、市）扩展价值空间。

双流县在城市发展空间方面就在思考这样的问题。就经济总量而言，双流县在四川省的县（区、市）排名中位居第一；按四川省各地级市序列排名，也挤进前列。就城市建成区规模而言，达到70多平方公里，基本上是一个较大城市的规模。同时，双流机场就在双流县境内，这使它获得了西南空中门户的美誉，一系列以西南为立足点的产业定位充实了双流城市发展的内涵。在这样的情况下，双流县的城市总体发展定位实

际上就是"西南门户、空港园林城市",而其中"门户"又包含着从基本概念层、功能层与价值层的多方面意义。

5. 全域理念优化了县（区、市）发展的资源支持

全域理念强调的是在成都全域范围内配置各方面资源。资源的充分流动与明确的支持方向，既为整个成都市的发展，又为各县（区、市）加快发展、快速提升区域竞争力、打造区域品牌奠定了基础。

这里面有个问题，就是全域理念是不是平均发展？恰恰相反，有条件的地方应该又好又快加快城市发展，同时发展所取得的成果又为成都市实验区范围内更多的人所共享。所以我们看到：一方面，成都市在落实科学发展观的思考中提出了全域成都的理念；另一方面，它的城市规划发展思路慢慢突破"圈层推进"的阶段，现在具有较明显的"轴线延伸＋圈层推进"的特点，并且随着成都市重心南移等布局，可以看出成都市利用双流县优越的地理交通优势、经济优势打造"增长极"的战略思路。而在这一过程中，"双流城市"必然要集聚更多的来自双流县农村和成都市其他地区的人口，实现城市发展成果为民所享的最终目的。

全域理念为那些不具备综合竞争优势，但具备某一方面优势的地区也提供了明确的资源支持。比如一些县（区、市）的农村，如果囿于一县（区、市）范围，很难发展起来大型的休闲娱乐等产业，但如果考虑成都都市区庞大的人口规模与消费能力，考虑到成都市对差异化产业的重点支持，可以预见在全域理念支持下，成都市范围内的许多产业能够较快成长起来，在成都市、四川省、西南地区和全国具有较高的影响力。

6. 全域理念深化了县（区、市）合作的程度

互补的定位产生互利的合作。在全域理念的指导下，不同的县（区、市）立足于比较优势与竞争优势的发挥，互利合作的内容应该更具体、程度应该更深。比如：成都市是我国中西部重要的农副产品生产基地，这些农副产品就可以很好地利用双流的物流中心实现一三产业互动、联动发展，打造具有时效性、高效性的价值链条。在双流调研期间，这方面的例子已经有很多。

三、对全域理念的再思考

全域理念是成都市在推进统筹城乡综合改革配套实验区建设中的一

次思维创新、理念创新。它为我们观察和思考区域城区化问题提供了既具有理论价值又具有实践价值的工具和方法。

在双流调研过程中，我们也感到，还有许多认识上的问题和操作上的问题还在阻碍着全域理念发挥价值。

一是全域理念的应用范围问题。"全域"这个概念实质上体现的是一种资源观、发展观，它是对"一域"的突破。正所谓"不谋全域不足谋一域"。日本在最新的国土规划理念中倡导"广域"的理念，实际上与"全域"理念有某种异曲同工之处，在某种程度上更加深刻地反映新的资源观、发展观。但在县（区、市）及其镇、街道的层面，如果不切实际地套用"全域"理念，实际上会导致一个很小的行政区自求平衡、自我发展。

二是对全域理念与经济发展的不平衡规律的关系认识问题。在城乡关系上，一方面不能以农村的凋落为代价片面追求城市的发展，但另一方面又要认识到解决农村问题关键在城市、解决农业问题关键在工业和服务业发展。在县（区、市）关系上，一方面不能坐等"圈层推进"效应，要创造条件为较为落后的县（市、区）发展创造合适的条件；另一方面要清醒地认识到成都市不同县（区、市）的经济势能相差很大，从整个成都市、成都经济区发展考虑，还是要尽快形成经济增长极，形成类似浦东之于上海、滨海之于天津这样的城市发展带动格局，促进城市竞争力的整体提高。

（冯奎，国家发改委城市和小城镇改革发展中心国际合作处处长）

从地方实践看国家如何规范城乡
建设用地增减挂钩试点

郑明媚

自2005年起，国家先后在天津、山东、四川等8个省市开展城乡建设用地增减挂钩试点。经过6年的实施，各地通过挂钩政策在统筹城乡发展、优化土地结构和布局等方面进行了有效探索，有实施规范让农民得到实惠的好经验，也有突破试点范围损害农民利益的失败教训。本文在对 8 个省市调研搜集的案例的基础上，总结了各地实施挂钩的几种筹资模式和取得的经验，总结了各地在挂钩实施中普遍存在的问题。挂钩政策不仅仅是国土部门一项管理土地的政策，不仅仅是一项既能保护耕地又能促进地方经济发展的创新举措，而且是一项统筹城乡发展、以工补农、提高城镇化进程的抓手。从试点实施中存在的问题来看，国家需要从完善法律制度、提高农民参与、加强信息化监管、建立交流机制几个方面加以规范。按照"十二五"规划的要求，严格规范城乡建设用地增减挂钩，调整优化城乡用地结构和布局，促进城乡统筹发展，加快社会主义新农村建设。

一、挂钩试点的背景

自 2004 年 10 月 21 日国务院发布《关于深化改革严格土地管理的决定》（国发〔2004〕28 号）起，国家开始尝试部分地区开展城乡建设用地增减挂钩（以下简称挂钩）的试点探索，并于 2005 年开始实施。挂钩试点进行了 6 年的时间，这个创新的土地利用模式和土地管理方式在社会上引起强烈反响，全社会都在关注挂钩实施的效果。国务院 2010 年 12 月 27 日下发了《国务院关于严格规范城乡建设用地增减挂钩试点切实做好农村土地整治工作的通知》（国发〔2010〕47 号）（以下简称 47 号文），要求地方各级人民政府对挂钩试点和农村土地整治开展情况进行全面自查、清理。国土资源部也暂停向地方下达 2010 年度的挂钩周转指标。从挂钩政策的演变来看，国家对挂钩政策一直采取积极规范的方式。

二、挂钩政策文件梳理

自 2004 年以来，国家共出台提及城乡建设用地增减挂钩的文件 12 个，其中专门针对挂钩的文件 7 个，省（市）地方政府出台了 11 个文件。从国家出台的政策上看，国家在挂钩试点中将农民权益保障放在了很突出的位置，然而由于部门管理范围的局限性，土地出让金用于农村建设的预留比例和具体操作办法，并不能在相关的挂钩文件中加以明确。地方出台的 11 个关于挂钩实施的管理办法或意见中，有 6 个文件提出了维护农民利益的原则，只有四川针对农民权益保障对挂钩实施提出了具体的办法，从地方政府颁发的管理办法上，并没有对国家提出关于农民权益保障等问题制定具体的措施。

三、挂钩试点取得的积极效果

为了解各地挂钩实施的具体情况，我们申请了 2 项研究课题①对天津、四川、江苏、山东、湖北等 8 个省市的挂钩实施情况进行了实地调研。从了解的情况来看，挂钩实施较规范的地区取得了以下几个方面的积极效果。

1. 促进城乡统筹发展

挂钩实施过程中，许多试点地区将分散居住的农民集中安置，并统一配套基础设施建设，让农民享受与城镇居民同等同质的生活条件和社会保障，实现城乡统筹协调发展。在产业发展较好的地区鼓励农民从传统农业生产中解放出来，从事收益更高的其他行业，增加农民非农收入水平。例如吉林长春二道区英俊镇，将拆迁居民集中安置后，为年满 16 岁农民办理社会养老保险并纳入城市养老保险体系；免供暖费 10 年，免物业管理费 10 年；免燃气费（秸秆燃气）。集中安置后，政府通过几种途径解决农民就业，农民人均年收入从 5300 元增加到 6700 元（2008 年）。

2. 促进社会主义新农村建设

挂钩实施过程中，许多地方将土地出让收益的一部分用于农村基础设施建设，改善了农民生活条件和居住条件，促进社会主义新农村的建设。如武汉东西湖区挂钩实施中，专门建设了农民社区，小区内道路、休闲娱乐场所、热水器、有线电视及网络等设施一应俱全，农民生产与生活条件彻底改观。挂钩实施后，以往布局分散、配套落后的状况得到了改观，农民生活水平上了一个大的台阶。

3. 为农业规模化经营奠定了基础

通过对建设用地进行复垦整理，综合配套田、水、路、林、村，改善了农业生产条件，为农业规模种植和农业产业化奠定了基础。四川双流县挂钩项目区土地复垦后，引入 100 亩以上农业龙头企业 180 家，成片种植无公害蔬菜、食用菌、日本黑大豆等，规模经营面积达 37 万亩，大

---

① 2 项研究课题分别是国家发改委地区司"东部地区城乡建设用地优化配置研究"和国土资源部勘测规划院"城乡建设用地增减挂钩政策研究"。

大提高了耕地质量和产出效益。

4. 缓解发展用地不足的矛盾，提高土地节约利用水平

挂钩的实施有效缓解了城镇建设用地不足的难题，提高农村建设用地集约利用水平。如四川郫县挂钩实施中，复垦整理出来的耕地（693亩）比建设占用的耕地（358亩）多一倍左右。既要保发展，又要保耕地，必须节约集约利用宝贵的土地资源。挂钩政策是一个很好的出路，按照各省关于农村居民点的面积，通过一定的标准测算，可以至少新增耕地 1 亿亩以上。

四、地方开展挂钩的几种模式

地方在组织实施挂钩试点过程中，根据当地经济社会发展水平、土地资源利用状况和资金筹措能力，尝试了几种不同的方式。从资金筹措方式上，可分为政府主导、企业主导及村集体自筹三种方式。

1. 政府主导型——以天津华明镇为例

天津市挂钩试点是全国第一批挂钩试点之一。华明镇是天津挂钩试点的样板镇，该镇位于滨海新区，是全国发展改革试点镇。挂钩将全镇12 个行政村集中到一个社区中居住，挂钩实施前全镇有 12071 亩农村建设用地，挂钩实施后，农民安置区用地 3475 亩。华明镇政府通过华明投资公司（政府成立）为挂钩实施融资 20 亿元，将节约出的土地用于城镇开发和产业发展，土地经过招标拍卖挂牌后出让收益达 80 亿元。农民集中居住后，物业成本增加了，政府考虑到农民的承受能力，以政府开发公司收益为担保，一次性减免了农民 10 年的物业费。同时，政府在完成农民拆迁上楼的补偿、安置和养老等社会保障以外，还与滨海新区签订了推动农民就业的合作协议，并以组织培训、建立商铺公租房等形式，统筹解决农民的就业和收入增长问题。

2. 市场主导型——以四川灾后重建为例

为支持灾后重建，成都市共安排挂钩试点项目区 37 个，涉及周转指标 2497.52 公顷，涉及 10 个市（区、县）。据调查，都江堰棋盘村、彭州市鹿坪村等灾民新居在 2009 年春节之前就能入住。灾后重建过程中，政府通过挂钩政策引导，广泛运用社会资金，解决了震后灾区农民建设住房的资金短缺问题，让农民在震后不到 1 年的时间内就住上了新房。

以都江堰为例，通过挂钩筹集的资金达 33 亿元，都江堰政府报告指出，挂钩实施让经历地震的农民提前 20 年享受到城市生活的优质水平。

3. 村集体自主开发——以江苏张家港永联村为例

江苏永钢集团是世界 500 强企业之一，该企业是永联村集体企业。2006 年，永联村通过挂钩将全村 3000 多家农户进行了集体搬迁。实施前，全村农村居民点用地 1240 亩，挂钩实施后，用了 600 亩建设农民集中居住区，另外 640 亩用来扩建永钢企业。永联村在挂钩实施过程中，村集体支付所有关于搬迁、补偿与建设的费用。农民的旧房按照市场价与成新全额补偿，安置房全部办理了大产权，并按照房屋建设费的 55% 卖给村民。农民集中安置区内，规划建设了学校、医院、农贸市场、生活污水处理系统等公共设施。挂钩的实施，让永联村民改善了居住条件，提高了生活水平，又让他们充分享受到村集体工业壮大带来收入增长的实惠。

这几个地方的案例地区挂钩能够顺利实施，主要是他们将农民权益保障放在了很突出的位置，也基本达到了优化城乡用地结构和布局的目标。我们对挂钩实施顺利的十几个项目区进行了走访，发现在挂钩实施过程中，只要保证农民的利益不受侵犯，充分尊重农民意愿，保障农民合法的土地权益，绝大多数农民对挂钩持支持的态度。

五、挂钩实施存在的突出问题

挂钩试点为促进地方经济发展、提高土地集约利用水平、优化城乡建设用地结构和布局提供了操作性较强的政策平台。几年来，挂钩在促进城乡统筹发展中发挥了积极的作用。但是，有些地方却打着挂钩的名义，片面地追求增加城镇建设用地指标、擅自开展增减挂钩试点和扩大试点范围、突破周转指标、违背农民意愿强拆强建，侵害了农民权益，影响了土地管理秩序。

1. 突破试点范围和指标规模

按照 2010 年国发 47 号文的要求，2011 年 5 月中旬，国土部组成的 8 个督察组对河北、内蒙古、江苏、浙江、安徽、河南、重庆、四川土地挂钩、建设用地置换和农村土地整治进行了清查。国家下达的挂钩周转指标只有 93 万亩，而全国地方借挂钩之名擅自扩大实施范围，包含挂钩、建设用地置换和农村土地整治在内实际实施挂钩的面积是国家下达指标的 3 倍之多。督查组所到的 8 个省，几乎每个省都突破了国土部核定的试点范围和下达的周转指标。

2. 侵害农民利益

挂钩实施过程中缺乏农民利益保障的具体措施和考核监管办法，部分地区挂钩实施过程中对农民补偿不到位、侵害农民利益是群众反对挂钩政策的最主要因素。例如，经媒体曝光的江苏泗洪县、河北香河县，在挂钩实施过程中，只关注城镇建设用地指标，对农民的补偿标准偏低，引起村民不满导致群体性事件发生。

3. 忽视农村经济长远发展

有一些资产相对富裕的村集体，对政府实施挂钩的补偿和用地安排不认同，他们认为挂钩剥夺了他们本村集体建设用地的发展权和收益权。所以，挂钩实施过程中，不仅要对农民的住房、承包地补偿到位，还要考虑村集体和农民的发展权益，预留一定的农村非农产业发展用地。

挂钩政策已不仅仅是国土部门的一项管理土地的政策，不仅仅是一项既能保护耕地又能促进地方经济发展的创新举措，而是一项统筹城乡发展、以工补农、提高城镇化进程的抓手。挂钩的实施过程中存在的问题，暴露出我国农村经济与管理体制、土地所有权和使用权形式存在一些问题，需要从相关的法律、法规和政策上加以完善。

六、规范挂钩的几点建议

1. 国家相关部委制定办法

明确挂钩项目实行整体审批、土地出让收益返还用于农村基础设施建设，以及聚合涉农资金用于挂钩的具体内容，确保挂钩实施的合法性。建议国家发改委、财政部、国土资源部、住房建设部联合发文，明确减免挂钩项目区两费一税（新增城镇建设用地有偿使用费、耕地开垦费、耕地占用税）。针对整体审批，明确审批主体及审批的具体内容。探索逐步建立城乡统一的建设用地市场，不仅要在用地上必须履行行政审批的手续，在税收、土地使用权证、行政许可等方面也要办理相应的手续。针对城镇建设用地的出让收益，应明确全部返还当地用于农村基础设施和公共服务建设，并允许地方在挂钩实施中聚合一部分农业、水利等涉农资金。

2. 保障农民权益，提高公众参与程度

改变政府、开发商强势推进，农民被动接受的现状，让农民充分、主动地参与到挂钩实施过程中。挂钩项目区的范围相对较小，适合开展全民性的公众参与，从项目区实施规划、项目实施方案到补偿机制建立以及后续生产就业，应让农民积极参与其中，让农民平等地与政府、开发商展开对话。将公众参与程度列入地方政府挂钩实施业绩考核范围。

3. 加强信息化管理水平，提高社会监督能力

国家建立挂钩实施管理信息系统，加强对各省市挂钩实施项目的信息化管理水平，实现土地挂钩项目区规划、审批、建设"一张图"式的数据库管理。充分利用网络技术，设立专门的平台，及时获取民众对挂钩实施的反馈信息。通过信息化建设和网络技术，提高社会监督能力。

4. 建立挂钩试点地区相互交流取经的学习机制

国家制定挂钩政策旨在探索城乡统筹发展，通过城乡建设用地的流动盘活农村经济，然而各地方在认识挂钩政策上还存在一些差距。我们去8个省市调研，主要负责实施的政府部门负责人很多是熟悉农村情况的，然而他们普遍认为挂钩政策包含的内容太多，内涵太丰富，短时间靠"摸石头过河"不能很好地领会，需要去了解学习别的省市在组织开展试点具备的好经验，避免走弯路出问题。国家应在完善挂钩政策的同时，让相关部门定期对挂钩试点进行跟踪评估，定期开展挂钩经验交流会，建立地方之间相互交流学习的机制。

（郑明媚，国家发改委城市和小城镇改革发展中心战略策划部副主任）

第六章
政务微博如何
给力城市管理

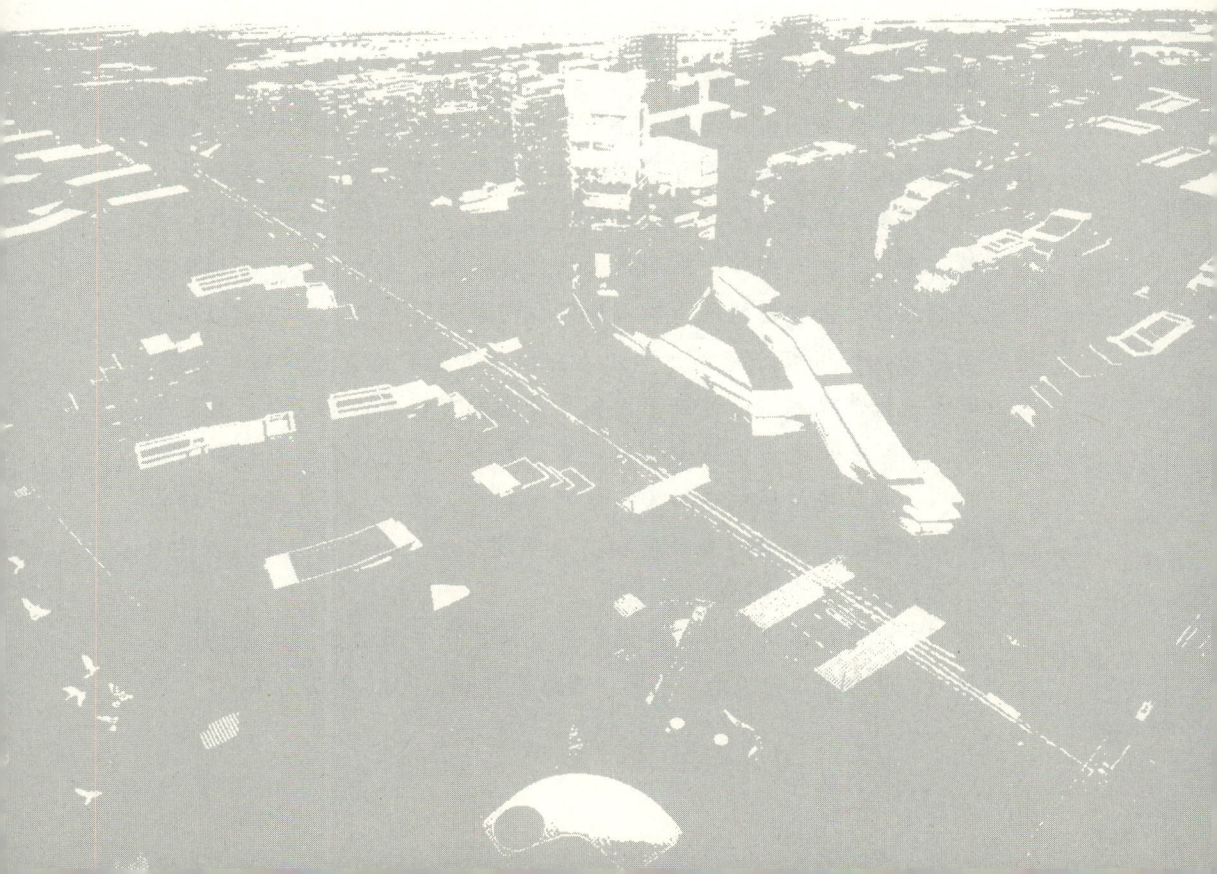

一、案例

案例① 银川：三部曲搞定舆情危机

银川市是宁夏回族自治区首府，又名"凤凰城"。它历史悠久，是一座风光秀丽的塞上古城。根据 2007 年的统计数据，银川市约有人口 148 万，回族约为 40 万人，大部分为汉族。这样一个少数民族地区的城市的政务微博是否与其他城市不同呢？应该在哪些点上突出自己的特色呢？

面对舆情危机，稳、准、快

在银川市查处四家餐馆违法使用罂粟壳的过程中，相关单位不慎提前在网上走漏了风声，市领导发现后要求删除。没承想，网民却由此发出"政府遇到问题就压、不关注百姓健康"的评论。银川市面对这个突发舆情，走出了个三部曲。第一是稳住舆论领袖。通过私信积极地向参与评论的媒体记者和活跃网友解释说明，缓解网民情绪。第二是准确公布事情原委。银川市政府召开了紧急会议，迅速安排查处这四家餐馆。在及时汇总好情况后，通过@银川食品安全发布权威信息。最后就是快速转发。消息在@银川食品安全公开后，市委、市政府组织包括@问政银川在内的各单位微博快速转发、向网友解释。终于，网友态度开始由批评转向盛赞。对政府的高效率和高透明度，他们也表示肯定。仅用 2 个多小时，这场舆论危就被彻底化解掉了。

@问政银川是银川党务政务网络平台的工作专用微博，主要功能是督促督办，受理银川市民的一般性、事务性投诉。2011 年 7 月 14 日，银川的政务微博——@问政银川正式亮相。虽然比@微博银川晚起步7个多月，但截至目前，@问政银川的粉丝也已逾30万，发布微博近6000条。以前出现问题，从投诉到政府反馈再到解决要2～3天。@问政银川开通后，几个小时就全搞定了，问题一经发现，立即查处目标。

开通微博只是向市民敞开了大门，接着要怎样调动大家的积极性，让市民主动走进和咱们政府互动呢？银川对于政务微博中容易出现的不闻不问、不经常更新、缺乏实质性内容等行为坚决说不！

手机短信，不容错过

银川市的手机普及率在92%以上，市领导看到了手机短信平台的前景，并对其加以很好的利用。为方便市民随时随地向市委、市政府反映问题，在开通网络平台的同时，他们还设置了手机短信互动版块，并组建了一支手机短信管理的队伍。管理员将市民短信分发到位后，报送者会收到一条落款是"党务政务网络中心"的短信，责任单位的管理员也会收到一条提醒短信。来信和回复的全过程都是完全透明的，接受网友们的监督。

地方话，才够亲切

语言表达方式的改变是@问政银川政务微博的一大特点。其语言让人感觉不到官方的架子，灵活多变，又有地方特色，还不失其公职的身份。如此个性化、人性化的表达，塑造了一个关心百姓疾苦、热心又有些泼辣的回族小妹的形象，一下子就拉近了政府与网民的距离。

（来源：来自网络）

案例② 北京：首个省级政务微博群全线开通

北京是我国的首都，是全国各大城市学习的榜样和发展的标杆。作为国家的政治中心，每天在这里流通政要信息量很大，可信息传播的范围又十分有限，很难让广大的市民都参与到议政的过程中来。为了扩大市民参政议政的覆盖面，甚至让草根阶层都能在第一时间了解到政府的实时动向，截至2011年12月22日，包括北京市16个区县政府和市政市容委、团市委、市司法局等，共42个政府机构的"官微"在新浪上汇聚成了"北京微博发布厅",为市民参政搭建起平台。

队伍逐渐壮大,支脉不断延伸

自北京微博发布厅 11 月 17 日登录新浪微博以来,先后有两批"官微"加入其中。首批 21 个"官微"的粉丝已接近 400 万。第二批加入的 21 个新"官微",包括朝阳、海淀、丰台、顺义在内的"官微"粉丝也已破万。35 天来,7 位新闻发言人的微博已发布信息 4000 条,回复网友各类问题 5000 余个,拥有总粉丝量超过 30 万。"官微"上一条条京片子口音的"围脖"拉近了市民和政府的距离,也保证了"官微"人气的持续走高。

春节后街道层面的第三批"官微"也陆续上线,更直接地为百姓服务。

特色"围脖"拉近你我

海淀区和西城区的新区长都通过政府微博首次亮相。19 日,西城区长王少峰在"北京西城"微博上,就老字号精神传承、大栅栏历史文化区保护及环境治理、道路拥堵、停车难、看病难、入学教育等,与网友互动,一一回答网友抛出的各种问题。直接与区长对话,让不少网友感到了政府为民办实事的决心。

除此以外,团市委的青年说、延庆官微的土话普及,都引领了言论的潮流,在网友间掀起热议。

官员的心声,也来听一听

在北京微博发布厅的各个"官微"留言上也不乏群众的误解、批评甚至谩骂。但官们对此有一个理智的态度。他们表示,要以最真诚、最平和的心态对待所有问题。如果提的问题合理,即便言语过激,也会当成友好的提醒。

"北京微博发布厅"作为全国首个省级政务微博群,实现了单部门"独唱"向多部门"合唱"的转变,带动新闻发布从"网下"走到"网上"。微博群内"官微们"相互"@",及时把看到的问题转发给相关部门,尽量做到不"高高挂起"。

(来自:北京日报)

案例❸ 南京：突发事件早知道，政务微博是高招

时效性是微博的一大特点。网友可以在第一时间把身边发生的事情记录下来，以图片或视频的方式上传，并加以评论。政务微博如果能够利用好这个特性，将会对城市防灾减灾及城市安全的方方面面有极大的促进作用。南京就意识到了这一点，并于 2011 年出台了《关于进一步加强政务微博建设的意见》，以保证生活公共信息的及时发布。

《意见》中对于不同紧急程度、不同内容的信息发布要求做出了明确规定。它强调，要注重对涉及灾害性、突发性事件的政务信息，在事发后的第一时间通过政务微博发布出来；对于涉及水、电、气、自然灾害等与老百姓切身利益相关的事件，要尽量做到一小时之内发布；对于比较复杂的突发事件和持续发展的事件，要根据动态尽快更新。另外，《意见》还指出，对于第三种情况，可以采取速报现象、缓报原因，速报事态、慎报处置等方法，有序有度地发布信息。

截至 2012 年 11 月 22 日，南京市委宣传部新闻发布官方微博——@南京发布，拥有粉丝数量超过 210 万，发布了微博 12000 余条。从@南京发布以往的微博中看到，它的语言风格网民还是比较能够接受的，官话、雷语比较少。微博内容涉及城市重点工作与政策，对社会热点问题回应，最新便民服务措施及生活类常识等。南京对于政务微博高度重视，充分发挥了网络意见领袖的作用，使政府在很多问题上拿到了主动权。同时，借助微博这个平台，南京政府能够随时关注到本地区、本单位的网络意见领袖的动向，并采用线上或线下，点对点或点对面等方式，向他们征集专题意见。在具体民生问题的方案确定上，这些网络意见领袖也会被邀请来参与听证，以求最大限度满足网民的诉求。

（来源：京华时报）

二、对话

主　题　政务微博如何给力城市管理?

嘉　宾　祝华新　人民网舆情监测室秘书长

　　　　李　铁　国家发改委城市和小城镇改革发展中心主任

主持人　杨　禹　国家发改委城市和小城镇改革发展中心研究员、央
　　　　视特约评论员

时　间　2011 年 11 月 24 日

图1　城市会客厅第 07 期现场

（左起：杨禹、李铁、祝华新）

你开微博了吗?

祝华新： 有大量的领导干部甚至高层领导干部都在微博上潜水，关

注微博现象。

杨禹： 您觉得他们为什么不干脆实名呢？

祝华新： 我觉得一个是工作繁忙，可能不能保证和网友实行定期的互动，还有就是我们后面会谈到的，领导干部开微博还有种种顾虑，如何把领导干部的身份、网友的身份，或者是一个知识分子的身份、工作人员的身份和私人身份都摆到恰当的位置上，这个大家还在摸索。

杨禹： 确实，我经常看到微博上大家讨论，当一个领导干部实名在网上开微博和网友交流的时候，大家分不清他的言论是代表个人还是代表这个职务，还是完全代表这个机构，还是与这些没关系，就是一个普通的知识分子。现在我们大家对这些还相对模糊。我们知道，微博刚刚开的时候，很多人觉得它是私人之间自由交流的平台，但很快被认为是新媒体的一部分，媒体功能得到了大家的认知。最近看到政务微博这个概念，大家说得越来越多，我们也看到很多的地方政府也开始有自己的官方微博了。最新的是北京市推出自己的政务微博群。

政务微博有发展空间么？

李铁： 我觉得增长空间特别大，但是我觉得叫政务微博比较严肃，我们的政府形象通过政务向广大群众发布，恐怕只代表政府的一个方面。其实微博一是交流，二是新媒体的放大，但我们现在所有人关注的就是新媒体的放大，因为它使我们看到很多我们平常看不到的信息，看到很多我们平常见不到的观点。我也是微博控，我注意到其实微博还有一个最重要的特点就是时效性，而时效性在社会应用上会发挥革命性的作用。比如我们10月底在佛山开了一个智慧城市的研讨会，各地提出智慧城市，我们更关注的是政府的智慧怎么和大众智慧对接，实际上就是在政府的决策过程中公共的参与。我们讲政务是单方面的，是由领导决策的政务，部门决策的政务，还是由广大社会群众共同参与的政务？这是微博很重要的方面。微博最重要的是有利于政府决策的社会运用。它体现在几个方面。

第一，应急救助特别好用。我记得北京三环路有个地方着火了，一分钟之内无数微博在网上发出，转帖几万个，如果转化为政府救助的话，瞬间就可以根据在哪着火、多大的火势决策派多少消防车。又如，有的小孩在微博上发布我要自杀了，马上全社会就开展救助。此外还有白血病的救助，遗失儿童、拐卖儿童的救助，破案等等。这些都是便民的方面，是很重要的一个内容，但我们现在还没有把它有效利用起来。平安北京、民政卫生系统都才开始做这方面的工作。

第二，政府发布决策后的信息反馈。我们有很多城市决策，包括城市管理的决策，城市规划的决策，城市拆迁、城市任何一项公共设施投入的决策。如果这些决策能够及时发布，就能够把广大网友特别是居民的意见迅速反馈回来，就知道这些决策是否受到广大群众的拥护、欢迎。

第三，微博的信息传递过程在政府和社会大众之间有信息屏蔽的作用。其一，情绪的屏蔽，这和电话不一样，打电话有时候很激动会吵起来，微博不会；其二，官僚的屏蔽，好多部门不希望领导知道发生了什么事情影响政绩，微博来了，大家都可以看到，这样使决策可以很畅通。

国内地方政务微博发展进展

杨禹： 政府管理创新也在想各种各样的办法，也许微博是一个很符合广大公众接受政府管理的新工具。我想问问祝总，您经常关注国内外各种各样的舆情，您对微博的使用，特别是在李主任刚才谈的领域，您觉得国内哪些地方的探索是走在前面的？

祝华新： 前几天刚刚开通的北京政务微博发布厅，是21个北京市的部委办局第一次以整体的面貌出现在微博上，同时还有我们北京市政府新闻办王惠主任领衔的5位发言人也开通了个人微博，这是我们政务微博联合舰队的第一次登场。我们注意到其先声夺人，势头很不错。早就开通了的平安北京现有200多万粉丝，这个微博每天向市民通报如交通出行、防火防盗等很多知识，和网民开展了非常良好的互动。总体看，我觉得，现在不光是东部地区、发达地区，还有一些经济相对不太发达的地区也在搞，比如说，我们的西部边城银川，在崔波书记的大力推动下，银川200个市党政部门开通了微博，由银川市政府办公厅的官方微博@问政银川领衔，起到了200个微博的监督作用，每天在网上追踪了解银川党政微博关注网民的情况，如果回应不及时就当场在微博上进行批评。还有一些政务微博把网民反映的情况、处置的进展私信给@问政银川，@问政银川提出批评，说这是官僚主义，典型的对上负责，对下不负责，希望把处置结果公开发布出来。这代表了我们的政府公共治理的理念有了较大的提升。在以互联网为代表的新技术面前，我们打造透明政府、阳光政府、亲民政府，我觉得目前全国各地区都在作出全方位的努力，总体而言这是令人鼓舞的进程。

政府在推动微博参与社会管理的方面是否有一些顾虑？

杨禹：您刚才给我们介绍了北京、银川，一个东部，一个西部，一个特大城市，一个经济相对落后的地区，有了网络之后，在这样的平台上提供公共服务距离就很近了，能做更多同样的探索。这两个例子有一个共同特点，都是地方的党委政府统一行动，各个部门做一个总体要求，集体推进，大家在一块儿干。同时我们还看到，很多地方往往是政府里面某一位官员，或者政府某一个部门先知先觉，意识到这个方面有探索空间，由个人或者某单个部门先做，其他部门更多是观望，没有形成像北京、银川这样整体大规模推进的态势。李主任，您觉得这是不是说明很多政府在推动微博参与社会管理的方面确实有一些顾虑？

李铁：其实它是一个市场过程，无论大小政府，面临新事物，都会有一个市场的逐步演变。对微博的认识还不清楚，看到的只是过多的负面信息，如骂政府。以前我们的政府不太适应和媒体打交道、和老百姓打交道，不太适应完全开放性的管理，对各种不同意见的接受能力不是很强。比如南海的区委书记，微博名字叫樵山潮人，他现在基本是用微博指挥工作，所有的工作都在微博上。毕竟微博在中国刚刚一两年的时间，不仅是我们现在的政府官员，很多老百姓也并没有充分认识，所以这个过程需要逐步推进，也需要我们逐步通过各种媒体，把正面作用放大。以前看到更多负面作用的时候，我们大家都谨慎面对。如果我们认识到它有这么多的正面作用，比如有好的典型进行宣传，打拐，对困难儿童的救助，就能发挥更大的力量。

如何维持政务微博的正常秩序？

杨禹：我们现在看到一些率先探索取得很好效果的例子，这也许意味着新的政务微博开通，用各种符合自己实际情况的方式把触角伸向公众。在这个过程中，我们会想，一方面政府的决策者要有充分认识，另一方面，恐怕大家还在看走在前面的人的探索。看的时候，不仅看发挥的客观作用，更重要的是看当很多百姓在上面反映一些相对比较极端的情绪，或者真的微博上出现骂政府的人的时候，或者有人捣乱起哄，滋生子虚乌有的事情，这些东西涌进政务平台的时候，我们应该怎么处理，祝总您给提点建议。

祝华新：我个人建议，第一，政务微博认真回应网民的关切。微博的兴盛，网络的发达，在很大程度上与中国社会在转型期，各种利益群体，包括政府和民众之间很多矛盾的积累和叠加有关，而我们这种民众的利益表达、利益调处，在线下有时候缺乏顺畅的表达通道和调处机制。在这种情况下，政务微博是倾听民意、释放民怨的补充渠道，还是应该认真倾听。第二，我们的一个主张是，政府在微博上有限地回应网民的诉求，毕竟政务微博不是网上的信访局，我们在线下有很多调处机构，我们希望借助网络舆论的压力修复完善线下的制度，但是我们还是主张把网上的民意诉求能够引导到线下的制度化解决的通道上，而不是用政务微博来取代。其实民众更多的是需要政府在网上表现出一种诚恳、谦卑的态度，愿意倾听民意。还有一点，政务微博说明党政机构的业务职能的范围。我们注意到一个现象，在我们人民网开通的领导干部留言板，包括中央领导干部的留言板上，很多网民的利益诉求发错了地方，他们并不了解每个部委的职责。但有一点，即使不归本部门管，也要表现出认真倾听的态度。就像我们到香港机场会有一种强烈的感觉，任何一位工作人员，对他来说，他就代表香港机场，即使不是职权范围，他也会把你引导到一个恰当的地方，告诉你到哪里处理你的诉求。政务微博第一位就是态度诚恳。我们主张尽量把网上的诉求引导到网下，引导到制度化的表达和参与的渠道上去。

政务微博能跟公众之间形成很好的互动吗？

李铁：到目前为止还没有，我们已经在网上对一些规划单位提出批评。但这有一定的局限，毕竟现在城市社会管理还处于一个探索阶段，很多官员还不习惯面对微博社会。刚才祝总讲了，微博不是一个简单的制度反馈，更多的是在制度开放性的条件下，把更多信息公开化的过程。它不可能去解决问题，但是能告诉要解决的问题，是问题公开化的一个很重要的开端。规划是政府非常重要的决策，但为什么很多地方规划出了问题？第一，政府的决策者一拍脑袋就定下来了，没有经过广大群众讨论。第二，规划设计单位某种程度上迎合政府的决策。但是我特别要强调一条，就是微博所反映的社会大众只是其中的一个群体，而不是全部。现在无论新浪还是腾讯都是几亿粉丝，但是能上微博的，其首先需具备的基本条件就是电脑或手机必须要有这个功能；第二，网络的覆盖率很高；第三，要有很好的文字能力，140 字能把意见表达出来，可是这样的人有多少。我相信在 14 亿人口中只占 1/5。

微博的普及程度还受到很多硬件条件的制约。网络的覆盖程度，手机微博的支持系统，都需要特别大的改进，这也涉及一种规划。所以实施公众参与，一方面政府要面对社会、面对公众敢于把信息公开，敢于与公众进行信息交流，处理很多问题。另一方面，也需要通过各种技术手段，使网络和微博的受众面扩大，否则的话，规划决策可能更多反映市民的决策，而忽视了没有户籍的居民的决策。所以讲规划引导，核心问题就是，规划为谁做的，有多少民众受惠，受惠人是不是反映社会全部，影响了规划的决策。

政务微博能很均衡代表各个阶层人的利益吗？

祝华新：美国的微博 twitter 有一个调查，就是两万个精英网友只占到美国 twitter 注册总用户的 0.05%，但是 twitter 上面一半的帖不是草根网友的原创贴，而是对那 0.05% 精英网友贴文的转发、回应、评论。所以，某种程度上，今天我们强调政府要应对微博舆论，甚至可以简单地说，主要是应对微博上比较活跃的意见领袖的言论，他们掌握着议程的设置

图2　城市会客厅第07期现场
（左起：李铁、祝华新）

权，在今天也有相当的话语权。现在微博上活跃的人群，偏城镇、偏高学历、偏年轻人，我们希望、鼓励社会各阶层广泛地上网、上微博，表达利益诉求，表达自己的生活感受。我们有一个感觉，这是一位互联网学者的观点，中国社会太干燥了，需要互联网作为加湿器，我们也希望微博为干燥的社会加湿，能够促进不同利益群体，不同价值取向，特别是促进政府和民众在微博上展开顺畅沟通和良性互动，总体而言是鼓励更多社会地位、经济地位较高的人群参与，他们目前上网还不普遍。另外，网上总体而言，自由知识分子占上风，但是我们希望看到有偏右的意见领袖，也希望出现一些偏"左"的意见领袖，各种不同意见，互相展开讨论，形成对冲机制，互联网应成为一种不同利益阶层互相展开利益讨论的平台，这有利于社会减少对抗，减少政府和民众之间的隔阂、误解和误判，有利于我们社会的良性互动。

政务微博需不需要引入商业投资？

李铁：从政府层面讲，我们绝大部分政府的工作不是高高在上的，除了少数以外，都是关乎社会群众的，比如城管、工商、公安、医疗、卫生都是面对社会，通过微博反馈回来的事情。只要政府的行政目标准确，给社会大众服务，这点完全可以做到。微博会带来什么商机？如何从市场方面推动？我们第一次和新浪、腾讯打交道的时候，他们也抱怨，说微博完全是无偿的，没有任何收益，没有赢利点。但是当微博有了很大的受众以后，网络的广告点就出来了，但这不是最重要的。最重要的是，如果把它变成社会公共系统，政府购买网络服务的时候，还是有赢利点。如果给一个地方政府建立了一个微博的公共平台，如大微博墙，甚至可以建一个微博运转中心，即城市公共服务系统中心，替代传统的那种，底下上百个工作人员，还可以解决就业，可以给专门的微博群提供场所。如现在有很多特定号码，110、119 等，是不是也根据各个不同部门的特点，来建立不同的微博账号？建立这个技术服务系统，甚至包括建立微博的整个公共服务信息中心，需要很大投入，也需要软件支撑，这一定会带来商机，政府要购买这种公共服务。微博为社会带来商机。因为微博的信息公开化需要更好的服务网络，网络的覆盖度要更高。但是微博的网络服务，特别是无线网的覆盖，要求达到和电话甚至移动通信的网络覆盖程度，这对于几大电信公司也是一个商机。此外，技术支持，手机页面的更改，包括所有网络，各种不同的电子设备的更新，为各大厂商、手机运营商、电脑制造商也提供了商机。微博既然是一个公共信息系统，也代表了服务业发展的新趋势。有很多不同类型的服务会通过微博来迅速地进行转换。比如举一个例子，一个朋友家里热水器坏了，上百度查到一个破商家，结果他在微博上抱怨了，马上人家上门服务，就把原来假的替代了。这也要求各种网，淘宝网、团购网对微博的反映非常敏感，所以微博对服务业的促进也是革命性的。通过微博可以迅速反馈对企业各种服务信息的监测。我想，人民网舆情监测是对政府的监测，实际也给各种应对微博的服务系统带来了很大的商机，同时反过来推动了这个领域的市场化和整个公共服务信息的全面公开。

政府官员的微博要不要实名制？

祝华新： 这完全取决于个人的偏好，还有就是个人在网络上对话的能力。每个人都不一样，每个人的性格、语言沟通能力，乃至于每个人的心理承受力都有很大差异。总体而言，我们主张领导干部多利用微博，即使用马甲。微博是今天政府接触中国社会的神经末梢，如果我们不太了解微博，我们的信息就可能会变得闭塞，尤其对瞬息万变的社会信息会变得迟钝。多用微博好，至于什么方式完全取决于个人。

李铁： 我觉得这需要一个过程。第一，现在官员上微博，面对公众的能力和过去是不太一样的。第二，要加强这方面的教育和培训，要告诉干部应该怎么面对。最近看到很多官员被微博暴露问题之后导致被撤职，因此，可能地方官员也不是很敢用微博，应该理解我们的政府官员。第三，在选择干部的时候，或者招考公务员的时候，是不是把它作为一个标准，能不能面对公众，或在面对公众信息的时候，能否给出一个很好的、开放性的解答，这也能考查一个政府官员的应变能力。我们现在应该适应微博社会，因为它给社会带来了革命，要通过微博更好为社会大众服务。如果把这个作为首要目标，那大家上微博、实名上微博很正常，但要合理区分官员的政府身份和个人身份。如浙江省委组织部长蔡奇微博已有千万粉丝，他游刃有余。我相信微博并不是洪水猛兽，它是一个重要的交流工具和平台。

结语

杨禹： 通过讨论，我们初步形成两个共识，一个就是当微博被用于给政府提供公共服务、参与社会管理的时候，微博的应用有了的巨大的空间。另一个就是如何去积极占满这样一个新的空间。一方面是政府党政官员的重视，另一方面是适当的商业力量的帮助来推动。此外，更多的是公众和政府之间的彼此交流，公众的积极参与，大家一起把这件事往前推。

三、观点

观点1 >>> **政务微博："做"什么更重要**

　　作为网络问政的新形式，政务微博不能仅仅"做出姿态"，更要放下身段，贴近民生实际，关注民众吃喝住用行等基本需求，切实反映并维护公众利益，从而推动政府工作的科学发展。作为开放性的问政方式，政务微博不能仅仅在形式上"回应"民众诉求，更重要的是切实改进作风，积极解决群众困难，把作用真正发挥到最大。政务微博作为沟通政府和公众感情的纽带和载体，不是冷冰冰的"140字"的回应，更不是如曾发生的某地斥责网友"乱吠"的失态，根本在于真正树立宗旨意识，切实运用好公共权力，为广大公众谋取福利。

　　政务微博的背后，应该是一个个负责任的政府部门。政务微博不仅仅在于"说"什么，更重要的是"做"什么，对于民众诉求，不能置之不理，更不能敷衍塞责，而要充分利用好这个互动平台，切实把解决群众困难、维护群众利益落到实处，这才是开设政务微博的题中应有之义。

　　（凌国华，中国甘肃网记者。原文载于《光明日报》，2011年12月6日，第003版）

观点2 >>> **政务微博面临三大短板**

　　政务微薄虽然如雨后春笋般发展起来，并以其高效和平易近人受到政府和民众的喜爱。但在发展过程中仍然出现许多问题。

　　在首届"政务微博与社会管理创新高峰论坛"上，学者指出："政务微博"在发挥其"畅达性、高效性、亲和性"等诸多优势时，也暴露了"形式化、空心化、名利化"三大短板，存在诸如言语不慎重、功能单一、漠视民意等问题。比如，现在有些领导和政府机关微博虽然开了账户却不见经常更新，或缺乏实质性内容，"三分钟热度"一过就"人去博空"。此外，有一些政府官员和政府机构，开通微博后至多转发政府公告和地方新闻，成了"空客微博"。还有官员的微博中连篇累牍均为"您反映的问题我们已经交给相关部门调查了解，感谢您对我们工作的理解和支持"这样的雷同内容。

今后如何更好地运用政务微博？

要更好地运作政务微博，必须重视政务微博的规范化建设，提高政务微博的内容质量，提升政务微博的互动功能，重视政务微博的服务性功能。同时，提升政务人员的媒介素养，加强突发公共事件中的信息传播及沟通交流，并与微博运营商充分合作，强化认证机制。此外，应避免将政务微博作为"在微博风潮中表达开明、不落伍的一个摆设"，并破除"粉丝崇拜"，力戒作秀心理。政务微博应该与其他网络手段、网下手段并举，促进工作作风转变，激活网下的相关部门和现有体制机制为民众解决实际问题。政务微博，其实是一个责任政府进行社会管理创新的具体体现，而"公开透明，雅量纳谏，沟通互动，重视民意，关注民生，服务民众"，才应该是政务微博的本色。

（李瑞、于露，人民日报社。原文载于《中国新闻出版报》，2011 年 12 月 15 日，第 004 版）

观点3 >> 政务微博要打好"服务、亲民和互动"三张牌

政务微博与普通百姓用来娱乐的微博不一样，政务微博虽然含有娱乐氛围，但是具体操作上可不能有半点马虎，以下就谈谈如何充分发挥政务微博的作用。

一要打好"服务牌"。充分发掘政务微博的服务功能，要在服务质量与服务效率上下功夫，要牢固树立"群众利益无小事"的观念，对群众在微博上反映的问题予以重视，并及时答复和反馈；对群众的合理意见、建议要认真采纳，决不能因事"微"就不闻不问，因事"在网上"就掉以轻心。

二要打好"亲民牌"。亲民体现在三个方面：在态度上要与网友平等交流、真诚沟通；在语言使用上要多学习、使用群众语言；在面对指责、误解时要本着有则改之、无则加勉的态度，对确属工作失误的勇敢面对，

并积极整改，属群众误解的要耐心细致地做好解释工作，避免酿成"网络群体事件"。

三要打好"互动牌"。互动是微博问政的一个优势所在，与网民互动既包括网上的实时互动，又包括线下的沟通交流。政府既要直面网民的建议、咨询、投诉、举报等，不推不拖、不掩不捂，及时回应，又要引导网民理性参与涉及群众利益的公共事务、重大突发性事件等。同时，在互动的过程中，要有问有答、有因有果，切忌答非所问，避免各说各话。

（董志锐，西北工业大学热工程信息处理国家专业实验室教授。原文载于《中国纪检监察报》，2011年9月5日，第002版）

观点4 >>> 政务微博的传播效果与技巧

以发布公共信息、收集民情民意为主旨的政务微博，其传播模式与传统的政府传播和媒体传播具有本质区别，对公共政策议程的设置具有革命性影响。然而，并非每个政务微博都能收到理想的效果，不少微博存在定位不明、使用不规范、危机处理能力较弱等问题。如何在尽量引发大众关注的同时，发挥其尽可能多的正面效果而非负面效应？这是值得传播主体审慎思考和探索的课题。

分析这些微博所发布的主题，大致可分为这么几类。

①发布公众关心的信息，传播并解答人们所关心的问题。

②收集民情民意，用以网上问政。

微博的初衷，旨在为政府营造与公众的良性关系，应该看到政府所做的努力以及政府管理方式的变革，微博只是这些看不见的努力和变革的载体。但是，目前的政府机构微博主要发挥的还是信息发布平台作用，更多的是内容的单向传播而非双向交流，在与网友互动及解决具体问题方面却少有突破，与网友期待存在相当距离。在微博世界里，大家都是双向交流，如果一直坚持单向传播，能持续多久是个问题，影响力发挥不出来，传播意义打折扣，还会有负面评价。

（梁晓莹，《新闻前哨》记者。原文载于《新闻前哨》，2011年第9期）

观点5 >>> **政务微博要运用运营策略**

政府和公共机构对微博的涉入已是全球性浪潮。这种情势之下，我们对国内政务微博的运营策略提出四点建议。

首先，制定全面、可操作、面向新媒体的政府信息公开条例。

其次，充分利用商业网站、政府或媒体网站的微博平台进行互动合作。

第三，结合部门特性，推动具体业务部门以及和民生密切相关的部门先行先试。

第四，积极利用微博平台收集信息反馈，在实际运作中促使其成为政府舆情监测的重要手段。

（一）内容发布

（1）内容要体现行业和部门特点，不宜大而全。

（2）权威信息原创发布，大众话题则转发评论。

（3）根据微博使用热度，把握发布节奏和更新频次。

（4）图文搭配，注重多媒体的呈现效果。

（二）网络互动

（1）使用亲民话语，注重真诚平等的沟通风格。

（2）监测和把握微博舆情，即时回应争议话题。

（三）日常维护

（1）优先鼓励基层、服务部门开设政务微博。

（2）合理配备人手，机构微博可安排轮流值班。

（四）平台运营

（1）针对突发公共事件和自然灾害，设立专门账户。

（2）加强心理培训和疏导，面对质疑保持淡定。

（瞿旭晟，上海理工大学出版印刷与艺术设计学院，博士。原文载于《新闻大学》，2011年02期）

四、延伸阅读

微博可成为城市公共服务平台

李 铁

本文系国家发改委城市和小城镇中心主任李铁 2009 年佛山智慧城市发展论坛演讲实录，李铁主任在演讲中指出，微博的利用对城市的公共管理有着重要的作用，将成为未来城市公共管理发展的新趋势。

非常高兴能够在佛山举办智慧城市的发展论坛。我想现在全国很多地方都在搞智慧城市，这次用社会管理创新的词，恐怕更符合当前发展的形势。我今天就社会管理创新发表个人的看法。

首先是智慧城市的理解，最近参加了各类的研讨会，跟地方政府打了不少的交道，现在富的城市和穷的城市都在搞智慧城市，我们现在归类为信息城市、数字城市、智能城市、未来城市、智慧城市。在分类的过程中，大家都注意到信息产业的发展对城市的发展、对城市的功能有什么样的扩展，我们强调的是城市的基础设施和硬件设施对城市的发展有什么样的作用，对城市的公共管理有什么样的作用。

提高政府管理的效率，将高科技新技术运用到城市管理中，强调城市的智能化，例如网络化、公交的智能化，甚至家庭的智能化、基础设施的智能化，这些都是城市发展过程中必须的。我们对于城市智能化和信息化的认识有多深？到了怎样的发展阶段？政府是否已经可以熟练地掌握和运用所谓新技术？我知道在很多国家机关和地方政府机关中，是否每个人都能够达到掌握数字信息的基本技能是一个很大的问题。

在这里我想强调的是，虽然新技术广泛地影响到中国各类城市的发展，但是由于发展阶段的不同，政府公务人员和管理人员对信息化城市、智能城市的理解还有很大的差距。因此我们就特别担心。中国的城市化，有生态城市、低碳城市、花园城市、绿色城市，现在出现了智能城市、智慧城市。感到欣喜的是，这些名词对城市的发展有促进，但是很多城市，特别是非发达地区的城市，是否会出现另类的政绩工程呢？

我们看这个表。我们专门到美国考察过城市的智能管理和信息化管理，其投入是非常大的，现在我们的城市是某些方面投入还是全面的开展智能城市，需要进一步理清。

所谓的智慧城市大概有以下几个重要的概念。

第一，公共服务理念。如何通过新技术、新手段、新方法改善城市的公共服务，而不是强调管理。

第二，政府智慧和社会智慧的对接。所谓的智慧城市不仅仅是硬件，更多的是软的，大众的公共参与。如何通过智慧的方法，通过新技术新手段达到对接的效果，使城市的公共服务更好地服务于广泛的大众？这是我今天发言的主题和主要思想。特别是要在智慧城市发展过程中防止出现一系列的形象工程。

我们在研究中发现，智慧城市的发展，如果强调跟大众对接的公共服务的体系，微博会给我们带来特别大的变化。借助微博和网络的微智慧如何进行城市的公共服务？最近各地方都在开不同类型的研讨会，都是视微博为洪水猛兽，它改变了整个社会的观念，形成了大众的媒体，每个人都是媒体、编辑和记者，每个人都有发微博的功能。但微博使我们看到世界两类的反差。

第一，我们看到很多不想看到的东西，原来没有看到的东西，可以迅速放大。

第二，过去在传统媒体上可能看到大好的世界，一片光明，现在看到怎么这么多黑暗的东西，这个时候，所有政府的管理人员，政府的工作者，对微博有一系列心理上的抵制。

我们采取一系列的管理措施，例如利用实名制来控制媒体不良倾向的蔓延。微博背后要有很多硬件的支持，从交往的功能发展到媒体的功能，最后是社会运用的功能，蕴藏了巨大的潜力。

微博可以成为城市新的公共服务的平台，微博最大的特点是瞬时反映各种应急信息，例如政府在微博上突然看到着火的图片，很快就知道图片在什么地方发生，什么时间发生，就可以果断采取措施。微博反馈的时间、速度和开放程度，都有利于政府的公共服务。

现在微博的应用大概还是单向的，是政府发布信息的平台，对外宣传和城市营销的重要阵地，也是在起步的过程中重大的民生信息和管理平台。

应急救援、重大灾害的救助，可以在微博上更好地发挥作用。我们想将微博和公共变化的服务平台相互对比，例如110、120的救助对比。实际上，建立微博的平台相当于建立了电话的公共服务平台，当然它们两个功能是不一样的。微博的优势在于信息反馈及时、全面，而且可以附加图片信息。我们可以看到，任何地方发生的事情，都可以通过图片迅速地反馈回来，有关方面可以果断地处理。例如北京哪个地方跑水了，哪个地方地下井盖漏出来了，决策者知道了，就可以决策。电话是由人来接的，如果情绪不好可以不接。但是微博是不行的，你不想知道也会反映出来。北京交通台有一个大屏幕，将北京大部分主要的干道都反馈出来。微博也是这样的。但电话有语音的问题，口音的问题，可能造成激烈的对抗。微博是不同的。看到文字后就直接知道发生了什么事情，不通过对抗性的交流就可以及时解决问题，或者是采取一定措施。

城市要进行规划。发布规划信息的时候，可以通过微博反馈大众的意见。我们知道从去年到今年，中央政府和地方政府做出了很多重大决策，都参考了微博。当然，有的时候微博反映得过于强烈和激烈。微博的反映是不是就代表了全体大众的反映？恐怕还有一定的问题，普及度不够。微博只反映了一部分人的意见，但是反馈速度之快，反馈意见之强烈，足以左右政府的决策。如果利用得好，采取比较积极的方法征询意见，会给政府的公共决策提供更好和大众的评价。社会决策、政府决策的公共参与可以在微博上更好地实现。

要避免将微博妖魔化，要发挥微博在公共服务上的便民性。我跟新浪的朋友建议，是否可以在地方政府建立很多微博处理墙，将不同的信息直接反馈到墙上，中心的管理员就可以将所有地方发生的情况及时通报给市政府和有关的领导，以便及时解决问题，改进设施状况，同时降低成本。智慧城市有很多的内容。中国很多的改革是倒逼的，当新技术手段应用后，想回避都不行。现在因为新技术的使用使得你不得不面对舆论。如何积极引导新技术，向更好的公共服务发展？恐怕在面对新技术的时候，政府要及时调整决策，敢于投入，使微博成为利民的公共工具，同时成为社会管理和沟通的桥梁。

中国特色和社会民主化道路不一定要按西方的方式，但是中国大众参与和公共参与的决策通过双向的沟通，是否有助于民主化的管理和公共化的服务更好地开展下去？恐怕这需要一定的尝试。我们希望在智慧城市的过程中，强调硬件设施的改善，新技术的应用，同时也要强调软的管理。如何将新技术应用于改善公共服务，使政府的决策能解决城市居民生活条件的改善？这就是我对智慧城市和智能城市创新在微博上的看法，谢谢大家。

（李铁，国家发改委城市和小城镇改革发展中心主任）

给地方政府应对网络舆论的 10 条建议

祝华新

①我们已进入传媒聚光灯和大众麦克风时代。今天不仅有党报党刊、国营的电台电视台，还有都市报和网络媒体以及境外媒体。特别是互联网已成为"思想文化信息的集散地和社会舆论的放大器"。在网络时代，每个人都可能成为信息渠道，都可能成为意见表达的主体。有个形象的比喻，就是每个人面前都有一个麦克风。地方政府在突发事件和敏感问题上缺席、失语、妄语、诳语，甚至想要遏制网上的"众声喧哗"，既不能缓和事态、化解矛盾，也不符合党的十七大提出的保障人民知情权、参与权、表达权、监督权的精神。湖南省委宣传部官员讲得到位：发生新闻是第一位的，发表新闻是第二位的；堵了一个记者的口，堵不了所有记者的口；堵了所有记者的口，堵不了互联网上网民的口。

②中国客观上已经产生一个"压力集团"，这就是 3.38 亿网民。其中，2.26 亿网民看网络新闻，新闻跟帖是最为草根化、大众化的网络舆论；1 亿网民访问 BBS，这是网络舆论形成和发酵的主要推手；1.82 亿网民开博客且 6425 万人半年内更新，所谓网上"意见领袖"的博客是"权重"最高的网络舆论；1.55 亿网民使用手机上网，2.4 亿网民使用即时

通信工具，他们中的"公民报道者"托起了两种新锐的网络舆论载体——微博客和 QQ 群，每天都有可能用手机和互联网实时播报公共事件。

③遭遇突发事件，政府要尽量在第一时间发布新闻，赢得话语权，先入为主，掌握主导权。"危机管理"实质上是"危机沟通管理"。例如危机管理专家诺曼·奥古斯丁主张："说真话，立刻说。"中国一些地方政府总结的经验是"速报事实、慎报原因"。《政府信息公开条例》则要求"公开是原则，不公开是例外"。

④社会问题非政治化。研究表明，近年来很多地方的突发公共事件包括群体性事件，当事人和围观民众的诉求都是地区性、行业性利益问题。高明的地方领导者总是善于把带有某种政治诉求的问题化解为地区性问题、行业性问题，把社会压力分解到社会治理的各个环节中去逐一处置；而如果反其道而行之，把这些具体的经济、民生方面的问题政治化，只会激化矛盾，让各种社会压力都集中到一个断裂点上。

⑤针对某些对地方政府和地方形象的负面新闻，一旦调查属实，建议政府迅速采取必要的"切割"手段，包括中央和地方切割、地方与基层切割、政府和无良官员切割。避免上级政府为下级政府、政府为个别无良官员的不作为和其他问题"背书"，不要被他们用种种冠冕堂皇的理由所忽悠。

⑥历史上，我党与当政的国民党反动派作斗争时，以周恩来同志为代表，就特别擅长抢民主、和平的旗帜，赢得了广大工农群众和民主党派的拥戴。今天，就是要高扬社会公正、司法公正、以人为本、和谐社会的旗帜，积极排查和解决社会各种不和谐、不稳定因素，维护人民群众的切身利益。不要因为种种顾忌，把这样的旗帜送给网上"意见领袖"，而让广大网民对政府失望。

⑦群体性事件处置往往包含三要素，即公布事实真相、惩处民众暴力和恢复社会秩序、惩戒不作为或有问题的官员。瓮安事件以来各地应对群体性事件的经验教训一再表明，这三件事孰先孰后很有讲究，效果也大不一样。中共中央办公厅、国务院办公厅《关于实行党政领导干部问责的暂行规定》要求：领导干部对群体性、突发性事件处置失当，导

致事态恶化、造成恶劣影响的，必须问责。如果地方政府不反思自己在新闻发布和说服公众方面的工作不足，却迁怒于无辜的当事人和网民，恐怕是有失公允的。

⑧政府在舆情应对中如何充分发挥"主场优势"？政府掌握的信息远比网民个人所了解的信息全面而专业，中国政府对新闻媒体具有重大影响力，而且最主要的一条，政府应该具有权威性。宣传部门要充分发挥媒体优势，不失语，不妄语；发挥信息优势，学会有节奏地抛出系统化的专业信息，利用政府与民间的信息不对称，有力地引导舆论。但也要警惕政府的"主场优势"变成"主场劣势"，这就是政府公信力的流失。一些地方在公共政策、社会治理、官员操守等方面存在阙失，让网民对公权力产生某种不信任感，对社会公正缺乏信心，修复政府的公信力是当务之急。

⑨地方政府宣传部门在网络社区和"公民报道者"、"网络意见领袖"中发展"盟友"。盟友不是部下，也不是潜在的敌人。要允许和鼓励他们对地方政府的施政阙失提出批评，开展舆论监督，同时通过积极沟通对话，帮助他们理解现代社会公共治理的全部复杂性，引导他们在最根本的问题上帮助地方政府，缓释民间某些不满情绪。

⑩政府的网络舆情研判和应对能力，也是执政能力和执政艺术的重要组成部分。民意早期受到冷落，才演变成中期的"民议"、后期的"民怨"。民意在每一道环节上的被冷落与搁置都会导致舆情能量的聚集。一方面，要改进政府的立场表达和主流媒体的新闻宣传，增强说服力；另一方面，要把握住社情民意的脉搏，认真倾听网民和公众的利益诉求乃至某些非理性情绪，促进官民沟通，促进社会不同群体利益的均衡表达和平等博弈，化解社会隔阂和对立情绪，打造国民政治共识，打牢全国人民团结奋斗的共同思想基础。

（祝华新，人民网舆情监测室秘书长。原文载于《中国青年报》，2009 年 7 月 24 日）

第七章
如何让公众参与到城市规划当中

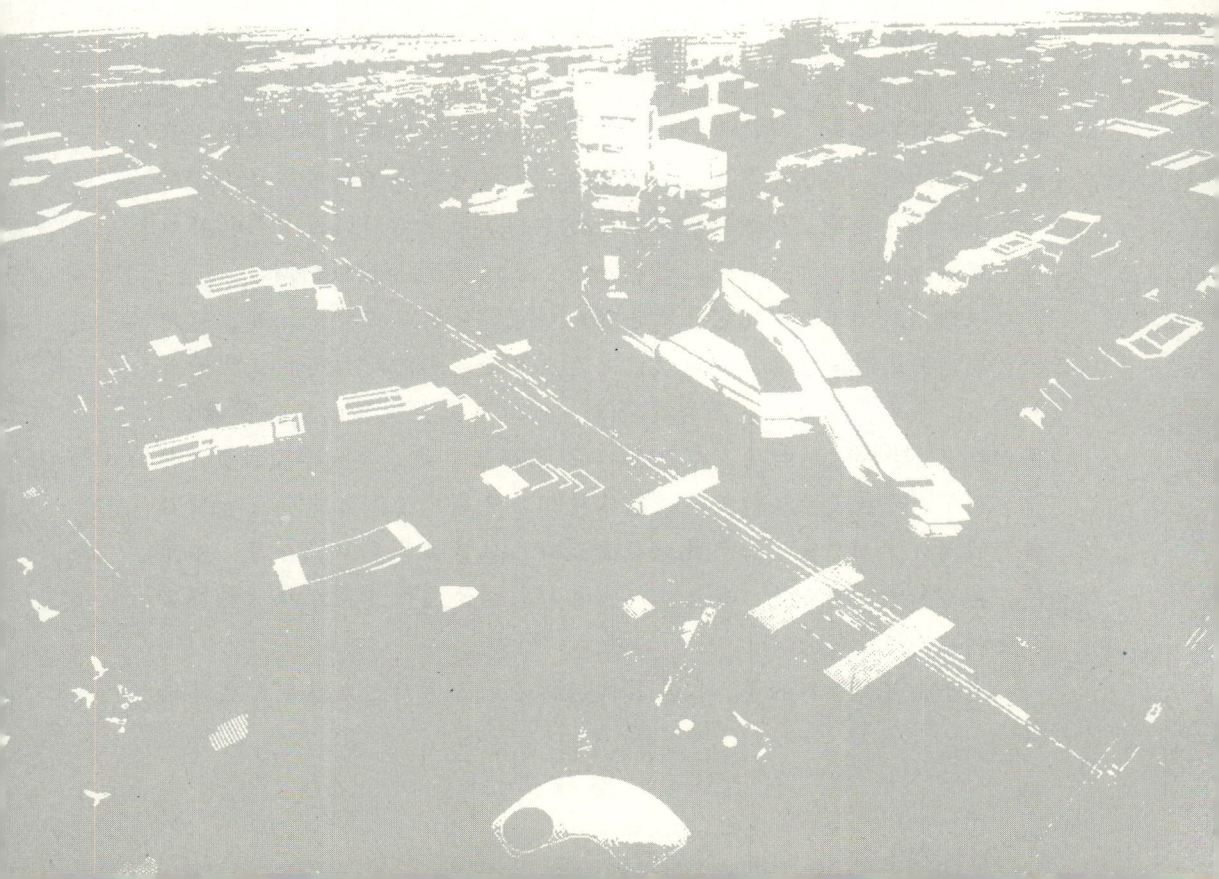

一、案例

案例① 杭州：西湖景区内建老年大学，群众检举败诉

　　杭州是浙江省省会，副省级城市。它是五代吴越西府和南宋行都，古往今来无数人以不同形式抒发着对这座城市由衷的赞美。马可·波罗就曾盛赞杭州为"世界上最美丽华贵之城"。

　　"欲把西湖比西子，淡妆浓抹总相宜。"不错，西湖景区风景秀丽，是世界级非物质文化遗产，是我国宝贵的财富。可这个宝贝看来并没有被很好地保护起来。有杭州市民在散步时发现景区保护范围内竟然正在建设老年大学。这种与景区无关的建筑，依照《西湖风景名胜区保护管理条例》属于违建。可这所老年大学却拿到了市规划部门授予的《建设用地规划许可证》和《建设工程规划许可证》。这让市民很纳闷。

　　根据《杭州市城市规划管理条例》规定，任何单位和个人都有权对城市规划的编制提出意见和建议，对违反城市规划的行为有权提出检举和控告。于是，作为此事件的发现者，杭州市民金奎喜本着保护景区、保护社会公共利益的目的，在 2003 年 2 月 25 日，把老年大学项目负责单位告到了西湖区人民法院，要求撤销杭州市规划局为浙江老年大学项目颁发的两证。金奎喜认为公共利益是无数个体的共同利益，与每一个市民，甚至是游客都有关，自然任何人都有权通过法律途径组织这种侵害公共利益的违法行为。

　　出乎金奎喜意料的是，仅在其提起诉讼的 3 天后，法院便以在建浙

江老年大学项目与原告没有利害关系为由，拒绝受理本案。说白了，就是法院觉得原告多管闲事。这样的结果怎能服人？金奎喜又向杭州市中级人民法院提出上诉。但等了一个多月，等来的却是维持原判的裁定。

有网友怀疑，法院的人收受了老年大学建设方的好处。但事实上，这样的判决是有据可循、有法可依的。《行政诉讼法》规定，原告必须是具体行政行为的相对人或相关人。公共利益这么一个抽象的概念，很难与具体的个人建立起对应关系。无疑，金奎喜的起诉依据——《杭州市城市规划管理条例》中的相关规定，目前还缺少上位法律的操作平台。

（来源：《城市规划》，2005 年第 07 期）

案例② 重庆长寿湖镇：中学变成政务楼，村民期待落成空

长寿湖镇地处重庆长寿区东北角，其面积 104.53 平方公里，现辖 13 个行政村，14605 户，共 51824 人，农业人口比例达 80% 以上。长寿湖镇因美丽的长寿湖而得名。按照长寿区委区政府于 2003 年提出的旅游开发策略，长寿湖将被建设成为重庆市休闲旅游胜地。借此机会，长寿湖镇做了总体规划。

按道理说，城市的经济发展和规划应由当地人大批准。但在我国，一般都是人大同意后还要经上级人民政府批准才可以实施。因此，最后的决定权还是在政府。这就导致了湖边村这种情况。村子的规划在人大获批后送到政府时，又作了微调。

在送人大审批的那版规划上，长寿湖镇湖边村的土地是以建设长寿湖中学的名义被政府征用过来的。但在政府调整后的那版规划上，湖边村的地块划拨给政府了。村民们盼着中学早日落成，好方便孩子念书，看着楼房一栋栋地建起来，心里很是高兴。然而几年以后建筑群挂牌的时候，村民都傻了眼。这片建筑群入驻的是政府各个办公机构和与之相邻的一排商品房。而先前说好修在这里的长寿湖中学则与小学一起建在了该镇西南角的"泄洪区"。

事后，不少村民都很郁闷，表示对此毫不知情。其实调整后的规划在镇政府网上是公示过的，只是村民们不是没有看懂，就是没有看到。

公示的主要内容是重庆市长寿区长寿湖片区三镇的总体规划图，根本看不出湖边村土地的调整情况。长寿湖镇这样形式化的公示方法在我国是较为普遍的，就上传几张专业图纸，对于技术指标也不做说明，附上的文字大多也都是官话，对于百姓来说，意义不大。

2008 年 1 月 1 日开始实施的《城乡规划法》中，将公众的知情权作为一项公民基本权利提了出来。但是受到公众教育水平的制约，就算把全套的规划图纸拿给百姓看，也没有几个人能了解其实际的内容。

为避免如同湖边村这样学校变官府的情况再次发生，让市民真正地参与到公共政策的决定中来，今后政府做公示时，应在图纸上标出每块土地具体是做什么的，楼层要建多高，还要给出一些具体技术指标，以方便公众咨询。

（来源：《中国青年报》）

案例③ 香港：市民认为公共利益受损，填海工程也得叫停

有着"东方之珠"美誉的香港，地处珠江以东，与广东省深圳市相接，是中西方文化的交融地。1842 年至 1997 年，香港是英国的殖民地。长期的殖民经历让香港这个城市深深地受到英国政治制度的影响，这促使当地的市民社会较为成熟。公众追求民主自由的意识很强，城市主人公的身份感也很强。代表着不同阶层利益的各种社会团体会向政府表明立场，提出需求。他们的呼声是对公共利益的维护，也是"社会—政府"制约机制的根本。

2003 年，香港启动了填海工程。其目的是建设中环及湾仔绕道，解决交通拥挤问题，同时美化海港，建海滨长廊。工程实践过程中，保护海港协会发现，港府为借工程之名多圈地卖钱，在湾仔会展中心毗邻地段增建综合发展区和海心公园等。协会认为，这不但令填海面积滥增 26 公顷，最终更可能令维港沦为"维多利亚河"。在提出反对未果的情况下，协会 2003 年 7 月 8 日提出了诉讼，反对政府填海计划的司法复核，并最终获高等法院裁定胜诉。法官裁决：填海计划发还城规会，要求其重新考虑，并判其支付诉讼费。政府的填海计划是违反保护海港条例的，

同时城市规划委员会批准海心公园等没必要的项目加入计划是于理不合的。

诉讼结案后，政府表态，政府和市民一样爱护维港，会坚决执行法庭的判决，并会重新检讨工程，力求将填海规模减至最小。

香港的民间团体以公众利益为出发点，通过透明、通畅的上诉渠道，在与政府的官司中第一次获得了胜利，也迫使政府在其他的大型填海工程中比对《保护海港条例》的立法精神，重新进行自我检讨。

（来源：《城市规划》，2005 年第 07 期）

案例④ 厦门 PX 事件：公众参与改变政府决策

厦门位于我国东南部，属闽南地区，北部与泉州市、南部与漳州市接壤。它是我国 15 个副省级城市之一，是最早实行对外开放政策的四个经济特区之一，享有省级经济管理权限并拥有地方立法权。说到厦门，自然会联想到风光旖旎的厦门大学。厦门在经济、教育和环境的优越性，由厦大可窥一斑。这样的城市和 PX 怎么会扯上联系呢？

PX 是对二甲苯，属危险化学品和高致癌物，对胎儿有极高的致畸率，一旦发生工业泄漏，后果不堪设想。化工厂产生的污染物也必然会对市民的生活产生影响。这个化工项目选址在厦门，会对厦门的综合竞争力产生怎样的影响呢？其利弊该如何评判？公众心中自有一杆秤。

厦门 PX 项目是 2004 年 2 月国务院批准立项、2005 年 7 月原国家环保总局审查通过环评的"十一五"大型项目。但由于前期公众参与做得不充分，如此高级别的工程项目，直至即将动工，当地也没有几个人知道。不要说厦门市内的民众了，就连厦门大学的专家也不知情。根据 2003 年的《环境评价法》，环评报告应该有公众参与的环节，如果某项目的公众参与程度太低，或者投票赞成的数字不够，那环保局就不应该通过该项目的环境评价。而且，所有项目的环境报告都应该对民众公布。

2008 年 3 月，厦门大学化学系教授、政协委员赵玉芬等 105 位全国政协委员联名向市政府提出"迁建提案"，指出 PX 项目存在泄漏或爆炸隐患，这个距居民区仅 1.5 公里的定时炸弹，使厦门百万人口面临危险。

提案建议暂缓 PX 项目建设，重新选址勘查论证。可这个提案被束之高阁，不予理会，项目仍继续进行，只是把一堆专用名词和数字抛给老百姓，完全无法服众。于是就催生出百万市民互传短信，号召"集体散步"的事件。政府表示压力很大，执政能力受到空前考验。

在民意的推动下，厦门市政府及时作出回应：暂时搁置了项目，重新启动了公众参与程序，重做规划环评，还组织了两天的开放式座谈会，公开征求市民代表的意见。数据显示，超过 90% 的市民代表反对 PX 项目，政府最终决定将项目迁建至漳州古雷半岛。

事情虽然圆满解决了，但是通过政治压力和社会影响来间接介入社会决策是存在危险的，处理上稍有不慎，便很可能引发暴力事件。不如在规划之初就把公共参与做到位，把代价降到最小。

（来源：来自网络）

案例⑤ 温哥华：完备的公众参与程序，市民想不表态都不行

加拿大城市规划过程中的公众参与度非常高，其参与方式具有划时代的意义。其中温哥华的城市规划过程最为有名。温哥华市是加拿大低陆平原地区的一个沿岸城市。它是北美西岸水陆路交通的主要枢纽之一，是加拿大最大和最繁忙的港口。温哥华市内有 578041 名居民，面对如此庞大的人口基数，温哥华是如何把公众参与做到位的呢？

政府的态度是鼓励少数民族和青年人参与到规划当中，并组织志愿人员参与规划过程。让我们来看一下它具体是如何操作的。

①您来想，我表达。首先，政府把市民分成若干活动小组，每一个活动小组针对城市某一方面提出未来的设想。规划人员用图形或模型将这些收集来的设想表达出来。

②我办展会，您来选。收集好设想，就要开始讨论了。政府把前一阶段的设想图形或模型通过展示会和专题讨论会的方式展现给群众，并依据参会公众的意见，分类确定出规划的主题和可能的选择。

③每个人都要表态。第三阶段是做出选择的阶段。市政府根据专题讨论会中确定的主题，编成"做出选择"实用小册子。小册子中的每个

主题下，都给出了4～5个选择，每个选择后都注明其发展后果。通过收回的小册子得到市民反馈资料后，再将市民们的选择分析整理成四种不同方向，再次通过展示，邀请所有市民对这四种不同方向作出选择。

④送交议会。规划小组根据市民作出的选择，拟定建议草案，公布给市民。市民可以对其再次提出意见，这轮意见修订后，才形成最终的建议草案，交由市议会审批表决。

（来源：来自网络）

二、对话

主　题	更好的公众参与，更好的城市规划
嘉　宾	石　楠　资深规划师、中国城市规划学会副理事长兼秘书长
	李　铁　国家发改委城市和小城镇改革发展中心主任
主持人	冯　奎　国家发改委城市和小城镇改革发展中心研究员、城市中国网总编
时　间	2011年11月30日

　　冯奎：城市的管理者，城市的决策者，城市的规划师，大家都非常认同要有更好的公众参与和更好的城市规划，但是在实践中受各种因素的影响，城市规划和公众参与二者之间的关系经常割裂，有时候甚至成为舆论炒作事件。比如说今年早些时候，在我们中部的大城市武汉，舆论就炒作了这样一个事件。当地的市委主要负责同志说："我就要做满城挖，不这样做，我对不起全市广大的市民，对不起这个城市的发展。"在这样的情况下，城市规划给城市的公众参与留下的空间就极其有限，因此成为舆论热炒的事件。我们城市中国网在有些地方调研也发现这些问题，比方说有一些省和市提出三年大变样，一年大变样，城市的旧貌换

图1　城市会客厅第 08 期现场

（左起：冯奎、石楠、李铁）

新颜等等，也给公众参与留下了很多障碍，公众参与非常不充分，城市的规划因此也成为很多批评的对象。今天我们想讨论一下，为什么在中国的许多城市出现了公众参与说起来很重要，但是做起来不重要？这个问题和中国特殊的城市化背景，和中国目前所处的城市化之间，有没有一个必然的联系？或者说我们城市的市长，他们提出要加快发展速度，要尽快赶超发展，这样是不是有一定合理性？

　　石楠：在当今中国的不少城市都有这种情况出现。有很多决策者讲出来的话跟普通老百姓所期望的之间有一些差距。我也赞同你的说法，跟现在的发展阶段有关系。但实际上公众参与问题，从研究的角度来说，我们有几个基本的观点。第一就是公众参与肯定是必须的。第二我们不可能指望一个人或者某一个方面单兵作战能够超越整个社会的发展进程，必须是一个渐进式的整体的改善。另外一方面的原因，规划工作，特别是城市规划工作，跟老百姓的生活息息相关，每天大家的衣食住行都牵扯到很多规划问题，老百姓特别明确地感觉到自己没有在规划当中，没有更多说话的机会，观点没有得到更多的重视。

从历史上来看，中国的规划工作确实是有这方面的问题。过去，像我们刚刚大学毕业的时候，城市规划是保密的事情。我记得到单位刚刚开始工作的时候，单位发给我一个保密本，一个保密手册，然后我们去做宣传调研，到派出所了解户籍情况，到各个居委办去了解经济状况、社会发展状况，到企业去了解具体的生产状况，所有的数据都是保密的。在那个年代，规划完全是一个高度保密的政府内部的循环。现在要求不一样，要公开，要公众进来参与，这需要一个过程。所以一方面，在我们快速发展的时期，很多事情需要快速决策；另一方面，从传统上来说，我们的规划是一个高度政治化，或者高度机密化、内部性的政府决策的事情。此外，就是我们很多的技术人员还不太习惯于这种转变，我们还习惯于在技术圈以内来讨论这些事情，还没有习惯让公众更多地参与进来研讨。当然还有公众本身参与能力方面的问题，机制方面的问题等等很多方面的问题。总的一条我赞成你的说法，现在阶段我们要往前走，但是有很多的障碍，只有一步一步地改善。

1. 中国城市规划公众参与过程中的现状与特点

冯奎：在过去的30多年当中，中国的城市化速度非常之快，我们用几十年的时间甚至走过了西方上百年所走的道路，城市发展也日新月异。在这样的情况下，我们在这个过程当中，从公众参与的角度来说，是不是我们也留下了问题？或者说从城市规划的科学性与城市规划之间，以及它与公众参与之间的关系上来看，今天是不是也有值得反思的问题？

李铁：这个事情要分为两方面来看。毕竟30年的城市化进程，是所有人都没有意料到的。同时我们也看到了高速发展、高效决策给中国的城市化带来很大的推动作用。比如说在30年前的时候，很多招商引资需要快速决策，政府要高速度调度资源，来使城市经济、农村经济高速发展。在这个时候，要再考虑很多问题恐怕是来不及了。如果没有特殊历史时期，特殊决策方式，特殊的调动资源的能力，我们要想有今天的发展成果，恐怕也很难。另外一方面，随着经济的发展，人对生活的要求提高了，同时人们的观念也有很大的变化，特别是很多国家在城市发展中先进的经验和理念，给我们很大的启发。我们同时看到了高效发展虽然带来经济快速增长、城市高速扩张，但也带来了很多问题。这些问题就是我们现在面临的。是决策问题还是规划的问题，还是公众参与的问题？让公众参与不是一个简单的概念，就是说谁来参与，是所有老百姓参与，还是精英参与，还是在限定的一个狭隘圈子里参与。这个和原有的决策方式——一拍脑袋决策方式恐怕是对立起来的。在这个对立过程中，我们也确实遇到很多很多值得思考的事情。

图2　城市会客厅第08期现场（李铁）

比如说在高速发展中的决策，它的目标是对谁的？如果目标是对着广大公众，决策的偏差可能会少一些；如果目标是取决于个人的政绩和利益，或者取决于狭隘的知识，可能决策失误的比例会大一点。这个参与也存在很多方面，比如参与是专家式的参与还是全体公众式的参与，这个恐怕要进一步讨论。在我们现在的发展阶段中，完全走大众投票选举的参与恐怕也不现实。我去美国迈阿密的一个20万人的小城市，那里要建机场。这个事争论十几年了，我去的时候正好赶上他们讨论这个机场，议会讨论。6点钟跟市长见面，议会讨论是7点开始，所以我亲眼看到了大家的讨论。讨论的结果是什么呢？还是争执不下。这个决策非常难，因为要考虑到所有公众利益，这个利益会导致政府决策很慢很慢。曾经在亚洲银行举办的一个活动中，我们去培训了一批印度地方政府官员，当我们介绍中国发展的情况和特殊的条件的时候，他们也提出，中国在这个条件下可以快速去干事情，而这在印度是做不到的。这是我想说的一个方面。

另一方面，如果这种决策没有制约，政府一拍脑袋就做，然后一批规划师去附和，这个决策往往也会出问题，会导致大量的资源浪费，稀缺性资源的浪费，也会导致我们现在城市发展中居民生活问题得不到解决，最后的结果是什么呢？会引发一系列的社会矛盾。经济增长了，现在积累的很多社会矛盾日益显现。这就提出了问题，现在的政府要不要制约，要不要公众参与来限制监督政府的这种行为呢？要不要加强社会精英的力量对政府进行约束？要不要使规划师这个群体脱离开这个利益结构，来对政府的决策、规划提出合理性的建议？这些都是我们必须要考虑的。我们可能不会一下子做到所有的公众参与投票的程度，但是至少经济阶层和规划师作为一个独立群体的参与和限制因素，应该迫使政府一拍脑袋的决策得到进一步的遏制，这是目前公众参与最好的结果，也是下一步为了缓解社会矛盾，使民生得到改善，使城市发展按照良性的轨道运行，符合经济发展规律和社会发展规律的一条必然之路。

2. 哪些因素决定了"更好"的公众参与

石楠：更好的规划，我觉得首先牵扯到谁来说这是一个更好的规划。现在一个很大的问题，就是做出这种评判的人并不是这个规划本身的主人。我最近在好几个场合讲这个观点：规划是谁的？现在比较流行的是两种情况：一种情况是，规划是领导的。书记要做一个规划，这届政府希望做一个规划，不管是五年的，十年的，二十年的或者说是战略研究，是要展现某种宏图大略，某种远大的理想。这很重要，这是要给我们老百姓一个美好的未来，给大家一个愿景，让大家能够有一个前进的方向。另外一种情况是，规划是规划师的。规划师觉得自己辛辛苦苦地做了很多的调查研究，做了很多的分析，这是他的规划。但是我觉得这两个都是错位的。规划是谁的？规划是市民的规划，是生长在这儿、生活在这儿的人的规划——这些老百姓，不管有没有户口，是没有户口的流动人口也好，是原住民也好——规划应该是他们的规划，这才是最本质的问题。所以评价规划的好或者是不好，除了有各种的政治、经济、技术的因素以外，第一个强调的是谁来评价这个规划。目前的情况下，我觉得牵扯到几个方面问题。一个就是我们这套评价体系必须要改变，现在基本上整个规划的评价体系，从程序的设计，从整个审批的过程来讲，基本上没有能够充分发挥公众参与的功能，还是处于一个相对封闭的政治或者说技术的圈以内。虽然我们现在制度上已经有很多的设定和要求，但是从目前的操作层面来讲，如何从机制上能够让更多的公众参与进来，这可能是我们要做的一个制度设定的最核心的方面。至于说如何来评价这个规划，这可以请很多专家来讲，是不是经济上可行，是不是符合城市发展的规律，是不是能够结合本地的特点。当然有一条最基本的标准，就是老百姓接受不接受。如果老百姓不接受，不觉得这是自己的规划，那么这个规划肯定不是一个好的规划。

李铁：理解规划要结合我国的现有国情。规划就是对公众资源的分配，按照计划方式、特定的方式来再分配。规划里包含两方面的内容，一方面是规划要有一定的技术内容，比如说资源怎样分配更合理，在技术上或者环境上，这些恐怕老百姓参与不了。另一方面，规划也涉及民生，很多规划一定涉及群体的利益，比如说企业搬迁、居民的拆迁等等。而现在往往发生社会矛盾的就是这个方面。比如说一条路该不该修，一个公共设施修完之后，对老百姓是否提供了更方便的生活居住条件。比如说基础设施，水的问题、电的问题该怎么解决。从这方面来理解的话，既然是与老百姓社会生活密切相关的事情，就涉及社会反映到底如何。

我想，多年来，确实存在很多好的规划，怎么让它更好，一定是因人因地而宜，因时代而宜，因人的理解而宜。我举一个例子：阜阳当年要搞一个机场，在全市的大会上，当领导雄心勃勃讲阜阳要打破几十年没机场历史的时候，全场的观众、参与者给予热烈的掌声。按照这个公众参与程度，是不是仅仅是专家的决策，或者领导一拍即合的决策呢？

我想当时很多人的掌声也是发自内心的，可是那个时候对资源的理解是不一样的。当机场违背了科学规律，违背了经济发展的规律，变成一片废墟的时候，大家知道这个投资是错的，但已经晚了。可是当时我们也投了赞成票，这就是我们对规划认识的过程。按当时的条件，这是非常好的决策，钱又不用自己拿，中央投了很多钱来建这个机场，中央批这么大一个项目，对阜阳的经济发展起到很大的促进作用。但实际上它不符合经济规律，因为经济条件不能形成一个机场足够的流量，不能维持机场的生存。

所以评价一个规划是很复杂的，不能简单用一个好或者不好来衡量，但是有几个前提一定要清楚。作为政府决策对公共资源分配，如果能保持政府常规的有效运营，比如说符合城市经营的概念，那么从城市经营来讲是一个好的规划。反过来，在这个规划运行的几年当中，没有造成资源的浪费，而且没有形成社会矛盾，我可以假定它是好的规划。但是往往事与愿违。很多规划当时理想中认为是好的，但是落实不下去，造成一大堆债务、一大堆矛盾的时候，引发的问题就不是好坏能评价的了。所以，在这个特殊的阶段发展过程中，适度的开放公众参与度，要分不同的内容来解决。

比如说涉及民生的问题一定要解决，涉及水、电、路、交通、贸易、服务网点的设计，包括实体拆迁。但是涉及细节，比如说北京西客站，这个大楼怎么才能让所有的旅客出行更方便、更简洁而不是搞形象工程，这就是有一定的选择性的约束，是公众投票可以解决，还是技术专家层面上给评价？这里头有几个层次。第一，从长远的角度上讲，从前后任政府的角度讲，是不是造成资源的浪费，严重的浪费？第二，从专家和规划师的角度来看，这个规划资源配置空间上是不是导致未来城市发展出现更多的问题？比如说北京堵车，肯定和原来的规划有关。第三个衡量是社会大众，会不会因为规划造成一系列社会矛盾，影响生计甚至生存，使矛盾激化？这三条标准不是由某一个人来评判，是需要一段时间来验证和决策的，我们都不能先知先觉。但是有一条，如果在规划制定修订过程中，我们不同的利益主体，不同的精英群体和不同的社会大众都参与到这个过程中，我想将会使错误减少。这是我们需要的一个结果。

3. 从四川灾后重建的规划当中的公众参与说开去

李铁：关于灾后重建，我们只是制定大的政策，具体的规划都是援建单位和援建地方政府请规划院做的。在灾后重建总结经验的过程中，世界银行和财政部开了一次研讨会。在那个研讨会上，我介绍了水磨镇的经验。我们在灾后重建过程中，在谈到主体功能区的要求时，对灾区，尤其是灾害严重受损地区提出了产业外溢的观点。当然这个产业外溢的观点受到当地政府一定程度的反对，因为当地政府，当地老百姓长期依赖于原有产业，比如说小产业、小水泥，比如说五小，这些工厂都在山里，这次被地震彻底地损害了。比如说水磨镇，大家提出要求是重新恢复这些小水泥、小水电设施，就是重新恢复这些工厂。我们想按照功能区要求，在产业布局上原有的工厂都不是合理性的安排，但是因为它直接关系到村民的利益，关系到村干部的利益，关系到企业家的利益，这就是我们必须要面对的问题。当时佛山在汶川进行援建，他们就用一个很好的办法解决。他们提出，这个地区重点放在旅游产业，把所有的工厂关闭，重点发展农家乐等等，但是老百姓不同意。怎么办呢？政府就把乡村两级的干部带到云南丽江和浙江的乌镇去参观了，告诉他们这个镇的情况是什么样子的，人家为什么会带来更多的旅游，旅游带来什么样的收入，然后镇的形态是什么样子。大家参观完了以后觉得很好，认为那种发展方式是比原来的发展方式好很多。这些乡村干部回来后做农民的工作，一致同意说照佛山援建的方式来重建水磨镇。后来我们也组织很多人参观水磨镇，我们也看出这是一个旅游产业非常兴旺的小镇，无论从景观上，从镇的形态上，从民族风情上，以及从旅游事业的开展上，都是成功的典范。

所以我想这里就体现了中国特色的公众参与形式。考虑到利益结构，考虑到利益的相关人员，不是强制通过行政命令贯彻政府的想法，而是因势利导，通过外部因素来考察，来让大家能看到外面的世界很精彩，回过头来促进规划内容的调整，按照正确的发展思路来解决当地发展实践中的具体问题。水磨镇的重建是一个成功的案例。

石楠： 实际上，刚才讲的这个水磨镇的情况，讲的还是相对比较宏观的定位，比如说这个城市怎么发展，产业怎么定位，城市未来应该是一个什么样的形象，给大家一个概念。前面讲到了另外一个话题，我觉得也很有意思，就是究竟哪些东西拿出来让公众参与。我们现在一种情况是，很多时候大家希望讨论的话题并不是真正适合公众参与的话题。比如说技术性非常强的话题拿到公众平台来讨论。有很多案例都出现这种情况，最后的结论往往是造成误导，引向反面。如果讲比较成功的公众参与能够辅助决策，让我们的决策减少失误，我觉得很重要一个前提是，一定要挑选那些所谓非政治决策层面、非技术决策层面问题，而且是与老百姓的关系非常密切的事务让大家来讨论。这样保证广泛的参与度，大家很感兴趣，愿意进来，而且有很多自己的切身体会，例如日常生活当中碰到的出行问题、空气污染问题、价格问题等具体的民生问题。而这个领域往往在以往的规划过程中，确实听老百姓的声音不多。

我可以讲一个具体的案例，这个也是前两年建设部得到规划设计一等奖的案例。当时是在新疆伊宁的南市区进行改造，这个地方是一个传统的民族聚居地区，相对来说是老城区，可能乡下的设备不好，能源供应、基础设施条件都不是很好，生活条件的改善是老百姓非常希望的，非常迫切的要求，政府也希望做一些事情。具体怎么做呢？当时他们就提出我们需要做一个旧城更新改造的规划，找到了中规院去帮他们做。这批搞规划的同志就觉得，我们应该琢磨琢磨，这么一个很有民族特色的地方，如果我们改完了，成了跟北京、上海、深圳一样的城市，这个规划肯定是不成功的，是失败的。但必须要改，如果不改、不动就达不到政府和老百姓的要求。他们一开始就设计了一个公众参与的方法，整个过程很坎坷，老百姓一开始并不是很信任，认为说了也白说。后来他们通过很多途径跟老百姓沟通以后，知道老百姓真正想要的东西，比如说最希望要小学，最希望把哪条路修好了。把这些问题再进行梳理，然后列出很明确的清单，再跟政府和政府部门进行沟通。从老百姓调查的角度来讲，这些东西，这几项是最需要的。在这个基础之上，再形成一个大家比较一致的认识。我们有一个目标，起码在近期应该有一个目标；同时按照城市整体规划，我们有更长远的目标。

　　所以，我认为公众参与，特别是比较成功的公众参与，首先话题很重要。再一个很重要的就是一定是通过这个平台，形成一个政府专家和老百姓的共识。我开玩笑说，我们传统说叫统一思想，提高认识，很多时候我们有些政策决策精英也好，技术决策精英也好，他们想得很远，想得很大，但是犯了一个很大的忌讳就是从上往下，都是站在上面俯视下面，看全局。而对于老百姓，对于每个市民来讲，芸芸众生，草根阶层，我每天早晨出门坐公共汽车去单位，我接触的就这些人，就这条线路，所以我关心的就是眼前的，周边很小的范围，很近的时间段的问题，这和宏观决策完全是两个角度。所以我认为要想真正成功地参与，一定要在这两者之间找到一个结合点，合适的话题，同时一定让大家能够在这个问题上达成共识。政府想做事情，老百姓需要这个事情，技术上又能够支撑，财力上有保障，我觉得好的案例都需要这种几方面的结合才能做到。

图3　城市会客厅第08期现场（石楠）

　　李铁：在这里头，我觉得规划可能涉及方方面面，但是有一个问题，我们现在的规划文本让别人想参与也参与不进来，因为技术性太强了。拿了一大堆图纸，这块的划分，有各种图表，各种颜色，然后大量的数字化的描述，这个图纸你看得懂，但是老百姓看不懂。其实一个好的规划并不难找，就是在我们身边所发生的所有的事情，都是通过规划考虑的，但是如何把一个规划文本，用一种更通俗更普及的方式来表达？比如说设计高难的环境的词，PM2.5 的测量的问题。但是只要涉及老百姓利益相关的，比如说我们家的房子在这儿，周围有多少商店，垃圾处理站在哪儿，下水道在什么地方，学校有多远，涉及规划中这些内容，甚至包括 PM2.5 会给我们带来多大损害，就是我们生活中多少年预期内可以改变，我们怎么解决问题？用很通俗的方式传递过去。可是现在我看到的规划图纸是老百姓永远看不懂的。

石楠：我特别认同这个。一个就是我刚才说的，我们是自上而下看的，一直在看鸟瞰图，看全局，所以在我脑子里面是有整个全市要有多少公共设施，需要多少小学、中学、大学基础设施。而老百姓看的往往就是这个小区，周边步行 300 米范围以内有没有小学，步行 100 米有没有商店。让公众参与，除了思维方式要更换以外，另外一个就是与公众沟通的技巧。很多专家不会说老百姓日常的话，说出来的话都是很专业的词汇，虽然很有哲理，但是听不懂。现在很多城市建了规划展览馆，规划展览馆里面最受欢迎的是老百姓到地图或者模型上找我们家在哪儿。他找我们家在哪儿的目的，是要看我们家旁边有没有医院，有没有菜市场，公交站方便不方便。所以他是从小见大，是关心身边的环境。而我们现在很多专业人员习惯于我们有国标，按照国标来讲，多少人口要配一个医院，多少人口要给一个小学，多大的范围以内，要组织一个什么样的空间结构，是从这两个角度来说。所以这种沟通的技巧可能确实是现在我们很多技术人员和很多决策者需要学习和加强的。我们有时候很习惯于学习这个文件，理解这个精神实质。我老开玩笑说为什么不能拿老百姓的话来说这些精神实质，让大家第一眼就理解，这就是我想要的东西。如果做到这一步，这种参与就会更流畅。

李铁：进一步说，比如说现在我们规划图的很多标准出来了，但是事实上很多不清楚。比如说自来水，建设部经常做的一个标准，可是自来水没有分地下水还是大气蒸馏水，地下水的卫生程度、清洁程度没有明确的标准。学校也一样，我们关注的是有没有学校，可是很多人关注的是哪一个学校，孩子高考会不会更方便，资源分布怎么样。北京堵车，堵车的原因是什么？发现放假不堵车了，就是因为不送孩子了。为什么送孩子上学？周边的小学教育水准和城区的小学教育水准有天壤之别，实际上是资源的分配不合理。我们怎么样通过规划的方式进行调整，怎么样让公众更多地了解？再比如说医院，我们希望旁边有一个社区医院，我想都有，但是三甲医院有多远？三甲医院都在城区，这些问题政府决策者要考虑。不能假定一个概念放在那里，要有实质内容，而且实质内容一定要让老百姓知道；要有一个互动过程，这个互动过程是真的。要从资源分配解决这个问题，达到真正公众参与的效果，否则都是一纸空谈。但是前提就是通俗化、大众化，让规划不是走在神台上，不再是接近70%的领导人看不懂。建设规划还好一点，都是图纸，我们原来很多单位做的发展规划，一厚本的文字，没有人有工夫看，看完也不大明白。我们怎么样把这种资源变成一种说文解字，图字化、图形化、通俗化、白话的表达方式？这恐怕对我们整个规划公众参与的过程来说是一场革命。至少我认为它应该普及规划知识，把它变成大众通俗能懂的文字。

石楠：刚才李主任说的，有一部分我赞同，有一部分我不赞同。说实话，规划没有那么伟大。三甲医院怎么配置，教育资源怎么配置，规划也起不到这个作用，即使是发展规划也起不到这个作用。从城市化角度来讲，可能只能提供一个场所，一个空间，至于说这个里面是钟南山来，还是谁来，这个不是城市规划能解决的问题。

规划确实存在眼前跟长远是很大的矛盾。我想起一个具体的案例，90年代中期开过一个研讨会，请了很多部门的人来参加，讨论小汽车的问题。现在北京，大家讲得很多的无非一个是路网供应够不够，另一个是小汽车要不要发展，是不是还要发展公交。从技术角度、专业调度来讲，大家都认为应该发展公共交通，尤其是北京人口密度相对比较高，是典型的最适合发展公共交通的城市。但是在那个年代，并不是所有人的认识都一致，很明确分两部分人，其中一部分从产业角度，从企业角度认为要发展汽车。汽车是一个产业链很长的企业，汽车进入每一个家庭，可以带动整个产业的发展，机械工业、石油工业很多很多，错不错？绝对没错。在那个年代来讲，发展是硬道理，一定要增长，肯定是对的。

另外一方面反映最大的是环保的问题，环保部门就说小汽车在发达国家是最主要的污染源，大家都不相信，但是不到十年，北京的第一位污染源就成了小汽车。而且现在讲 PM2.5，最主要就是汽车尾气，所以这类的技术问题确实有一个眼前的利益和长远利益的平衡，又有技术人员的认识和政治决策者的认识，政治决策和公众之间的决策，这相互之间确实是很复杂的过程，所以我们有时候也确实不能把规划给神化了，规划人员不能把自己的规划神化，外界也不能把规划想得很神化。

李铁：学校资源的配置，是在"十二五"规划中讨论的，讨论的方案都是什么呢？像 NBA 一样排名，就是为最差的学校提供最好的生源来解决这个问题。城里不能再建三甲医院，一定要向郊区扩展，或者说三甲医院的分院向郊区搬迁。

石楠：而且大力发展社区医院。

李铁：已有的三甲医院应该向郊区搬迁，比如说鼓励在郊区建分院分散资源，现在北京很多大医院也到房山、大兴去建分院，好多学校到郊区办学，但是不能解决根本问题。如何解决资源分配，可能在空间规划上没有考虑，但是在发展规划上，是必须要考虑的。比如"十二五"规划涉及所有的规划，涉及教育规划、卫生规划等等。对汽车也一样，我们讨论的时候也提出了这样一个问题，这不是简单的空间规划，当北京把这么多的资源集中到一起的时候，一定要承担它所带来的副作用，这是一个必然的结局。

4. 公众参与中的新技术手段和传媒途径

冯奎：随着时间的推移，公众的概念，内涵、外延不断发生变化，牵扯到一些和我们的经济社会发展相适应的，大家关注的问题。因此在不同的时期讨论公众参与，实际上有不同的关注焦点。但是在具体的问题上面，可能我们要推动更好的公众参与，非常重要的是，我们要有一个意识的转换，要转换到利益相关人的角度，用他们所熟悉的语言和方式进行沟通。这些年，如果说中国的地方政府市长书记不重视，恐怕也不完全是事实，他们也在学习西方公众参与的方式，包括建了一些规划馆和展览馆。还有一些方式也体现了创造性，比方说随着中国新媒体、新技术手段的兴起，微博的技术就在一些城市被广泛运用，用于来征集规划的意见，反映大家的需求。李铁主任在有些场合也提到过这样的需求，是不是在这些方面也能够看出来地方政府的一些努力，或者说新媒体、新技术手段，我们如果很好地加以利用，是不是能很好地探索出一条征集民意、推动公众参与的经验？

李铁：在规划的公众参与的问题上，我想恐怕靠微博还是不够的。现在我们规划的参与人群一般就是人大，或者通过网络来提意见。但是我们关注什么？关注外来人口。而恰恰这个农村进城的流动人口，在城市规划中没有占据有利的位置，甚至处于非常不利的位置。他们怎么样表达自己的诉求，他们在居住和就业方面这些基本的需求，目前没有得到重视。城乡群众可以看微博，农民工看微博的肯定很少。如果把城市放大成一个管辖区，那农民在这方面表达的能力就很弱。在这个过程中，微博的作用可以得到认识，它会发挥一定作用，可能会发挥精英群体对整个城市的决策，发挥监督和约束作用，但是很少能反映广大农民工、广大城乡流动人口的需求。我们考虑到公众参与要有不同的表达方式，不同诉求的接纳方式，同时还要主动寻求这种参与，这恐怕是无论在规划还是在决策方面都需要我们认真去考虑。

石楠：确实是这样的，这是参与途径的话题。两个概念，第一个是多大范围的参与。除了人大以外，我觉得现在需要加强的是我们部门之间的参与，我们现在往往倾向于觉得规划是部门的规划。其实我们任何一个规划，哪怕是在一个部门做出来的，实际上都是牵扯到整个城市、全体市民，这个规划都应该与其他部门来进行更多沟通，让其他部门来更多参与。而这一块我觉得现在做得不够，部门之间的协调做得不够。第二个应该扩大参与的就是相对弱势的群体，尤其到了今天，这种发展环境下，这个是第一位的。比如说住房的问题，我们的保障性住房是不是能够覆盖到这些农民工？绝大部分城市没有，有一部分城市开始讨论这个问题。我觉得就应该在政策上将这个事情作为一个很大的话题提出来讨论。既然我们是想推进一个相对健康的、可持续的城镇化，既然我们认为这个城市主人不仅仅是有户口的，也包括作过很大贡献，我们城市一天也离不开的外地人，这些都要包括进来。那么从我们的理念，从我们的制度，从各方面来讲，就要把他们包括进来，要让他们有说话的权利，这需要一个制度设计。这个规划的过程也好，实施的过程也好，必须要让他们有说话的机会，这是第一条。第二条就是让他们说出自己的观点，哪怕是从他们自己的角度，从他们自己利益集团的角度，说出来一个好的、可行的、合理的观点。这个观点应该得到尊重，技术上应该得到尊重，政治上、决策上也应该得到尊重，这是公众参与中非常重要的两条基本原则。

5. 公众参与中规划师发挥哪些作用

冯奎： 在推动公众参与这个方面，我们固然需要城市的市长，需要城市的规划局长，城市的发改委主任发挥很大的作用。同时这里面还有一个很重要的角色，很重要的担当，实际上是由城市的规划师来承担。我们也注意到，在讲到公共参与这个问题的时候，本身就意味着规划师的职能有很大的转变。在这之前可能规划师是在一个封闭的体系当中，接受政府委托的任务，做一个规划的文本再交给政府。那么以公众参与作为条件、作为背景、作为要求来看，规划师就要有新的职能、新的决策任务。从公众参与这个角度来说，要推动公众参与，我们的规划师的素质或者能力要有哪些新的变化？

石楠： 规划师是一群专业人士，但是，规划师也是一个利益群体，这点不能回避。50 年代是规划的第一个春天，是黄金年代。为什么那一代规划专家感觉那么好？最重要的一条是，绝大多数情况下，规划师作为专业人士是得到决策者高度的重视和关注的。那个年代，很多决策者并不是专业出身，他们需要技术员的辅助。那个年代规划师感觉非常好，到改革开放以后，感觉也不错，为什么？经过文革这么长的时间规划被废止，改革开放忽然一下子新的春天来了，很多城市要做规划，很多规划项目来了。但是感觉不错的同时，隐隐约约感到一些问题在那儿，很多技术问题让位于经济问题，或者说让位于招商引资。老板来了说的话比规划师说的话更管用。今天来讲，规划师又会出现另外一种情况。他们自己有很多理想，希望把城市做得更好，能够让城市可持续发展，老百姓生活得更美好，所谓的"better city，better life"，这都是从规划角度提出来的一些好的设想。但同时，他们隐隐约约感觉到，规划师讲的很多话不被重视，既不被决策者重视，也不被投资者重视，起到的咨询作用在发生变化。

所以我们也在想，规划师是一个什么角色？我有一个基本认识，我认为规划师是一个助产士的角色，就是说我们这个城市需要一个规划，这个规划形象地说"十年怀胎"，本身就有这么一个东西，作为政治家也好，作为老百姓也好，对城市未来是有想法、有愿景的，只不过是没有拿专业技术指标和方案图表达出来，可脑子里是有东西的。如果没有规划师，这个孩子照样可以生出来，当然可能死亡率会比较高，伤亡率会比较高，孩子出生的过程当中母婴可能会出现一些问题。所以为了减少这种问题的出现，让城市更持续安全健康的发展，需要助产士这个行业，但你不能说这个孩子是助产士的，而应该说这个孩子是老百姓的。规划师的角色，更多的是一个拥有专业知识，能够很善于对城市的未来进行分析，能够很善于把老百姓和政治决策者的愿景表达出来的角色，而且通过愿景的表达，设计出一个比较切实可行的路径，让孩子生出来。

所以这就牵扯到：首先，技术是第一位的。为什么我们现在推行规划师的职业制度？推行规划师、规划教育必须要经过评估，规划设计必须要有资质的要求，这些都是保证规划方案本身科学性、技术合理的基本前提。另外，规划本身是一个公共决策，是一项政府决策，这就要把老百姓的意见、大家的意见反映出来，让大家都认可，让大家共同遵守、推行这种规划。这才是真正可行的规划，这是个政治过程。这就要求规划师本身必须要对我们整个的国情很了解，不能违反我们现在整个城市化发展的态势，违反我们现在可持续发展，违反我们核心社会的这些基本的理念、文化建设的理念。我把这叫做基本的政治觉醒。规划过程是一个政治决策过程，必须要理解规划是个政治过程，这就会有助于规划师在技术上找到解决的方案。

再有很重要的，一旦碰到利益矛盾的时候怎么办？大部分情况下市长要去干，我们明明知道这么做是不对的。我们碰到很多这样的案例。

可能企业建起来了，GDP上去了，税收上去了，市长提升了，留下城市后患无穷。我觉得作为规划师，基本的道德底线是必须把这个问题给决策者讲清楚。这是处理这种利益矛盾的底线。现在的问题是什么呢？现在的问题是，有一些规划师，碰到这种利益矛盾的时候，并没有能够坚持，有的时候出现一些情况，规划师可能更多的是认证领导的意图，或者说甚至从企业的利益等等角度出发。总的来讲，我觉得规划师的决策在保持技术、科学的合理性的同时，要作为人民的代言人，或者人民利益的代言人，而不是仅仅为了自己的利益，这是最基本的底线。

李铁：作为一个旁观者，我不是一个空间规划师，但是我是学区域发展规划的。我理解，第一，在中国，规划师在某种程度上有点和建筑师类似，因为从专业设计上是一体的，更多地考虑到理想性的内容，所以我看到好多城市的规划都带有理想色彩。就像建筑业一样，一个好的建筑都是完全理想化的，大的城市规划，比如说我们看到的很多规划展览馆都是这个特点。第二，它是一个特殊的利益群体。国外的规划师是独立于政府之外的，不受政府制约，政府可以请规划单位，但是政府左右不了规划师，所以规划师做规划是客观的，最后还要经议会和政府决策，项目总监进行讨论，综合得到一个成果。中国的规划师是一个独立的单位，是一个自收自支企业。和国外的区别是什么呢？就是企业盈利的要求。而恰恰是这个盈利要求，使规划师在做决策的时候要屈服于利益行为。第三，中国的规划师还是一个技术团体。中国的规划师都是理工科，可是现在的城市规划是一个多学科的组合，技术团体考虑其他因素的就很少。比如说水源地的污染，这是一个很绝对的技术因素，规划师可以做出明确的判断不能做。但是考虑到经济受损失的时候，就可能会服从于政府的利益，服从于开发商的利益。为什么呢？因为经济学的后果不是我们空间规划师所能想到的，这是当前规划师重大的缺陷。

由于中国的规划师是利益群体，为政府服务，某种程度上还是政府下辖的事业单位，会屈从于政府，同公共利益的关系取决于政府的公共目标。一个好的政府决策，确确实实满足了公众利益要求的时候，规划师会做出好的规划。如果政府作为一个短期行为，要三年大修大建，要建政绩，要升官，可能就要做坏的决策，这就使规划师处于一个非常尴尬的境地。但是有一个问题是，是不是政府就是通过短期的利益来考虑问题的？不是，有很多人不懂。我们看到国外，想按照国外的方式来塑造我们的城市，我们很多城市的规划，都是学国外的，大的生态街道、建筑，大的空间格局都是按照国外的，可是恰恰这是不适合中国的。

我们这种理想化的东西，把城市塑造成一个美好的形象化的公园，这个目标恰恰有另外一个问题，就是公众到底在哪里。而这个公众恰恰是两类公众，一类是既得利益公众，就是城市的户籍人口，还有一类就是非既得利益的公众，外来人口。所以我看到大量的城市规划，山东临沂、河南很多城市都是漂亮的，但是看到那些城市不是为了城市流动人口建的，不是给底层建的，而是给开发商建的。开发商给谁建的？给买得起高价房子的人。最后这个城市就形成了富人的景观，富人的城市。规划师在公众利益的决策下，恰恰也有一个问题，他也是城市的人。比如说石楠老师是北京人，在考虑北京规划的时候，一定希望环境更漂亮，问题是北京 1900 万人口，有 700 多万外来人口，这就是规划中存在最大的问题。规划师为一个开放的城市做规划，是为一个人口自由迁徙流动的城市做规划，还是为一个封闭户籍人口的城市做规划，或者是只为封闭的富人阶层做规划？这是现在公众参与中，规划决策思想中，政府面临的一个非常纠结的，而且很现实的，被利益所固化的问题，这是一个难解的问题。

冯奎：更好地推动城市规划公众参与方面，光靠政府意识的觉醒，或者光靠唤醒规划师去承担他们的社会责任，要求他们组织协调广大的社会资源来参与规划，是不够的。规划师还有唤醒广大公众这样一个责任和义务。在英国的网站上面登了很多关于如何进行公众参与的方式方法，有一些问题解答。石楠老师领导着中国城市规划学会。我今天早晨也看了一下你们单位的介绍，网页上还有一个教育培训。这个教育培训是只面向规划师的教育培训，还是面向更多的公众进行培训呢？

石楠：应该说几个方面。一方面来讲，作为规划师，继续教育是我们的责任，另外还有两方面很重要的。

一个是对领导的教育。我们领导有时候希望了解什么是好的城市，什么是适合我们这个城市的技术手段。在 2001 年，当时出了一本书叫

《城市规划读本》，这是国家第一本系统介绍城市规划知识的书，讲到了城市与经济、城市与交通、城市与住房、土地布局等等方方面面，很综合的，而且就是给市长看的，就是让市长知道什么是城市规划，城市规划究竟有哪些道道，介绍一些基本的概念，而且是用很通俗的语言。我们差不多花了一年的时间，请了当时最大牌的专家写，写完了以后，学术性很强，不行就改，改成普通的，不行再改，花了很长时间。那本书出来以后，很快，不到两三个月，一下子成了规划领域里畅销书第一位。看出来这方面需求很大，领导是希望了解的。

我们最近跟国家行政学院正在合作，做一个在线的土地利用方面的课程。我们去年跟他们合作，做了有关规划方面的课程，发现我们行政学院，包括各地的行政学院需求很大，很多学员希望了解，希望学习这个知识。那么作为专业团体，我们有这个责任，提供这种技术服务，所以我们正在做这个工作。

图4 城市会客厅第08期现场
（左起：石楠、李铁）

再有一个很大的群体就是老百姓，让老百姓能够真正了解规划，特别是了解到他所在那个城市面临的问题，发展的需求，政府感到的压力，或者说哪些目标能实现，哪些目标不能实现。把这些问题了解清楚，有助于更好地参与工作。这里面我也想说一点，参与其实是有阶段性的，不能脱离开不同的阶段来看这个事情。我们肯定想让大家都能够参与，考虑到各方面的利益，但是在这个阶段就是做不到。为什么？是发展阶段的问题。我跟国外很多朋友交谈碰到这样一个情况，跟他们开一天会，讨论的是很小的问题，问我的意见。我的意见很简单，不是 A 就是 B。因为我需要有更多的时间来做更多的事情，要在很短时间内解决很多问题，必须要快速决策。快速城镇化一个很大的特点就是大量的技术建设的投资。不光中国是这个情况，在其他国家城镇化过程当中也是一样的，包括美国，包括英国，他们处于 40% ~50% 城镇化率阶段的时候，都是快速决策，而且是政治基因和技术基因起到了很大的作用。只不过到了后期，过了 50%，城镇化速度慢慢降低，增速也降低了，到了 70% 相对稳定以后，这个时候大家可以坐下来，喝着咖啡聊这个问题，把这个问题考虑得更细一点，考虑得更周全一点了。他们的公众参与也是分成了几个阶段，第一个阶段就是不参与，就是忽视公众。第二个阶段实际上是象征性的参与，只是摆出一个姿态。我们现在很多情况都是一个象征性的参与，我们做一个展览馆告诉大家这么回事，是一个宣示，告诉大家有这个东西，并不是要把很多的意见吸收进来，尤其是那些弱势群体、底层的要求反映出来。我们现在基本上处在第二阶段，象征性的阶段。到了第三阶段就是进入了自治的阶段，社区开始推行自治，农村推行自治，但整个的自治系统还远没有实现，所以我们不可能单兵突进来解决所有的问题，只有到社会发展到一定的阶段以后，这种需求起来了，因势利导，才能够做到这一点。我们目前整个社会的这种治理的结构还没有完全进化到，或者发展到自治性参与的阶段，现在拿到自治阶段来讲不解决问题。不能脱离这个阶段来说这个问题。

6. 加拿大公众参与对我国的借鉴作用

李铁：公众参与这个事，我国现在做不到，只能做到有限参与。怎么开始逐步地进行往大众中间的推广、传播呢？我觉得微博是起作用的，至少我们可以看到很多社会不满、发泄等等反馈回来，传递给政府，让政府知道这个事做得大家是这么的不满，这个事是有问题的。比如说"7·23"事件，我们当时的想法还是要解决快速通车，保证经济稳定，将损失降到更小，可是大家认为要把人的问题放在前面。这是两种考虑问题的角度，但是至少让政府知道社会上还有另外一种声音。在拆迁问题上，新闻媒体的反响越来越强烈，迫使中国调整自己的决策方式。这个阶段是逐步开始认识到公众发声对政府有一定约束作用。

但是至于到底怎么参与，我想有三个内容。一个是从技术的角度，一个是满足高效的东西，同时还要把民生内容分解开。但是这里面要注意，什么叫公众决策？公众到底代表着什么？比如我举个例子，危房改造，有上万户，可是就因为几户要价很高，致使上万户受到影响。社会舆论往往倾向于这几户，觉得他们是弱势群体。但是实际上是95%，甚至更多的人完全同意这个方案，因为他们等着进新房，等着改善自己的生活。这时候如果我们把那几个人作为公众利益，那我们这个社会仍然得不到进步，因为我们要考虑到公众利益一定是大多数的集体利益，这是非常重要的选择。所以现在政府在做某项工作的时候，也开始广泛征求意见，但是真正形成所谓的公众利益参与还有很多内容要做。比如说规划的文本要简化，涉及民生的问题应该非常通俗，政府要及时发布信息，另外会通过一系列的经济阶层反馈信息导致决策的调整。同时还有一个更广泛的内容，是不是要考虑这些外来人口的问题，需要我们在制度上进行改革。所以，公共参与的话题非常重要，而且非常迫切，但是要解决这个问题，可能还是需要实践，需要我们政府和规划精英持续不懈的努力。否则，仍然是一个很大的问题。

冯奎：西方国家经过了几十年的探索，公众参与这个问题已经从发生发展到现在的相对成熟，现在中国公众参与这个问题取得了一定的经验，但是还需要很多的时间去进行改革，去进行积极的推进。更好的城市规划，实际上在这个方面还仍然有大量的问题需要我们以后不断加以研究，不断加以推进。

三、观点

观点1 ››› 戴月：公众参与的必要性、作用与实施

公众参与的必要性。从南到北，遇到旧城就疏解，大绿地、大轴线、大广场，城市意象的五要素套用自如，许多是规划师的主观臆想。我们所确定的标志性建筑，也许是市民毫不在意的建筑；市民经常看到和感受到的，我们可能根本不知道或认为很难看而忽视它的存在。因此，在条件允许的情况下，城市重点地段的城市设计、旧城改造、规划当中有争议的问题等都有必要采取公众参与的方式，为规划师的方案和政府的决策提供帮助。这对于提高规划师的业务素质，增强责任感也是很有必要的。

公众参与的作用是什么？一方面增强规划设计项目本身的可操作性。另一方面，对促进项目的实施提供具有说服力的依据，大多数老百姓需要和认同的事情，必然会引起政府的高度重视，因为市长总是要为市民办实事的。

怎样实施公众参与？首先，要有一定的资金支持和人力保障。单凭三五个规划师走街串巷是做不了这项工作的。第二，要有规划管理部门的密切配合和大力支持。比较理想的是由规划师来出题，由规划管理部门来实施；自始至终都由规划管理部门唱主角，规划师提供技术上的支持。第三，所要进行民意调查的城市或地区市民整体素质要好一些，对自己所生存的环境和城市建设有关心的兴趣。

（戴月，中国城市规划设计研究院副总规划师。原文载于《城市规划》，2000 年第 007 期）

观点2 ››› 周剑云：公众参与应在制度与操作层面

制度层面——确立城市规划公众参与的制度建构

第一，实体法上确立公众参与的法律地位。

实体法是确定各种法律主体的法律地位，赋予有关当事人以具体的权利和义务的法律。一方面以法确定规划行政权力的内容、权力的分配、权限等；另一方面以法确定参与权力的主体，包括主体是谁，主体的范围，参与权力运行的哪一个阶段等。这里包括两个层面，一是公众精英，如规划委员会、社团与社区代表等；二是一般公众，如公众听证的一般参与者、与具体行政行为有相关利益关系的公众。

第二，完善程序法中关于公众参与的内容。

程序法主要涉及立法程序、行政程序和诉讼程序三块内容。规划部门在行政执行中必须按照法律规定的程序。但在现实中，一方面，规划行政方面的大量规范性内容是由规划部门自己制订并执行的，这种双重身份使得政府具有极大权威，容易产生官僚主义现象和腐败问题。另一方面，公众参与在我国目前法律性文件中仅仅停留在原则性概念阶段，缺乏可供操作的程序性规范，如公众参与的范围、参与方式、参与途径及其保障等。因此要保证规划行政的民主合法不但要在行政程序上对行政权力的行使设定严格的规定，同时也要对公众参与的有效程序予以设定。包括：①严格规范行政行为的程序与变更行政行为的程序。②确立公众参与的"决策"程序。如在规划编制方面，规范政府的规划信息发布、资料提供、公开展览、公众意见反馈、对公众意见的处理等程序。③确立公众参与的"抗辩"程序，即当公众对某一规划行政行为不满或不服时，允许其作为平等主体来说明理由，予以"申辩"的机会，甚至"质询"的权利。"抗辩"程序的设立使行政权力与公众权利取得实质意义上的平衡，尤其是当行政相对方所受的损害是因行政自由裁量不合理时。④完善上下位法的程序衔接。当公众不服行政复议结果或得不到行政机关的满意答复时，将透过司法程序向法院提起行政诉讼。

操作层面——规划师与公众团体的互动

随着我国经济社会的发展，一方面市民对"权益保护"的意识不断增强，另一方面市民对规划技术的理解仍然有限。规划师面向公众的角色更应像一个传播者和教育者。香港公众参与的形式十分值得借鉴。规划师从公众角度出发，通过推行一系列的活动，例如公开论坛、学校讲座、巡回展览、向不同团体举行简介会等，力求让一般公众易于理解和掌握规划的框架和内容，并及时把公众的意见吸纳到下一轮的规划深化中。

（周剑云，华南理工大学建筑学院副教授。原文载于《城市规划》，2005 年第 7 期）

观点3 >>> 孙施文：让公众参与城市规划

公众是不是规划决策机制中的"新角色"？

规划是一种政府行为，更是一种公众行为，公众自始至终都是被服务的主体。从这个意义上说，公众并不是规划决策中新引入的概念，而是任何规划中都不可或缺的重要角色。但是，即使在欧美发达国家，公众参与也只是 20 世纪 60 年代才逐步发展起来，如今才成为城市规划行政体系中的一个法定环节。

公众参与的具体运作模式是怎样的呢？

政府要上马一项公共工程，规划前必须广泛吸收民众意见，规划后通过公示等方式将规划概况向该社区的民众公布。如果公众有反对意见或提出质疑，政府必须拿出明确解释，如果公众仍不能信服，政府就应考虑作出重大修改或者停止建设；如政府执意而行，不服者仍可提起诉讼，双方对簿公堂，由法院判决政府行为是否合法。

要开展城市规划中的公众参与，就要从城市规划的整个体系结构进行调整，从思想基础、规划方法论到具体的程序和步骤都要进行全面的改进。而对于城市规划师而言，观念的转变是首要的，但参与的技术也是必要的。

公众有参与城市规划的能力吗？

让公众参与规划，首先公众必须有能力去参与。这需要对公民素质进行培育，提高群众对公益事务的关心度和判断力。不过应该看到，对集体公益的关注是以个人权利意识的觉醒为起点的。随着市场经济的发展，公众素质的提高也有着一个由近及远、由小及大的渐进过程。尽管公众参与不是解决规划问题的万灵药，但只有公众真正参与了规划的编制和决策过程，公众才会对规划的实施具有责任感，才会真正地执行规划并将规划的实施作为其行为活动开展的决策依据。

（孙施文，同济大学建筑与城市规划学院城市规划系教授。原文载于《人民日报·华东新闻》，2001年7月19日，第3版）

观点4 >>> 中国城市规划现状与推广

住房和城乡建设部城乡规划管理中心规划处处长邢海峰对中国城市规划的公众参与状况进行了评析。他认为，中国还处在一个"无参与"和少量的"传统式协商"的阶段，虽然许多地方对规划项目开展了"公示"、"展览"、调查问卷等形式的公众参与，但都是象征性的，很少有决策性参与的案例出现。

而在城市规划公众参与开展较好的西方发达国家，公众教育就包括多种形式：规划展览、公众会议、专题讨论会、出版宣传册、家庭接待日、公众咨询会、听证会、电视专题、互联网站等。例如英国的城市规划专业网站 Planning Portal 上就包含了规划法规、概念解释、常见问题解答等十分丰富的公众教育内容。

邢海峰认为，目前我国城市规划的公众参与基本上处在"事后参与"、"被动参与"的初级状态，规划制定过程中群众参与很少，或者仅有极少数的专家参与了制定过程。导致出现问题后，群众为了维护自身的合法权益而上访告状的"被迫参与"。

中国青年政治学院教授展江认为，中国的公众参与有自己的特点，公众参与需要多种合力作用才有效，媒体在其中起着关键性的传动作用。参与的发生，往往通过某个学者或公民发起，律师或权威专家支持，各种媒体或网络进行报道，从而引起政府重视。因此，展江认为，我国的公众参与也可以说是"媒介驱动型"的，没有媒体对民意的放大，当下许多问题难以引起官方重视和产生改革结果。

（原文载于《中青在线·中国青年报》，2009年8月20日）

观点5 >>> 胡健：公众参与让城市规划更美好

首先，公众参与城市规划不仅是"主权在民"的具体体现，也是实现好、维护好、发展好人民群众根本利益的必然要求。城市看似只是一座座建筑、一条条道路的集合体，但更是一个个居民赖以生存的空间、实现梦想的乐土。因此，他们才是城市的主人和主宰。对他们来说，城市化并不意味着大拆大建，并不意味着流离失所，并不意味着钢筋水泥，并不意味着消灭记忆；他们的利益诉求，他们的各种期待，理应在城市规划中得到充分体现。

其次，公众参与城市规划是避免决策失误、降低决策风险的重要保障。现在一些城市规划往往是政府有关部门根据主要领导意图，"闭门造车"造出来的。由于制定程序不民主，规划的科学性不高，往往导致换一任领导改一次规划，造成资源的大量浪费，贻误发展的大好时机。有人形象地把这种决策过程概括为"四拍"——"拍脑袋决定，拍胸脯保证，拍大腿后悔，拍屁股走人"，这种决策之下的城市规划，缺少预见性，难免会出现失误、暗藏风险。党中央不断强调，发展是为了人民，发展依靠人民，发展的成果由人民共享，牵涉社会公众切身利益的城市规划，就更需要公众来参与、来把关。

再次，公众参与城市规划还是降低行政成本、化解社会矛盾的有效途径。在城市化过程中，拆迁引发的惨剧频繁发生，从直接原因看是公共利益界定不清楚、财产征收征用的程序不完善，但追根溯源，其实是公众对城市规划的知情权没有得到充分的保障。比如，在城市垃圾填埋场的选址、可能产生污染的重大项目的引进中，一些地方政府在规划阶段没有公众的参与安排，不少市民事前都不知情，但在项目建设开始后知情的市民强烈抵制，以至于最终被迫改变决策。其实，与其通过野蛮拆迁来实现城市改造，与其在事后花费巨额费用来维稳，与其在事后更改决策导致巨大损失，不如在城市规划的制定过程中就充分听取民意，平衡好地方经济发展和环境承载能力、城市改造和市民意愿之间的关系；不如在人大审议城市规划的过程中，充分发挥代表社会各阶层利益的人大代表的作用，让诉求得到充分表达，最终形成利益共识。公众参与的决策模式，看似费时费力，效率不高，却可以在最大限度上避免经济损失，化解社会矛盾，缓和社会冲突，最终实现社会和谐。

（胡建，人民日报记者。原文载于《法制日报》，2010年11月30日）

观点6 >>> **叶嘉安：公众参与也有弊端（反面）**

公众参与现在比以前更加方便，但是参与，有好处也有缺点。好处就是可以增强公众支持和合法性，可以提升决策的公众参与程度。此外，通过公众参与也可以慢慢培养公众参与城市决策的能力。

但是缺点也有很多，比如容易受政党的利用，或者对项目的延误甚至不可进行。如果说要举办世博会，通过这样的方式有可能会把工程延误。另外有些人可能声音不是太大，得不到更多的支持，没有人代表他。公众参与是公平，但是某种程度也是不公平，因为很多人不愿意发出声音，没有人知道他的想法是怎样的。另外决策参与的人如果很少，规划来说可能就造成短视的结果。

当然最重要的缺点是关于地方的反对。现在在全球都有同样的问题，对于公众参与来说，有可能出现"别在我家后院"的声音。比如要建一个电站，大家可能都会说"不要放在我家后院"，这可能会造成整个城市都没有电站，由此便会衍生出很多的问题，这样的问题是很难处理的。

最重要的后果是延误的问题，争论是很简单的，大家都可以争论。公众参与，如果可以达成共识最好，但是达成共识也是最难的，大家总是不停地争论，最后总是没有结论，对于工程也很容易延误。

所以总结来说，公众参与的方式现在有很多，主要是看你希望达到什么样的目标。当然在公众参与好的地方，是增加、增强与群众的沟通，沟通是很重要的。另外还有一些问题，西方的公众参与模式对亚洲、对中国、对香港来说，是不是合适？是不是完全按照西方的，由公众来确定规划，这样的模式在亚洲、在其他国家来说是不是合适？因为我们的政治制度不一样，我们的民主进程也不一样。

（叶嘉安，中国科学院院士，香港大学城市规划与设计系主任。原文载于《世博网》，2010 年 10 月 7 日）

四、延伸阅读

对中国未来城市发展的一个基本判断

李 铁

中国城市化的独特特征

第一，对于为什么提出城乡统筹、城市化的理解，目前看来，还有很大偏差。从提出两个反哺到目前为止，中国经济的发展、城市的发展是否摆脱了对农村的剥夺呢？改革开放前，我们是对农产品进行剥夺，用低价农产品来进行剥夺。改革开放后，我们面临着对农村劳动力的剥夺，廉价的农民工和廉价的土地。到现在，这个趋势并没有出现根本逆转。也就是说，我们仍然依赖于农村这个庞大的蓄水池、庞大的劳动力群体对城市的发展、对整个国民经济的发展进行强有力的支撑，我们仍然没有摆脱不平衡的经济支持。这不仅是对现在，也是对未来城市发展和经济发展的一个基本判断。

当年中央提出两个反哺，工业反哺农业，城市反哺农村，现在依然是城市通过各种方式拿农民的土地，同时，排斥农民工进入城市享受公共服务，这是我们面临的一个非常严峻的现实，也是我们的一个基本国情。

这个国情是什么原因导致的？当然是户籍制度问题。在这个户籍制度之下，把整个中国不同类型的公共服务体系封闭在一个个狭隘的公共空间，这些空间相互间不开放，小城市到大城市，大城市到更大的城市，农村到农村，城市到农村都受到封闭公共服务圈的限制。改革开放后，我们形成了城市对农村的剥夺，也形成了大城市远优于小城市和农村的公共福利，这就使这种利益被相对固化了，而一旦固化，要打破这种利益圈子就很难。因为越大的城市，它整个的公共的社会群体就具有越强的对决策的影响性，也就是说它有更多的话语权，而这种话语权使不平衡的利益群体长期维持下去，这就是我们国家城市发展、农村发展所面临的一个基本国情。但是，这个国情和过去不一样，它反映的是一个庞大的群体，而不是针对某一个所谓的阶级。在这种情况下改革，难度显而易见。

第二，如何认识我们国家和西方国家城镇化的区别。这也是一个经常有争议的内容。很多人把西方国家的城市群，包括各种不同城市的发展模式搬到中国，可是他们忘记了，在西方国家，人口是可以自由迁徙的，但在中国不行，即便迁徙了也不能享受平等的公共服务。正因如此，中国今天才提出城镇发展的问题。由于限制农村人口进入城市导致现在形成了两个固化的群体，城市人口对农村人口通过共有的方式和公众的方式形成一种剥夺。

第三，要认识到中国的城市和国外的城市是不一样的，最大的差别是自治。所有的西方城市都是自治的，而中国的城市是有等级的。所谓的等级就是有直辖市、地级市的区别，这个等级意味着利用一种行政权力对不同城市资源的占有，地级市对县有一种资源占有，县对镇也有资源占有，城市对农村仍然有强制的资源占有。这种占有是通过行政权力来向下扩散的，是中国的一个特点。第二个特点，中国的城市就是过去的一个州、县，上海不仅指它的核心城区，而且包括周边的十几个县市，北京也是这样，城八区，外面还有八个县区等等。第三个特点，城市的非开放性和农村的非开放性共存，城市间公共服务相对封闭。

第四，中国的城市化和世界最大的区别是什么？中国的城市化有庞大的人口做基础，我们是13亿甚至15亿人口的城市化，这种城市化不仅对中国影响巨大，对世界也影响巨大。美国、东京、韩国的城市化解决了两亿人口的问题，有的不到两个亿，总人口也就那么多，可是中国现在是6.2亿城镇人口，超过很多发达国家的水平，这么大的城市化，对世界和中国的冲击都是非常巨大的。何况我们还有庞大的农村人口要进入城市，面临着容纳的问题。怎么容纳，放在哪里，也是要考虑的。

还有一个问题是中国城市发展的水平不一样，发展区域不平衡。北京的人说城市就得像北京这样发展，可是西部小城市的人对城市的理解又不一样。所以，站在基本国情的基础上来认识我们的城市，会得出不同的概念，我们一定要走一条自己的独特道路。

城市化问题上的两个认识误区

第一个误区是把城市化等同于现代化。当年美国要求中国保障人权时，要求中国讲究生态、环境时，我们说我们要发展权，可是我们东部地区城市发展了，西部地区的农村，一些小城市、小城镇是不是也到了要发展生态的时候了呢？我们有这么多人口，46.6%的城镇化水平，这些人是怎么进入城市化的呢？是高成本还是低成本？世界城市化的进入是高成本还是低成本？低素质、低教育、低水平就业的农村人口，在这种现代化的门槛面前，能进入城市吗？小城市的人和大城市的人，特大城市的人和中小城市的人想的还是不一样的。现在把城市化等同于现代化的想法和观念比比皆是，不仅专家、学者，甚至不同层级的决策层都有这样的认识。我们知道有180多个城市申请国际化大城市，但有多少城市申请生态宜居城市呢？如果大家都生态了、宜居了，农民去哪儿？这是我们的国情，也是认识误区。

第二个误区是把城市化理解为城市发展和城市建设。城市化要解决农村人口进入城市，而不是城市进一步提高档次的问题。提高档次和等级，提高公共服务水平的等级，就意味着门槛越来越高，农民越来越难进入。很多专家说，农民应该进入大城市、特大城市，但是这些大城市大多分布在沿海发达地区，已经发展到了一定水平，和农村的供需差距越来越大。在这种利益争论之下，哪个城市愿意这么庞大的农民群体进入呢？这是我们面临的一个非常大的挑战。

城市化的未来发展

在充分了解国情的基础上我们了解到，现在城市化进程不可能承受更高的门槛。中国有19322个镇、654个城市这么庞大的城市规模。在国外3000人就是一个城市，照此看来，我们这19322个镇都可以叫城市了。我们为什么仍叫城镇化？就是因为我们破解不了这些难题。也有人提出，到中西部的中小城市去，但是那里有那么多的就业机会吗？

在这种情况下，怎么理解城市化的未来发展？我们要充分认识到，这么大的利益群体，这么大的能量，这么大的困难，理想化的城市化模式肯定是做不到的。比如现在有些地方提出了所谓居住政治，意味着我们从现在开始，把中国的城市和农村等同于用美国绿卡的方式来设置一种居住界限。前几天发展基金会提出了要实行居住证制度，等于有两种群体制度化了，很多城市在制定"十二五"规划时，都已经列入了基本的研究框架。中国的城市化并不像我们想象的那么简单，我们住在城里，是否会站在充分认识我国国情的基础上了解城市化到底对谁有利？对中国经济发展有利，但更多是对农民有利，还有一种可能就是会损害我们的利益。在这种情况下，我们会做出怎样的选择？

（李铁，国家发改委城市和小城镇改革发展中心主任）

让城乡规划真正变成老百姓的事情

石　楠

《城乡规划法》最大的特点是从国家本位到民众本位，一方面强调了维护和保护国家的权力，另一方面强调了维护和保护民众的权利。强调公众参与、社会监督，这是一个非常大的进步，具有里程碑的价值。

过去很长一段时期，城乡规划的权威性在一定程度上被误解为规划行政管理的权威性，城乡规划工作基本定位为政府内部行政事务，缺少公众参与和社会监督。而事实上，城乡规划的民主化是社会主义民主政治建设很重要的组成部分，老百姓在规划领域的知情权是老百姓政治权利的很重要一个组成方面，老百姓有权利了解规划。因此，必须从制度上保障老百姓有机会参与到规划的全过程，老百姓提出的科学合理的建议也应该得到规划部门的尊重和采纳，这些在《城乡规划法》的法律条文里都得到了充分的反映。《城乡规划法》的核心，是从国家主体向民众主体，真正变成老百姓的事情。这是和原来法律相比最大的突破。这与我们国家整个政治体制改革、经济体制改革的大背景有关，与不断推进社会主义民主政治制度自我完善和发展相适应，由管制型政府向服务型政府转变，保障人民享有更多、更切实的民主权利。

把专业认识变成共同行动

规划本身就是属于政府和全社会的，不是规划部门自己的事情。过去，一些规划人员在谈到公共参与的时候，往往对它的重要性认识不够，将之视为施加在自己身上的责任和压力。另外，长期以来，规划人员重视规划编制，而对于规划实施重视不够。而规划要实施得好，很重要的一条就是要尊重老百姓的意愿，得到大家的认可。大家认可了，才能自觉地贯彻执行。因此，要把专业的认识变成大家共同的行动，这是很重要的一点。规划涉及政府、专家、企业、民众。过去我们忽视了企业和民众，政府很重要，专家也很牛气，企业和民众被丢到一边，就觉得企业老破坏规划，老百姓不懂规划。而事实上，要讲实施规划，谁最重要？企业和民众。他们才是市场的主体。而市场的主体也就是实施规划的主体。

解读《城乡规划法》，很重要的内容是对行政权力进行有效制约。从表面上看起来，规划工作的"框框"越来越多了，程序越来越严了，要改也不好办了。然而，这对规划部门来讲是好事。从法律上制约滥用规划的权力，制约规划领域本身原有的自由裁量权过大，这与过去相比是一个很大的进步。对规划部门来讲，最重要的是一种保护。

朝着城乡规划的法典方向去

《城乡规划法》的目标是要建立一个体系，朝着城乡规划的法典方向去。这就意味着必须要有一系列的法律法规来配套，形成一整套的城乡规划法律体系。《城乡规划法》中有一系列的授权，对省政府的授权，对国务院的授权，对国务院主管部门的授权，等等。根据这些授权，可以制定相应的法规。《城乡规划法》规定要做五个层次的规划，这是政府的基本责任。但光做这几个规划够不够呢？肯定不够。做好法定规划只是一个基本的要求，不可能光凭这些来包打天下。必须要有其他的一些规划来补充，包括城市设计，分区规划，景观规划等。

规划一方面是政府的职能，另一方面作为一种工作成果或者说是产品，它也取决于市场的需求。政府除了要做好法定规划以外，还要极力地鼓励专业人员进行创新，主张有不同种类的非法定规划，作为法定规划的补充。对非法定规划，要极力主张、大力推进，以适应市场的需要。只是要把它作为一项研究，而不是行政许可，如果想把它作为行政许可，那就得转换为法定的规划。如果拿一个战略规划就来批地，那肯定错了。

比如城市设计，虽然《城乡规划法》中没有提及，但是，一定要非常重视，而且要把它和控规问题结合起来进行考虑。还有分区规划，中央政府没有禁止的事情，地方立法可以解决。再比如区域规划，法律虽然没有明确要求，但也没有禁止。就地方而言，可以跨出行政区形成联合的区域规划区，以某种形式（比如联席会议制度）形成议事机构、决策机构，大家共同推进。这也恰好是《城乡规划法》很高明的地方。

（石楠，中国城市规划学会秘书长。原文载于《华中建设》，2008 年第 02 期）

第八章
现阶段如何看待
生态城市

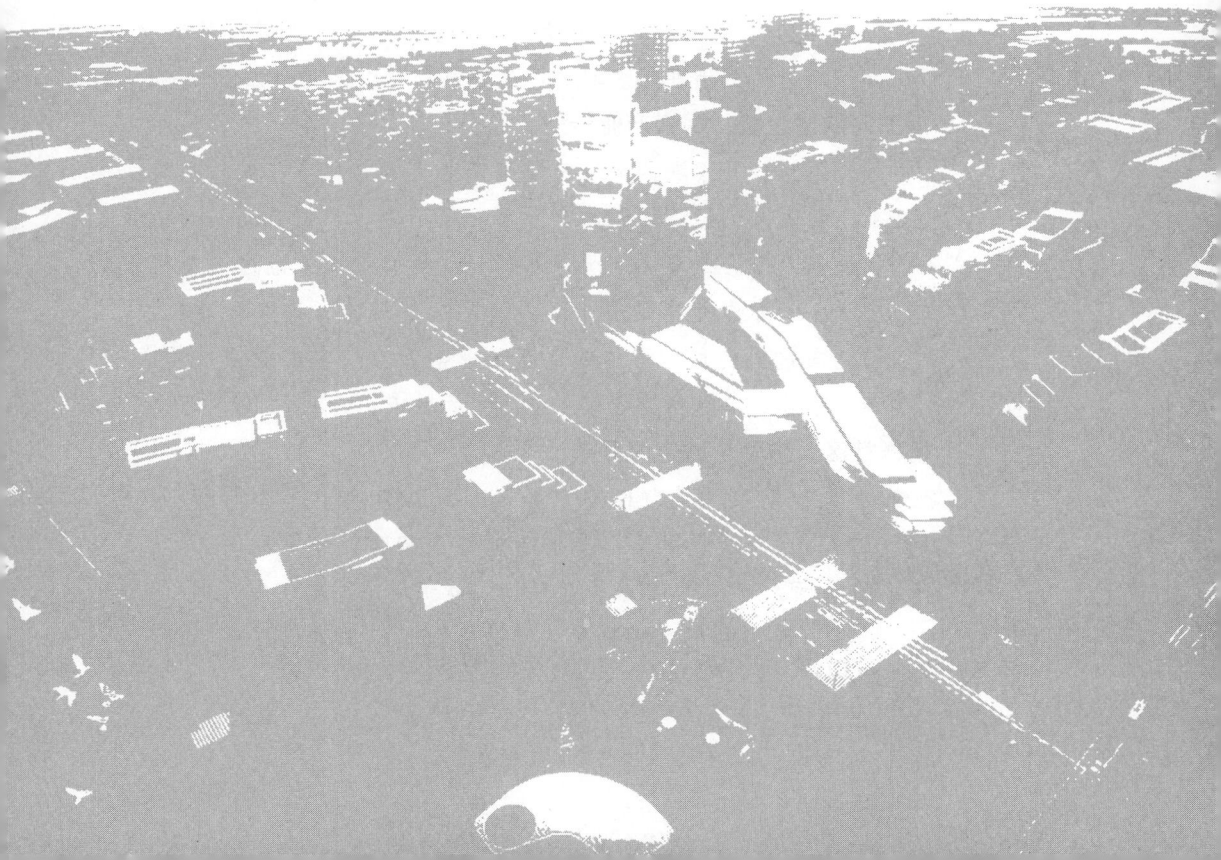

一、案例

案例① 马尔默：零碳城市

马尔默（Malmo）是瑞典第三大城市，它处于瑞典南部，踞守波罗的海海口，位于厄勒海峡东岸。马尔默是重要的贸易中心，市内有许多有名的贸易和运输公司，从世界各地进口，然后销往整个北欧，马尔默市在欧洲和共同体市场上的地理条件优越，空运、火车、汽车和海运发达。

这个距离哥本哈根不远、人口只有 30 万的北欧小城在应对气候变化、建设低碳城市方面成绩斐然。其具体生态举措有以下几个方面。

1. 借加入欧盟之机，探索产业转型

在柏林墙倒塌后，马尔默的劳动密集型产业大多转移去了东欧国家，传统的造船业也随着欧洲经济的整体衰败而一蹶不振。市长 Ilmar 选择放弃重工业、发展新产业，还要有赖于 1994 年瑞典加入了欧盟这一契机。从地理位置上说，马尔默是离欧盟市场最近的瑞典城市，许多物流和服务业开始主动地向这里转移。马尔默也开始摸索如何从重工业城市转向以物流、制药、生物、信息产业等轻工业为主的城市。

2. 榜样社区，带领全城走向零碳

现已建成的"明日之城"（Bo01）社区，是 2001 年在一个旧的船坞基地上建起来的。目前，它作为一个生态友好示范区已经世界闻名。该小区占地约 30 公顷，可容纳 1000 户居民，其能源供应全部使用可再生能源。"明日之城"（Bo01）社区作为第一个零碳社区，向人们展现了现代城市如何实现低耗能、低排放、宜居的生活方式。有了这个成功案例，

马尔默市受到了极大的鼓舞，按照规划，到2020年，全市将实现100%零碳排放，到2030年，全城可再生能源覆盖率将达100%。

3. 绿色出行，与环境友好

为了鼓励市民采用环境友善的出行方式，马尔默市修建了长达230公里的自行车道，并施行了行人与骑自行车者优先的措施。目前，40%的居民选择骑自行车出行。同时，马尔默市还对公共交通系统进行优化，每300公尺设一个公交车站，平均发车频率为7分钟一趟。市里面投入运营的50%的公交车都在使用生物燃料。按照预期，3年后市内所有公交车都能使用生物燃料或清洁电力。

4. 瞅准污染源，改造老建筑

在提出了建设零碳城市、生态城市的理念后，马尔默市做的第一步工作就是确定谁是这个城市最大的污染者。在马尔默最大的污染者就是建筑物。为此，马尔默人对上个世纪六七十年代的很多建筑进行重新改造。

5. 控制能源效率

马尔默在能源效率控制方面要求比较严格，希望每平方米每年的用电量不超过100千瓦时。而事实上，在不少领域的推进，已经高于这一目标，比如在建筑领域。现在马尔默的新建建筑都可以实现每年每平方米50千瓦时的能效。

瑞典马尔默市在生态城市建设、践行零碳战略的道路上已经领先于世界水平。至2030年，它能否真的实现零碳排放呢？让我们拭目以待。

（来源：百度文库）

案例② 马斯达尔：未来城市

拥有大量石油资源的阿联酋是个富足的国家，但它没有因此满足，阿联酋的领导者把目光放在未来。一座名为"马斯达尔"的全球首个零碳排放"太阳城"正在从图纸上搬到沙漠中。

目标：零碳排放、零废物

"马斯达尔"是阿拉伯文，意思是"资源"。城将建在阿布扎比国际机场附近的沙漠中（靠近波斯湾），面积约 6 平方公里，预计耗资数几十亿元，建成后可容纳 5 万居民，可实现零汽车、零污染和零废弃物的绿色生活。阿联酋的构想是把这片 6 平方公里的沙漠变成洁净能源的"硅谷"。

能源：太阳能和风能发电

虽然阿联酋是世界石油出口大国，但马斯达尔城不使用一滴石油就能完全实现能源自给自足。为了实现这个目标，马斯达尔城的能源将100% 由可再生能源提供：城市犹如一座城堡，四周环绕着风力发电厂、太阳能发电厂和生产生物燃料的绿藻池。

交通：公共电车空中驶

按照设计，生态之城的交通运输分成三种方式：轻轨电车连接着马斯达尔与阿联酋其他城市，城内交通则依靠一种小型有轨电车（每辆可坐 4 ~ 6 人），短程则兴建步道，鼓励步行。由于城内的交通系统完善且布局合理，人们从任何一个地方前往最近的交通网点和便利店都不超过200 米，传统的小汽车变得毫无用处，更不会出现尾气。

建筑：限高 5 层，高密聚集

马斯达尔城将用 12 米高的城墙围起来，城内有约 3 米宽的运河环绕，运河将把波斯湾的海风引入城内。全城将以坐东北朝西南的走向兴建，以获得最佳采光及蔽荫效果。

它另一个典型的特点：所有建筑物都限高 5 层，并采用了可循环使用的环保材料，最大限度地减少能量消耗。还有，城市内部的建筑都是以高密度的形式排列，较近的距离意味着夏天高温时更可能节省降温所需要的能源。此外，街道限制在 3 米宽、70 米长，以维持微气候稳定并促进空气流通。

气候：多种手段降温增湿

阿联酋炎热的夏季每年都长达 9 ~ 10 个月，最高气温可达50℃，马斯达尔城内采用了多种绿色降温手段。其一，覆盖在城区上空的一种用特殊材料制成的滤网为城内街道提供林荫。其二，城中将建设一种叫"风塔"的装置，利用风能、空气流动和水循环形成一个天然空调。其三，城中密布的河道和喷泉也能发挥降温增湿的作用。

节水：污水循环再利用

值得一提的是，马斯达尔城内的饮用水主要来自海水。由于海水淡化需要耗费较多能源，设计师计划减少80%的淡化海水的供应。首先将居民家用水的消费减半，并且对这一半的水进行循环再利用，直到变成废水，剩余10%不能循环利用的水就用来给花园、农庄灌溉。这种节水方法会不会以居民的生活舒适度为代价？这还得等到城市建成后才有答案。

对一个通过石油快速发展起来的国家而言，能有这般长远意识，不能不让其他高排碳国家引以深思。

（来源：《新快报》）

案例③ 大树进城水土不服，高价建绿并非良策

近年来，有些城市在绿化建设中存在"高价建绿"的不良倾向，高价购买大树、古树，动辄几万元、十几万元。调查显示，移植大树的死亡率超过70%，造成巨额的资金和生态浪费。究其原因，主要是城市管理者急功近利、贪大求洋，甚至是腐败问题。

大树进城制造"绿色泡沫"

建设"森林型生态城市"是发达国家20世纪60年代提出的主张，其目的是呼唤人与自然和谐相处。近年来，上海等一些大城市也相继走建设"森林型生态城市"这条路，加快城市绿化步伐，移植了数量可观的大树、古树进城。为此，很多大中城市争相效仿，全国刮起了一阵"大树进城风"，且愈刮愈烈。在苏北某新建地级市，耗资上千万元，一下移植了数千株大树进城。该城新区的几条主要干道上，一夜之间都冒出了许多胸径达30厘米左右的大树，使这个刚建成5年的新城区一下变得"郁郁葱葱"。尽管这些大树都戴上了遮阳帽，不过几天后，许多大树都垂头丧气、叶卷枝黄了，看来一下变成"城市户口"并没有让这些大树兴奋起来。

美丽工程反映急功近利

随着城市建设步伐的加快，创建园林城市的任务也相应增大，人们

对城市绿化的认识已经从可有可无的点缀提高到象征一个城市的文明品位、生态环境之优劣。可是，不少地方官员却把城市绿化当作自己的"面子工程"，以赚取上级领导对他所管辖这个地方的第一印象，而这个印象就是政绩印象。

急功近利、贪大求洋的"高价建绿"，其实与热衷于造"大马路"、"大广场"的心态如出一辙，在环保概念吃香、需要考核绿色 GDP 的时候，便不惜血本。不注重保护自然现状的设计理念，不仅犯了破坏原生态的大忌，而且助长了"高价建绿"的歪风。

绿化要有生态安全观念

表面上看起来，直接移栽造出了一些"城市森林"的景观，确实美化了城市。但实际上，千里迢迢进城的大树、古树维护成本非常高，有些名贵的树种、花草往往需要高昂的养护成本，也不一定能适应当地环境，甚至保证不了成活。每棵大树都是一个完整的生态系统，它与生长地的土壤、土中的生物、树下地被、树上的鸟兽昆虫，形成了良好的共生关系，生态关系趋于和谐。大树被移栽后，整个群落的生态必将受到严重破坏，还可能带来外来物种的入侵和病虫害的传播。与其改善城市局部生态环境相比，可谓得不偿失。

城市需要良好的生态环境，然而城市生态环境的改善不能以牺牲农村生态环境为代价。再说，如果农村生态环境恶化了，城市还能"洁身自好"吗？由此可见，与其说"大树进城"是"高价建绿"，不如说是"高价毁绿"。城市需要绿色，城市需要大树，但是城市的大树还要在城市里长起来。少一点急功近利，多一点实事求是，城市会绿得更快一些。

（来源：新华网）

案例❹ 陕西华县：跟风搞生态，学标不学本

陕西华县位于关中平原南部，秦岭之东、渭河之南，因处于少华山脚下而得名。其土地构成可以说是"六山一水三分田"，山地面积大，如果不搞好山体绿化工作，造成水土流失的同时还存在发生泥石流等恶劣自然灾害的隐患。

自 2010 年 6 月 2 日广西发生 42 人死亡的泥石流事件后，贵州关岭岗乌、甘肃舟曲和云南保山都陆续发生泥石流或山体滑坡等地质灾害，共吞没了 1578 个生命，另有 334 人失踪。

前车之鉴激发了县领导搞山体生态建设的热情，不过这个搞法恐怕只会越弄越糟糕。华县国土资源局相关人员通过网络搜索，学来了一套"先进经验"——他们把南山大道尽头的山体通通用油漆刷成了绿色，让人远看郁郁葱葱、一派生机。可走近一看，山体上因采石开挖形成大的伤口便清晰地呈现出来了，满眼是草木稀少的秃山梁，这个场面让人触目惊心。

荒山刷绿漆，既浪费钱，又形成对环境的再次污染。估计没有哪个官员真心认为"绿漆刷山"能让人民生命安全趋利避害，不过是官场的"先进经验"不得不实践罢了。

在全国建设生态城市的热潮中，不乏"荒山刷绿漆"这般荒谬绝伦之事。难道没钱搞高科技、没有能力修复已遭到破坏的生态系统，就能成为浪费人力物力搞"绿色工程"的正当理由吗？各地应该保持清醒的头脑，脚踏实地，逐步建设真正的绿色生态城市。

（来源：新华网）

二、对话

主　　题 请为生态城市表个态
嘉　　宾 杨保军　中国城市规划设计研究院副院长
　　　　　李　铁　国家发改委城市和小城镇改革发展中心主任
主持人 石　楠　资深规划师、中国城市规划学会副理事长兼秘书长
时　　间 2011 年 12 月 28 日

图1　城市会客厅第09期现场

（左起：石楠、杨保军、李铁）

1. 生态城市是一个城市发展观

石楠： 我们这一章讨论的话题是生态城市，非常高兴请来两位嘉宾，坐在我身边的这位是城市规划方面的专家，中国城市规划设计研究院副院长杨保军博士。另一位是我们非常熟悉的城市发展和战略专家，国家发改委城市和小城镇改革发展中心主任李铁研究员。

生态城市的话题已经讨论了多年，应该说大家都非常熟悉，在网络上也有很多议论，刚刚提出生态城市就得到了很多国家的响应。总的来讲，生态城市概念强调的是城市本身作为一个生态系统，它包括社会的、经济的、自然的几个子系统。首先能不能请两位给我们一个简单的概念，就你们的经验而言，你们怎么理解生态城市，特别是在中国这个城市背景下？

杨保军：复合生态城市观

我对生态城市的理解，应该是在生态文明这样一个价值观的指导下的城市建设和发展。对于中国来说，我更加赞成的是复合生态城市观，除了自然的、社会的，还有经济的。

李铁：复合经济社会发展规律和自然规律的城市发展观

我理解的生态城市，更多的是说我们是不是能够呼吸良好的空气，喝上干净的水，周围是不是有很多的污染，城市的节能减排效果怎么样。但是这是国际上城市在发展到一定阶段提出来的问题。我们知道中国和国外是不一样的。很多人反对中国特色，但是中国确确实实有庞大的人口正处于从一个发展中国家向发达国家转变的时期。现在提出生态城市，确实对我们的思维来讲是一个冲击。

在 80 年代的时候，国外的专家在中国提出生态城市，我们当时提出发展优先，要优先发展经济。现在我们发展到了一定阶段，无法忍受现在的生态系统。在北京、上海这样的大城市生态污染很严重，这个时候提出生态城市意义很重大。

对什么是生态城市理解千差万别。我个人理解，生态城市是适合我们发展阶段的一个城市发展观，既要符合经济社会发展的规律，同时也要符合自然的规律，这就是城市发展的标准。到底什么是生态发展观，我也没有更准确的看法。

石楠：我发现两位专家都比较强调发展到一定阶段以后，结合我们当前特定的生活质量的改善，我们国家人民对生态环境提出了更高的要求。另外一方面，国际上和中国国内出现很多类似的观点，像园林城市、低碳城市，可能还包括其他的一些花园城市等等概念。这些概念，你们觉得它们是不是一回事，它们之间有没有区别？

杨保军：我认为它们之间是有联系的，但不是一回事。园林城市搞了好多年，突出的是绿化，是景观。它也有指标来评价，一定程度上推动各个城市开始重视绿化的建设、优化排水体系。但是它更注重的是从自然的角度，没有达到整个生态系统的范畴。花园城市是新加坡提出来的，是把公共空间做了改善，使得大家在一个舒适、优美的环境当中。

石楠：还是强调一个生态的系统性。

杨保军：对，实际上是三个系统的协调。经济系统讲究的是资源的高效率，经济要高效，不是浪费；自然系统是和谐的，是可持续的；社会的发展是可持续的。

李铁：从实践中，包括从国外国内案例来看，我们这些城市最近的提法及变化的核心是不太一样的。改革开放初期，我们希望城市是发展的。讲到生态，没发展就是生态，但是发展到一定阶段，产生大量的工业废弃物和生活废弃物的时候，这就不是生态了。

园林城市是生态城市的前身，我们只看到表面绿化比较好，还没有想到更多的内容。在这个时候很多城市提出了园林城市，大量建公园，任何一个城市都要有一个中心花园。在 90 年代的时候，我们有关部门要求每一个乡镇城市有多少个花园，多少个广场。我曾经去过黑龙江的一个镇，只有一万人，周围是森林，特别好的森林，却一定要在小镇中心修一个广场。为什么要修广场？认为人们离不开公园，所以一定要修一个公园，这是一个阶段。到现在园林城市，到后来生态城市、绿色城市的时候，内容发生了变化。

生态城市不是一个视觉的变化，而是和我们生活相关的所有内容，包括经济社会、人文景观的变化，资源的高效利用，基础设施要更加完善。我们整个生活过程中要减少废弃物的排放。比如说垃圾回收，这是一种生活习惯，是社会性的改变。不是在一个小环境之内，是在整个大的系统，整个国家的范围内，这就是很多发达国家应用到现在城市的变化。这种变化说明社会在进步，对于城市的要求进一步从一个表象、从一个视觉、从一个简单的景观的变化，到一个总的社会所有人的系统当中，这就是我们讲的从花园、园林到生态、低碳。

石楠：今天的生态城市是人类历史上对于我们自身发展规律不断深化认识的结晶。

杨保军：我再补充一下，绿化的问题。上海的研究表明，在过去，当我们认为草坪可以改善环境，可以提供美好的花园的时候，我们就种草坪。有了生态的理念以后，大面积改善草坪。上海人提出两个原则。第一个原则叫生态第一，景观第二。第二个原则就是以本地树种为主，选择最容易生长的草种。

石楠：还是把生态放在第一位，把美观放在次一位。

李铁：廉价的不一定是不好的

有一个特殊的例子，大量的官员外出培训，看到了国外的树木，都觉得很好，想要引进。实际上有一个很大的问题，因为我们还讲生态效应，那么干旱地区是不是也搞草坪？

比如兰州机场镇搞了一个500平方米的水面和大面积的草坪。草坪怎么来的？草坪需要水。欧洲有大量的降雨，大量的森林，人们见不到阳光，天然的草坪很美。我们想到了，但是我们是不是可以做呢？这水资源哪来呢？北京大量做草坪，做了很多，天津也开始引进。实际上保军刚才讲，引进树种要花钱，要通过碳排放创造收入来买树种，还要用大量的水灌溉草坪。这个时候地方长官要考虑一下，是否符合自然规律的生长。

2. 生态城市的衡量标准要因地制宜

石楠：现在生态城市的建设是有很多科学的规律在里面的。最近我也看到媒体有报道，南方有一个城市要建设一个科技生态城，这个案例在民众当中引起了很大的反响，有一部分记者和一部分民众提出来原来的容积率很低，就一点几，后来就变成了六点几。这样高强度的开发，对原始植被造成伤害。现在不管园林城市也好，花园城市也好，生态城市也好，它们有没有一个指标来衡量呢？

杨保军：这套指标一直是在研究的，公认的还没有。

石楠：比如说考核哪几个方面？

杨保军：至少有几个方面是和生态离不开的。

第一个就是碳排放，为什么后来把低碳和碳排放连起来说呢？生态的城市应该是有利于减排的，在能源的利用上，要尽最大可能使用可再生能源，而不是化学能源。至于到底可再生比例占多大呢？不同的地方条件不一样。我在天津做生态城市的时候，尽最大的努力也只让生态城市达到百分之十几，曹妃甸却要达到百分之九十几，我们当时就觉得不可能，但是曹妃甸的地域条件和天津的地域的条件不一样。

还有一个就是本地就业率，就是要让老百姓更方便地就业生活。在考虑老百姓有居住环境、配套设施的同时，还要考虑就业。因为生态城市一个最重要的特征就是尽可能短距离工作，短距离、分散、就地来解决这些问题，运用我们的技术手段来解决。不是排斥大规模，而是崇尚小，崇尚自下而上的小。所以就业也是一个指标。

当然绿地的指标也是不可少的，还有公共交通，慢行系统，循环利用等等。这是一些常用的指标。

但是你讲的例子可能是一个难题，恰恰没有容积率的说法，就是说没有人说容积率达到多少就是生态城市，小于多少就不是生态城市。恰恰从绿色的本身来看，要求的是适度的密度，如果密度太低，是不生态的，是对资源的浪费。借鉴生物学的观点，如果一片草原上只有一头羊，这个物种很快就会灭绝。但是同样一块草地，过多的羊也会灭绝。要保证一定数量，这个物种才能保证延续，所谓的生态平衡才能持续。这个恰当的密度又有很多因素，比如说交通管理方式、管理水平等等，这个问题还不好说。

石楠： 李主任能不能说一些这方面的经验？

李铁： 这个在中国确实是要迫切解决的问题，是热门的话题。但是现在都是一边倒，都希望提出一个解决方案。我前段时间在一些学校提出可持续发展指标，这些学校都把生态城市作为绿化指标。问题就出在这里，我们怎么理解这个指标，比如说上海、北京指标怎么确定？还有在正在规划的地区，他们怎么解决？有一些城市已经进入了发达国家的行列，但是城市的外来人口是不是统计在城市人口里面？

回到刚才的案例，高密度和低密度的发展模式，有两个例子。第一个例子就是万通公司要在北京或者哪个地方建一个新城，但是比如说修建了一个新城，哪里配套给穷人？他们的基础设施服务怎么来解决？这个是孤立的。第二个就是生态城市，当然我刚才讲过，高效率的城市有很重要的特点，就是减少我们的出行长度，减少出行成本。比如说密度越大，出行的长度就越短，我就不用开车了，直接步行去工作就可以了。这里就涉及一系列的就业问题、居住问题，是一个整体的变化。但是从另外一方面看，我们应该有这样一个标准，是多少万人口规模的城市，达到这样的规模了，才可以有这样一个新城。

现在我特别苦恼的是什么呢？一旦制定标准，这个标准就会变成一刀切的标准。城乡规划法，包括规划条例没有把城市按照规模大小具体归类，没有根据具体的地貌条件来分类，就把主干道、二级干道的标准全规定出来了，包括容积率也给了一个确定的规模，我觉得这点违背了城市的自然发展规律。这种情况下，所谓容积率标准的问题，还是应该因地制宜，因城市而言。

为什么会产生这种现象？实际上这是我们的城市发展理念、城市管理模式的体制问题。就是说一个城市的发展观，长官们都可以随意根据自己大脑的套路做，按执政期间的发展模式做，却不按照发展观的要求来做。其次是开发商的利益引导形成了很多误区。我倒挺赞成保军讲的，适合的就是最好的。

石楠：我们很难追求一个全国的指标，还是要根据自己的条件，经济发展水平，甚至包括人口规模，来追求生活质量。

国家很明确地提出来要节能减排，要循环经济，这个在当今大的发展背景下是完全贴切的，在认识上进步了，不仅需要绿化、美观，还需要人更和谐地相处。

大家看到香港都是高楼大厦高密度开发，觉得非常好，但是大家没有看到他们的交通非常好，实际上他们90%的土地没有开发。2001年我到英国参观了一个社区，当时那个社区刚刚开始建设，他们号称零碳社区，没有能源的输入，也没有废弃物的排出，是自我完善的社区。去年的世博会在最佳试验区有一些案例，我个人理解，生态城市理念是从国外传过来的。两位也到世界各地去看，你们认为哪些国家的案例对我们来说更适用，更适合？

杨保军：我比较推崇的是德国的弗莱堡。它有两个城市，一个新城，一个老城。老城体现了对自然的尊重，利用自然的条件来建设城市，用一句通俗的话来说，老城就是一个好的城市。我当时请教吴良镛说要做生态城市，应该怎么做？他说生态城市就是一个好的城市。他说以前的老北京也可以叫生态城市，这是他给我的启发。弗莱堡的新城不大，几百平方公里，注意一下，至少节能是做到了，通过了一些技术，保温墙体。我去过设计人员的办公室，我们一帮人进去以后就开始听他介绍。外面是下着大雪的，非常冷，我们进去把衣服脱了没注意。然后他就问我，你们在办公室有没有觉得寒冷？我们说不冷。他说你们猜我这个屋里头多少度？我们说 20 多度。他说你们再找找空调在哪里？我们没有找到。我们很奇怪，就问你的空调在哪里？他说你们每个人进来都有热度，我只不过是将它保存下来了。还有一些公共交通做得很好，密度是恰当的。

我不大欣赏一些沙漠里头耗费巨资打造一个号称的生态城，因为我觉得生态技术不是越高越好，我们推崇的是适用技术，适用方方面面的，包括经济实力、运营管理，还有适当密度。英国给了我另外一个启发，就是我去访问英国一个开发最成功的城市，他们说自己也有不成功的地方，就是密度太低。因为密度低，同样的人口规模就需要散落在更大的范围，公共设施要满足合理规模的人口，覆盖范围就要大，所以他们觉得可持续性方面有缺陷。现在他们试图想办法加密，使其达到一个更合适的密度。

石楠：您强调一个好的、适当的密度，适用的技术，满足生态的需要。李主任您怎么看？

李铁：关于最佳城市试验区，在开馆前我们就做了一下午的直播。我跟他的结论不一样，他做了很多试验，可是没有解决一个问题，就是成本问题。比如说东北是最冷的，墙一定要厚，东北的墙比南方的墙厚很多，因为那边很冷，要保温。清华搞了一个绝对生态的大楼，把地下水引进了清华的循环系统，这个是很好的，但是成本也很高。我们现在面对的是高速化的城市发展时期，大量的民工向城里迈进。在这个数亿人口等待进城的时候，我们能不能做到世界上极端的城市化？何况中国的资源并不那么丰富，我们还要解决这么多人的就业。这个就业不是低端就业，而是高端就业。

我觉得要想解决这个生态的问题，可能有一个最好的办法，就是我们向国外的例子学习。最简单的例子就是在达到一定人口规模的时候，主张提高城市利用。我们现在的做法都是相反的。以前我们是做了很大的基础设施，有钱，但没有人口支撑，未来要负担很多的成本。可是现在面临大量进城人口成本的时候，我们再做极端的生态例子。结果是什么呢？就得需要大量的工业来支撑税收，支撑生态化城市。我们的城市化水平已经很高了，为什么还要把工业放在重要的位置？就是忘记了城市发展模式和服务业发展路径是向背的，城市差距很大。所谓的世界生态模式，却没有给服务业提供就业机会和创造机会，我们的服务业就业人数本应该超过工业人数很多，但是现在，甚至上海这样的发达城市，工业人数指标仍然占的比重很大。所以我们城市的发展模式，产业的发展模式，城市发展的密度，给我们未来的生态城市改变带来了很大的危机。

3. 生态城市建设，价值与价格孰轻孰重

石楠：城市很复杂，第一个就是城市结构的问题，第二个就是要想生态来改善，成本怎么办？怎么算这个账？

我们先谈第二个问题。我前几天在南方一个城市，他们刚刚修了一条生活性的干道，这条路上采用了生态的理念和技术，断面依然是三块面的断面，但是自行车道采取废旧轮胎铺地，给大家一个非常好的骑自行车的环境。中间的隔离带是雨水收集系统，只有当雨水收集满的时候，才会流出来。同时路灯采用了光电技术和风能技术的互补。但是带来的问题就是成本增加。我跟当地的同志聊天，他们说增加的额外成本需要他们花 9 年时间来化解掉，这是一个很大的公共财政负担。怎么想办法降低能耗，可能是我们面临的问题。低碳技术，适用的技术可能特别重要。杨博士，您在其他地方有没有值得推荐的建议？什么样的技术对我们来讲最适用，对经济上来讲最合理呢？

杨保军：价值重于价格

这是一个躲不开的话题。我在英国的时候，和他们的专家做过一个交流，他有一句话给我一点启发。他说在生态这个语境下，我们有一个观念的转变，就是要用价值替代价格。因为价格，比如说这双鞋多少钱，如果你是 18 块钱，我是 20 块钱，假如说质量是一样的，我是竞争不过你的。但是如果你的鞋质量不过硬，明年就得坏，后年还得再买一双，我们就得用价格来当做一个依据来选择。这位专家说价值是什么概念呢？这双鞋可能不是 18 块钱，可能是 80 块钱，但是，是品牌，穿的时候感觉就不一样，关键是 5 年都不会坏。

现在很多生态技术肯定都是要多花钱的，但是你要算这个账，在生命周期里头，是不是在后头就捞过来了。我当时就怀疑，有没有这种可能。

我在贵阳开会碰到一个开发商，他是开发写字楼，他在中国的所有写字楼全达到了美国的指标。他算过成本，要比别的建筑投入多20%左右，要8年时间回收成本，8年以后利润就不一样了。这是给我们的一个启发。

石楠：前面会有一个高投入，后面是很有竞争力的。

杨保军：这是他们给我们的一个启发。另一个例子是我到山西做了一个节能灯的项目。我们建设部也在提高节能减排，提倡做LED。一个美国回来的博士开一个灯厂制造节能灯。我跟他说，我听说你生产的灯虽然节能，但是很快就坏了。他说我研究的技术就不是那么容易坏，寿命比较长，才有竞争力。后来我说你比别人贵，为什么要买你的？他说我是这样推广我的产品的：比如说你的国宏大楼，假如这些灯都不是节能的，我免费给你更换我的灯，我不要钱，全部换成我的灯，但是省下来的电费归你。他就先从政府开始，把政府耗能比较大的灯泡都换了下来，如果不节能不要钱。但是节约下来了，就得买他的灯。通过技术，会有一定的变化。

石楠：这是一个很关键的问题，很简单的白炽灯可能是几块钱，但是我看不到节省下来钱了，我看到的是灯的价格翻了若干倍。

杨保军：在某些项目上，我们需要去尝试，去尝试这样一种新的技术，在某些有条件的项目上尝试。我也赞成李主任说的，因为他做过基层的调研，一直在强调我们城市化的门槛成本过高，对整个经济转型是不利的。如果一下就要求所有的建设行为都拉高，看起来在这一块有所建设，但是整体来看更不划算。

李铁：这个度怎么把握？

杨保军：不应该一刀切。

石楠：李主任提到产业结构的时候我很感兴趣，我们很多城市还是以制造业为主，还是大能耗，排放比较多的产业占了很大的比重。在这种情况下，东部地区可能会出现增长比较快的现象，是最生态的一些产业增长比较快。对于大量的中西部地区来讲，还在很痛苦地面临着选择生态改善还是经济增长这一大难题。从产业结构调整结构来说，能不能给大家提出一些好的建议？

李铁：这是一个城市发展理念的问题。我们怎么来认识这个城市发展过程？我们都知道城市化的快速发展是来源于工业化，工业化达到一定程度，带来城市化水平的提高，带来城市的快速增长。我们不能否认工业化在城市化当中承担重担的必然过程。对于很多城市来讲，必须要发展工业，没有一定规模工业化支撑的时候，不可能发展服务业。在需要解决大量人口就业的时候，是需要制造业来解决的。劳动密集型产业发展到一定时候，会创造一些就业需求，税收会带来财政，基础设施建设，带来城市的变化，这样形成产业合理发展的过程。

回过头来，我们来看中国的事。现在我们违背了很多规律。一个是税收结构，现在政府能拿到的税收主要是工业税收；服务业税收，低端的税收都是个人的，很低，税收很少，不适合我们城市的建设。但是，当税收满足到一定收入水准之后，应该调整产业结构，这就是扩张的结果。下一步还是要解决税收的问题，税收机制推动了政府要不断给工业出让土地，就导致了城市大饼摊得越来越大，未来想发展服务业也很困难了。

现在回过头来看，包括天津的新城滨海新区，包括一些地级城市、省级城市，甚至包括北京、上海浦西的模式，香港的模式几乎见不到。即使工业发展很快，没有解决人口密度的问题，服务业还是发展不起来。我们现在要求什么样的服务业？要排斥低端服务业。这样的话，还是一样的道理：高端服务业要有高端的城市环境，高端的生态环境，最后带来城市的成本在增加。如果我们仅仅给富人讲生态，完全可以做到。比如说到广东东莞去，有两类社区，一类是工厂的外来工居住区，一类是当地户籍人口的居住区，老的社区已经达到生态，但是新的社区可能就会发生很大的变化。

中国是一个开放的社会，大量的人口还在往城市进。这个时候提出生态的概念，就面临着成本和人口的进入。若只是满足富人的要求，那么已经达到了。城市白领、城市的官员、城市的知识分子，他们都会提出生态城市这个概念。比如说北京，为什么这么多年一直反对外来人口？所有的富人结构都知道生态对他们的重要意义。可是北京不是富人的世界，北京还有近千万的城市建设人口、外来人口，他们需要享受服务，他们没有可能买得起生态计划。这个恐怕不是一个简单的生态问题，我们说应该是城市化发展战略和城市化进程导向的问题。

4. 国际上生态城市的经验

石楠：生态化生态城市是一个非常好的理念，到了今天我们该谈这个事。另外，要有一个平衡。您刚才讲到税收制度上还存在一些不是很合理的地方，导致一届又一届政府，在用地扩张、制造业扩张上面比较热衷。我曾经看到一个材料，在我们城市的利用效率里面，工业用地是浪费最严重的。从制度的角度来说，这不是很简单的话题。德国的弗莱堡既有老城区，也有新城区。我们现在有很多城市都是新城，但是现在最大的挑战是我们既有的600多个城市，大量的镇，现有的城区如何生态化改造，这方面有没有一些国际国内比较成熟的经验？

杨保军：实际上我们国内的生态城市，现在还只是探索性的。按照建设部部长的说法，有三类。一个是新区，用一些生态的理念和技术，并且创造一种生态健康的生活行为、生产方式、生活方式，符合生态文明观的行为来约束。还有一类，是在一些特殊条件下，灾后重建的地方，有机会一次性产生生态的技术，也有资金保证。再一类就是对已有的城区，在某些方面，还不是全方位的，需要某一方面的改造。这些在外国也有，比如说在德国，60年代建的公寓，限于当时的经济发展条件，大概就是四层的，没有电梯；等到真正变成老年公寓以后，四层也不大好爬，就必须要解决电梯的问题。房子已经建好了，在外头借助生态化的保温加厚，装了一个很简易的外挂的电梯，通过一些技术和设施的手段，来提高他们的宜居性。

一些管网性的改造也是有的，生态的理念性，我们工业文明时期建立起来的价值标准是要发生变化的。比如说过去我们按照工业生产的逻辑追求大规模、标准化，这样就造成了高成本。我们当时很多城市就建了大规模的污水处理厂，管网集中处理，集中排放。很显然，这种城市虽然有这个基础，但是不低碳，建造、运行过程当中要耗掉大量的能源。日本发展到家庭装置，家里头的厨余垃圾可以通过小装置循环掉。我们国家在老城这块和人家的差距就比较大了，我们似乎还没太掌握其方向

图 2　城市会客厅第 09 期现场

（左起：杨保军、李铁）

性，所以我们看到了更多的把老城也当成新区的建设模式全部推广开来。这样一来，我们就看到，才十几年的楼房就推掉，那肯定是不符合我们生态城市发展的。

李铁：我注意到老城改造有两类。一类是开发商引导，不是为了建新房，这个地段的土地价值很高，开发商卖楼的时候，会得到很好的利益。第二类是棚户区改造，那个确实该拆。老城新城问题也是我们面临的一个城市成本的问题。很多县城都是希望建新城，不愿做老城，因为老城改造的成本很高，一个是设施成本，一个是社会成本。说老北京好，但是基础设施不全，20 多户人家一个厕所，脏了都没有人打扫，连个公共设施都没有，一个水龙头好几家用，每家在自己家搭一个简易的厨房烧蜂窝煤。谁来修公共设施？谁来管，谁来投入？投入以后，成本能不能收回来？如果搬迁，新的房子投入谁来负责？王岐山当市长的时候就提出了这个问题，为了回避社会矛盾，回避拆迁矛盾，你们搬到新城去。但是效果往往是老城人不愿意到新城去。老城最好的就是就业环境，物价便宜，生活方便，几乎很少有老城人搬到新城去，这就是我们对老城发展怎么认识的问题。

　　无论新城还是老城，认识到发展规律应该是漫长的过程，不是两三年，三五年就可以做得到的。要认识到中国这种城市化发展规划，要做长期打算，要给居民自由选择的空间。可是每一届政府都提出要在任期内建一个生态城市，把概念强加到一个城市当中，这是我们城市长官对生态城市认识层面不够深导致的。当然，我们干部考核机制，长官的激励机制，也促使他们去做短期行为。

5. 中国应建立生态样板城市

　　石楠：我这儿有几组数字。目前国内已经正式向发改委和建设部提出来要建设生态城市的地方有50多个。这个数字可能比较老了。全国以生态城市为目标的城市达到59个，600多个城市当中，提出生态城市口号的达到90%。今天生态城市在中国简直是风生水起，如火如荼。

　　杨保军：生态城市是城市发展高级阶段产物

　　我可能跟李主任评价的角度不一样。我首先觉得生态城市是一个城市发展的高级阶段。因为人类的原始文明形态就挺好的，田园牧歌嘛，但是为什么要发展工业文明呢？工业文明还没有走到头，按照工业文明逻辑延伸下去就会有生态文明。我们知道为什么要强调跟自然协调，跟社会协调，要高效，尽快消耗、循环，这些都是应对整个气候变化、环境恶化、资源短缺，以及社会冲突。这个所谓的生态城市，实际上我一开始就谈到了，应该在生态文明观的价值下，要改变很多工业文明时代的传统做法，我是觉得这是城市未来发展的方向，值得鼓励，这是必由之路。

　　接下来李主任担心的是生态城市在现实当中走样了，存在着包装的意思，名不符实，挂羊头卖狗肉，不知道他们在做什么。其实要看到一些积极的意义。我们不能一遇到问题马上就全盘否定了，我们要斟酌。我去天津考察过，他们有几点我还是满意的。我也跟他们谈到了，这个很复杂，这不光是认识的问题，还有财政税收制度，有很多操作层面的制约，所以走成现在这个样子。我倒是赞成李主任这个意见，我们要区分不同地区、不同规模、不同发展阶段的城市，它们最迫切的需求。

石楠：您的观点是说生态城市本身是个好东西，但跟风的东西难以避免，还是要做一些甄别。

李铁：认识不同正常。咱们前面讲过了，比如说提高容积率，降低能耗，发展服务业，正确地减少长官的抑制行为，以使城市更生态。我们现在做的生态城市，不一定用指标衡量，我们可以提出一个理念，到底怎么做才能让城市更生态。但是现在即使人口开放进来了，我们还可以做到生态城市，那并不是坏事。一定要提的是我们前面讲到花园城市、园林城市的时候，我们排斥人口的成分。大家不知道什么是生态城市，甚至认为这就是对的，把对的目标告诉他，按照对的机制来考核就可以了。但是问题是谁来做？谁来评价？

石楠：确实有主管部门，有领导提出来，研究要杜绝生态城市虚假的成分，要排斥所谓的业绩生态城，这种还是比较重要的说法。我感兴趣的不是怎么说这个事，而是怎么做，如何来规范。我不敢肯定每一个市长都是抱着很好的愿望建生态城市的。但是现在说了有虚假的，如果把经念歪了，有挂羊头卖狗肉的，政府角度建议如何规范？

李铁：我认为有关部门首先有一件事情要做，就是不要老提概念，而是应该实实在在地做出几个样板，让大家知道谁是对的。现在没有人告诉你什么是对的，仅仅是生态的概念。教授有教授的看法，专家有专家的看法，官员有官员的看法，一大堆指标出来，规划师有漂亮的规划图在那里支撑着，甚至是澳大利亚、新加坡的规划师来做规划。然后地产商打出生态地产的概念，吸引眼球，卖高价。城市的长官通过生态获取自己所谓的政绩和资源的机会。正因如此，提出生态城市，我们就要对生态城市的问题进行深刻分析，来提出或者寻找一种实践和示范，告诉在不同类型、不同规模、不同发展水平的城市，怎么样做，在哪一个环节，哪一个细节上做才是对的，这个恐怕是当务之急。

石楠：所以从当前来讲，还是要回到生态城最本真、最实质性的东西，不要去片面夸大效果。同时很强调一个好的榜样力量，我们要拿出一个样板来。我回过头来问二位一个问题，我们三个都在北京生活，都是北京的市民，北京的生态环境也是大家非常关注的。李主任前面讲的PM2.5是大家关注的。我记得这个月有几天大雾，我当时就说北京还是靠天吃饭的城市，如果没有风的话，这个雾就散不开。当时网上有人调侃说，这个年头喝西北风都能中毒。我们需要一个榜样城市，你们觉得我们现在中国的城市，跟你们理解的生态城市还差多远？主要的差距在哪里？

杨保军：这个问题比较难回答。差得非常远，所以我觉得生态城市是一个必由之路，但是也是一个很艰辛、很长的路。具体差在哪里呢？两方面。第一个是差在我们自然环境。就是工业化这么多年，我们是以牺牲环境来作为代价的，从水体到大气都是这样，到现在为止没有完全改善过来。这是自然环境，这一块要想恢复到一个比较好的状态，还是有很长的路要走。我们的价值观还有很大的距离。

第二个就是难在制度。要鉴别是不是真正领会到了生态城市、生态文明的精髓在哪里。只要看到那条 60 米宽的路就知道是不生态的；看到广场是 10 公顷以上的就知道是不生态的。因为这是传统的工业文明的东西，而生态文明要的是什么呢？制度上要建构一个自下而上的、因地制宜的标准，包括操作。老百姓是蹲下来看城市，不是站在屋顶上看城市。所以我认为价值观的转变也是很重要的。

石楠：李主任你怎么看？

李铁：PM2.5 的事说起来复杂，其实也不复杂。第一由于北京人的收入水平提高了，我们的要求提高了。第二北京是被制度堆积的城市，大量的行政资源建立在北京，成本是失真的。北京是全国的首都，没水了，南水北调；没气了，可以西气东输；没电了，可以牺牲别的省来保证北京有电，而且价格很低。成本失真的时候，一定是高能耗的，甚至是用全国的资源维持。

堵车，PM2.5，这是大家关注的问题，北京出现过很多问题，比如水灾。可以这么说，北京打个盹儿，全国都会受到影响。我们看到的是被行政资源笼罩的、一个被惯坏的群体，所以提出了更高的要求。首都可以导致大量产业的产生，本来首都有 75% 的服务业，但是通过行政资源的能力和各个要素的吸引，有更多的产业产生。

石楠：刚才两位都谈到了一个很重要的视角，讲到生态城市的问题，我们确实要放低身段，我们不是精英，不是上帝能创造城市，我们就是普普通通的市民。在现在中国来讲，有政府积极的推动，有房地产企业，包括规划师、科学家，唯独没有市民，很少听到市民主动提到要发挥很积极的作用。我特别想了解，我们作为一个普通的市民，大家应该去做什么？

杨保军：举个例子就是万科建房子，战术上在用低碳的技术，可能用了很多节能先锋技术。但是如果搞了一个十万人的城市，没有就业，社会不生产，虽然成本是低碳的，但战略还是高碳的。在正确规划的战略前提下，下一步就是生态技术，保温也好，什么都好，这些都有意义，有实际的价值。但是光有这些还不够，能走路，为什么还要开车？如果安全、舒适、便捷，那就应该鼓励大家用健康的方式。

石楠：所以生态城市建设，每一个人都要作为一分子，从点点滴滴抓起。李主任认为呢？

李铁：有钱人、暴发户买西服，戴金戒指，一看就是不生态了。有钱人应该加强教育，增加自己的知识。你可以不穿西服，但是人家也知道你是有品位的，也可以很生态地把垃圾收起来，不随地吐痰。这就是城市发展和人的发展的一个过程。可能我们现在过了那个穿西服的过程了，但是我们还有很长的路走。人是这样，生态城市也是这样。

6. 结语

石楠：结束之前，两位能不能给我们一个总结，在你们理解当中，生态城市什么最重要？假如你是城市的市长，你会采取什么措施？

杨保军：虽然讨论了很长时间，一直在研究，我认为就是四个字，低碳、就业。充分的就业，要有低碳的生产和生活方式，包括低碳的技术采用。

李铁：我所想到的生态，政府能做到的，最重要的一条，就是把自己的行为长期化，但是这也不是市长能决定的。如果政府的行为能长期化，我们很多问题就迎刃而解了。

石楠：李主任和杨院长从生态城市这个很热门的话题畅谈了自己的观点，特别是他们的角度，从制度层面，从技术层面等等，应该说给我们提供了一个思考问题的平台。

三、观点

观点1 >> 张剑飞："不破坏环境就是对生态环境最好、最聪明、成本最低的保护！"

在贵阳举行的以"生态城市——宜居、宜业、宜游"为主题的生态城市论坛上，长沙市市委副书记张剑飞与英国前首相布莱尔就生态环境保护这个话题展开了对话，并提出"不破坏就是最好的保护"。他认为，城市发展应该脱离"经济发展—污染—治理"的怪圈，不能走西方国家的老路，并强调城市建设中最重要的是保持生态，不能随便用破坏生态来换取城市的发展，要充分利用、发挥山川河流等既有的自然特色，保护和传承优秀的人文特色，在加强城市建设的同时做好生态保护工作。带污染的 GDP 绝对不是人们所向往的，如果一味地追求物质生活水平的提高而忽视了自然生态环境的保护，城市的未来将是荒凉与绝望。衡量一个城市，不能总盯在高楼大厦、公路或者厂房上，而应该看当地的生态环境是否良好，百姓是否幸福。

在长沙，不挖山、不砍树、不填水；建设项目注重提高工程质量和耐久性，同样的建筑耐久性提高一倍，资源消耗就减少一半。杜绝"70 年代的房子 80 年代拆，80 年代的房子 90 年代拆"，"才出施工队，又进维修队"这种不生态的做法。

（张剑飞，中共长沙市委副书记、长沙市人民政府市长。原文载于《新西部》，2009 年第 09 期）

观点2 >> 俞孔坚：大脚走向生态城市

回顾中国的城市化进程，走到现在，基本是小脚走路。中国的城市化持续了几千年，直到 20 世纪初辛亥革命以前，中国的少女们都被迫

"裹脚",以便能够嫁入豪门,成为"城里人"。城市贵族们为了有别于"乡巴佬",定义了所谓的"美"和"品位",手段是将自然所赋予的健康和寻常变为病态和异常。在过去的 30 年里,无论是新农村建设还是"生态城市"建设的样板,都给自然裹上了脚。河流和土地被裹上了水泥;道路两旁的油菜花换上了貌似"高雅"的观赏植物。俞孔坚教授认为,所谓高雅化实际上是剥夺健康、换取畸形的过程。城市化意味着消灭丰产、消灭自然的本质特征,所有的生产功能、实用功能都在城市化过程中消灭了。人们理想中的家园,难道就是被裹上小脚的城市么?

要想建设生态田园城市,我们需要一场大脚的革命。首先就要"反规划",解放和恢复自然,改变现有的城市发展建设规划模式,建立一套生态基础设施、绿色网络。不要把河道当做水渠,不要逢河就建坝,不要搞裁弯取直,要保留原来的河道,保留足够的河漫滩作为湿地,不要去动它。其次就是要建立大脚的美学。这种健康的、基于生态与环境伦理的新美学会让人们认识到自然是美的,崇尚野草之美、丰产之美。城市是给人建的,规划时要先考虑水怎么流、人怎么走,不能处处把汽车摆在前面。车多不要紧,人要最方便,才是生态的城市。

(俞孔坚,北京土人景观与建筑规划设计研究院创始人,哈佛大学设计学博士。原文载于《遂宁新闻网》,2011 年 5 月 31 日)

观点3 >>> 仇保兴:中国建立低碳生态城,具体问题要具体分析

低碳生态城有四种类型:技术创新型、适用宜居型、逐步演进型和灾后重建改造型。然而这四种类型并非都适用于当今的中国。比如技术创新型,只有富得流油的沙漠和石油国家才能用得起。再比如说适用宜居型,它的可再生能源比较高,所有的建筑都是绿色建筑,所有的交通必须是绿色交通,产业都是低碳产业。这是我国城市发展的方向。但我国城市发展更多的还是逐步演进型,即把既有的城市进行改造,减少汽车出行,鼓励电动自行车的发展,鼓励步行,鼓励产业的升级,将既有的建筑进行大幅度的改造等等措施。这样就可以逐步演变为低碳生态城。

在建设低碳生态城的时候，我们应该采取以下5个大的思路：第一，要根据国家的总体战略发展把低碳目标与生态城两个相互结合起来，通过低碳生态城的建设，把产业的优化布局和结构的升级，工业化与后工业化能够结合起来。第二，应该分地点、分地区、分不同气候区建立生态城。要修正刚性的错误，由通过城市评级促进准低碳向真正的低碳转变。第三，要充分利用中国传统的生态思路。与西方控制自然的观点不同，我们是顺应自然。在这一点上我们更接近生态理念。第四，生态城必须通过良好的设计和精细的管理，应当是景观上具有吸引力、具备良好的服务、设施齐全、社会和谐的宜居城市。第五，低碳生态城应该是建设成本可承担、发展模式可模仿、自身发展可持续的城市。

（仇保兴，住房和城乡建设部副部长，高级城市规划师。原文载于《筑龙网》，2011年3月3日）

观点4 >>> 栗德祥：生态城市，经验不能复制

我们提建设"生态城市"，实际上就是使城市中各个层面的子系统都向"可持续发展"的方面靠拢。现有的生态城市案例可以大致归结为理想规划型、小规模技术优化型和大规模整体改善型。这三种生态城市分别形成于不同的时空维度，各自的限制条件和生态基础都不尽相同。从他们身上我们能够总结出若干正面经验，例如可再生能源战略、强调可持续性交通体系的建立、绿色建筑的政策性推动、强调自然生态环境修复和建设等。但是这些经验之间有着千丝万缕的联系和相辅相成的作用。简单地将之割裂开来，指导其他城市的生态建设是不科学的。

生态城市的规划建设应该避免将某种类型生搬硬套，而要鼓励"统观全局，着手关键，因地制宜，分工协作"的协同规划模式。因为每一个城市的自然、经济、人文环境都不一样，所以任何一个生态城市都是不可复制的，不能简单地推崇某一种生态城市建设经验。盲目地推崇容易导致某种不良模式蔚然成风。在对成功的生态城市建设经验借鉴时，我们应该注意"学习—消化—吸收—转化"的过程，来实现生态城市建设目标的最终达成。

（栗德祥，北京清华城市规划设计研究院城市与建筑生态设计研究所所长，清华大学建筑学院教授。原文载于《新浪地产网》，2011 年 6 月 15 日）

观点5 >>> 王道涵、孙铁珩：要理性地去建设生态城市

建设生态城市是城市发展的未来方向，而规划则是生态城市建设的起点。在规划中需要优先考虑四个方面的问题。

首先是城市经营成本问题。城市经营成本是城市化需要支付的社会成本。如果一个城市的经营成本过大，说明其内部存在不协调点，是不可持续的表征。第二要考虑人力资源转化问题。现阶段，我国的城市需要将人口资源变为人力资本，要充分认识城市人力资源在一、二、三产业中的分配，在经济生态系统上要重点对人力资源的有效利用问题作出科学合理的规划。第三是区域生态安全问题。生态城市是一个开放的系统，时刻都要与其他区域进行物质流转，区域内生态环境的安全状态是决定区域内城市能否健康、持续发展的基本保证。因此，从生态环境建设的角度考虑，流域的综合利用与治理、自然保护区的地域分工与整体策略、生物多样性的廊道保育等一系列的区域内协作措施是构建生态城市所必不可少的。最后还要注意增长空间控制问题。"摊大饼"的城市不是生态的城市。盲目的城市扩张最终会受到城市环境容载能力和城市生存安全能力的限制。在生态城市规划中要注意"生态安全带"、"生态警戒带"和"城乡交错带"的建构，在控制城市增长空间的基础上，做好生态屏障。

通过上述四点，城市的生态设计才能建立在理性分析的基础上。

（王道涵，辽宁大学环境科学系副教授；孙铁珩，中国工程院院士。原文载于《城市环境与城市生态》，2005 年 10 月）

观点6 >>> 韩功纯、韩立华：急功近利现问题，系统统筹是关键

一些地区错误地理解生态城市的内涵，并急进化地建设生态城市，引发了一系列的城市环境问题。例如城市绿化建设流于形式，为了追求

政绩而建设不切实际的城市景观，北方城市大面积铺草坪，建设崇洋化等等。这些为了生态而生态的建设行为，挥霍了百姓的钱财，更丢失了城市的特色。近年来，由于城市用地规模日益增大、城市人口激增导致的环境污染、供水紧张、地面下沉等问题，使得原本就脆弱的城市生态系统变得更加不堪一击。

城市管理对策的提出是建设生态城市的有力保障。要通过立法来严格控制环境污染、加强资源利用中的生态环境保护。在城市规划建设中，要坚持人、建筑与环境协调统一，体现以人为本，突出城市生态建设特色，使城市生态建设现代化和国际化。

总之，建设生态城市不能急功近利，不能只埋头于对房前屋后环境恶化的整治以及街头巷尾交通堵塞的疏导，而应把主要精力放在可持续发展的长远规划上来。要把城市的经济建设与保护生态环境紧密结合起来，应该从生态学的角度研究全面建设小康社会的每项措施及步骤。生态城市规划必须以满足城市可持续发展需求为目标，综合考虑城市周边地区及所在区域生态环境的影响因素，用系统的观点从区域环境和区域生态系统的角度考虑城市生态环境问题。

（韩功纯、韩立华，长春市环境保护研究所。原文载于《城市管理与科技》，2005年第01期）

四、延伸阅读

方便还是生态的宜居

李 铁

高耸的塔楼、成片的草坪和绿地、宽宽的街道、城市中心区庞大的广场和公园衬托着政府的公共办公区。如果说仅仅是沿海发达地区的中心城市或者是财政能力极为富余的中小城市有这样的能力去建造一个满足视觉和环境景观的宜居型城市尚可以理解，可是无论是在沿海发达地区还是在内部的相对贫困地区，城市的模式基本上都在沿着这个思路逐渐地复制。

或许生态型的宜居城市已经很深入城市管理者的心，我知道，这是体现政绩的最佳选择，也是中国国情的城镇化道路中一个无法回避的主题。但是从一个城市的研究者来看，或者是从一个纯粹的城市市民来看，确实存在着很多的误区。

居民是愿意选择优美的环境还是选择方便?

我曾经问过很多同事，也问过很多在城里居住的人，是愿意搬到郊区，去享受新鲜空气，享受大自然的赋予，还是尽管交通拥挤，空气清洁度不高，汽车的噪音每天都在骚扰着自己的听觉器官也愿意住在城里?绝大部分人都愿意选择在城里居住，如果能承受得了房价的压力。当然，对于曾经享受到福利分房而居住在城里的人，更是不愿意搬出去。原因只有一个，方便。

在城里居住上班方便。就业地大多都在城里，无论是政府办公的地方还是一些公司，一般都在城市中心地带，上班近是一个很重要的考虑因素。在城里居住购物方便。出门没有几步远就是商店，大小的超市、百货商店、各种专业商店基本都集中在城里，虽然贵了一点，但是省了交通的费用，不见得贵到哪里。在城里居住看病方便。各大医院都集中在城里，例如北京的三甲医院，90%都在四环以内。尤其是老人，如果看病就地就近，肯定会对健康保健有很大的帮助，有了急病也不至于耽误。在城里居住，孩子上学和上幼儿园方便。现在的小学还按照街道分配名额，即使超出了街道的范围，公共交通也比较方便。如果住在郊区，孩子上学要花一个小时的时间，家长肯定心疼孩子，在路上要受很多的罪。方便的事情就不一一列举了，例如来人请吃饭，旁边就有饭馆;想看电影，电影院一定在城里人口最密集的地方。

相比之下，虽然有噪音，有污染，周围都是水泥森林，但是习惯了在城里居住的人就是图个方便。因此，对于大多数人来讲，居住的首选地当然是要方便了。

那么为什么还有人去郊区住呢？去选择那里的新鲜空气，优美的环境，大尺度的空间？其实原因也不下几种情况。

首先是有钱人愿意去郊区，他们在城里都有住房，郊区基本是第二套住宅。周一到周五在城里居住，周末的时候到郊区去休息，享受生态和新鲜空气。其次是自由职业者愿意住在郊区，艺术家、作家在郊区创作比较安静，平常也不受上班所累。自由职业者经济上也比较富余，可以在郊区买大空间的房子或者是宅院，自己有汽车，开车购物也很方便。再次就是搬迁户，城里拆迁，补偿费肯定买不起城里的新楼盘，只好屈尊，带着一肚子怨气去郊区。补偿费只能够买郊区的稍大一点的房子，还要留一部分作为积蓄，以供不时之需。最后，肯定是农民，无论是当地农民还是外来农民，不得不住在郊区。他们并不在乎生态环境，他们的收入只能让他们永远地享受着郊区的新鲜空气，尽管他们的住房条件肯定不如集中开发的楼盘。

方便的城市在历史中的演变

首先要从城市的发展历史来谈起。无论是从农业社会向工业社会过渡，还是在不同地理区域内开展商品的交流，只要人们集中居住，就一定会要求相应的方便的服务。有的是需要公共组织来供给，有的则是需要市场来供给。正是由于集中居住带来了交易和经营的方便，甚至是管理的方便，城市便应运而生。

东方和西方城市的功能有很大的差别。东方专制体制下的城市，特别是都市，方便首先要满足统治者阶层的需求，所以城市的设计和功能更多地体现了国王、皇帝等的方便。而在西方社会，市场的基础上发育了城市，城市更是要满足商人以至于在商人基础上发育成的市民的方便。因此我们看到了东方的皇宫，浩大而气势磅礴的建筑群，精美的设计，集中地体现到了城市为统治者提供的各项方便，其中不乏视觉上的满足感。而在西方古希腊、古罗马时期，方便当然是为了商人阶级的利益，因此我们看到的更多的是豪华的室内装饰、良好的供水和配水系统、奢侈的洗浴空间等。那一时代，奴隶是没有权利享受这些方便的。

中世纪以后，东西方为了满足统治者的利益，在城市发展的功能上都体现出了为王权统治者提供的方便。法国、德国和英国的皇宫，在方便上不亚于东方帝国的都市。但是就在这一时期，意大利的商人兴建的城市，如佛罗伦萨、威尼斯、热那亚等，功能上主要还是满足市民的方便，在此基础上形成了真正意义的市民城市。中世纪的城市化运动以后，特别是工业革命以后，城市的意义在于就业的方便。城市化的根本含义就是当大量农民进城寻找就业机会的时候，城市提供就业机会，为产业的发展承担载体的作用，而这一过程是较低的成本聚集的过程。这一时期城市的方便在于适应的低成本就业和服务的方便。

其次，城市发展的历程中，就业的方便带来了居民收入的增加，城市人口开始了聚集，人口的增加则创造了新的就业需求，人和人之间产生了共同的服务需求。城市出现了社会的分工，工人可以去工厂就业，住房的问题则由建筑商去解决。工人聚集区的服务业开始发展，商店、饭馆、旅店、理发馆等等解决社区的服务问题，城市的功能发生了变化。随之而来的是居民收入的增加，贫富差距的出现，产业的分工，开始出现了金融业、房地产业、大规模的商业、文化产业、教育业等。无论哪种行业的出现，无疑都是围绕着城市的方便开展各项服务。而连接这些服务业、产业和居民空间的纽带——城市的交通业就被赋予了新的含义。但是交通一定是服务于城市的各项功能，使其更为方便地运营，而不是用来切割城市。

从城市发展历史的演变可以看出，城市之所以有人口聚集，在不同的时期有不同的功能，但基本上都是满足于就业和服务的方便。因此人们到城里居住，当然是要解决就业和生活的方便问题。即使在中国，人们进入城市，无论是在 1949 年以前，还是在改革开放以后，生活和就业的方便一定是第一选择。但是值得说明的是，在不同的发展阶段，城市所提供的方便也一定要遵循城市发展的历史，就是从就业的方便和到生活的方便是一个低成本变化的过程。而在工业化进程的中期，城市所能提供的方便，无论是就业还是生活，要遵循低成本的规律，也要遵从方便的功能性原则。

从现在的城市看，虽然在遵循着发展的不同制度途径，但是在居民和社会层面的要求上，方便还是第一位的。在欧洲，无论是哪个城市，政府和市场在提供服务上都要以满足方便为第一原则。政府所能提供的无非是教育、公共卫生、环境和基础设施的方便。而市场则在提供服务业的各个行业上也是必须要满足方便的基本原则。方便贯穿于城市管理者管理城市的始终，而城市的市场供应者也一定不能背离方便这个最为初始的需求。

中国的城市也带有鲜明的历史印记。都城的设计、皇宫的建造等等无不体现了国家的一切机器都是要满足于统治者的方便。尽管中国历史上也有"东南形胜，三吴都会，钱塘自古繁华；烟柳画桥，风帘翠幕，参差十万人家"这样商业性的城市，但是在城市建造的基本功能上，官府对于城市的影响一定要优于市民的选择。市场在集权体制的限制下总是屈从于政府对于城市功能总体的要求。所以，在中国的城市发展历史中，我们很难感受到从制度上、从功能设计上能体现方便的基本需求。

1949年以来，中国城市的发展虽然延续了人口聚集必然带来方便的功能，但是，政府对于城市的要求显然远远大于城市对于市民需求的满足。例如以往的城市发展中对于生产性功能的要求，50年代末期限制城市发展的政策等。改革开放后，城市的发展虽然日新月异，但是在城市的功能设计上，更多地体现了视觉的功能，体现了政府管理者对政绩的要求，体现了超越城市发展阶段、违背城市发展规律的遍地开花的生态宜居城市的功能。在城市内部的构造上，例如建筑的设计、街区的设计，往往只看到视觉效应，忽视了方便的功能。从这些例子来看，中国城市的发展，在某种程度上也体现出一定的历史印记。

如何看待方便的城市？

从当前的城市发展阶段看，城市需要的更多的是方便。我国人均国民收入3000美元左右，在中西部地区的一些城市还有较大的差距。在这样的收入条件下，城镇居民首先要满足基本的住房需求，更希望享受城市生活带来的方便。如果我们有条件在城区内解决城市的基础设施条件的改善，解决好供水、排水、供电、通信以及垃圾的清运问题，居民当然还是愿意居住在城里，毕竟这里比起郊区和所谓的生态宜居小区方便得多。

从当前的居民收入水平来看，很少居民能够买得起第二套住宅。因此，绝大部分城镇居民宁可住在城内面积较小的住宅，也不愿意到郊区去体验生态环境。况且，城里的方便是郊区无法替代的。

从当前的就业状况看，在城里居住，找工作要方便得多，即使经营服务业，也比郊区有更好的条件。特别是在中小城市和小城镇，开店小本经营的成本很低，价格也很便宜。例如在街道经营摊点，在露天市场设摊，很低的成本就可以解决就业问题。现在很多城市的管理容不得这样低成本的就业，把这些作为脏乱差的根源。其实，即使在欧洲等发达国家，这样的就业形式已是比较普遍。

从城镇化的发展趋势看，城镇的方便，也有利于外来务工人员进城就业和生活。现在的城镇看着都很漂亮，当然也容不得刚刚进入城镇务工经商的农民，因为他们的衣着、举止以及受教育水平似乎和现在城里的环境不太相容。宽敞的马路、豪华的广场、漂亮的草坪和绿地，当然对于城里人和富人是休闲的好地方。但是对于可能要接纳的大量外来人口来说，这样的城市是一个不方便的地方。而农民进城的初始肯定是要和自己的各种习惯相适应，需要更为方便的适合的城镇。但是哪一类城市能方便地向他们敞开大门呢？

城市要方便，城市的基础设施、公共建筑也需要方便。我们看到城市修建的好多设施看着很漂亮，也很气魄，但是就是感觉路要走得多，打车要好远，过马路要绕很远才能上过街天桥。火车站看着漂亮，但是上下车并不方便。商业街看着很宽敞，但是每一个商铺要隔很远，而且还要穿过隔离带才能走到街对面的商铺中去。飞机场，从停车到登机要走十几分钟。地铁站的设置，学校的周边环境，处处都感觉到不方便。广场很大，但是不在居民区旁边，要去广场可能要走很远的路。而城市的唯一优点就是好看了。但是好看和不方便相比，就是一句传统的土话"中看不中用"。

是谁在让城市不方便？

既然大多数人都愿意住在城里，既然大多数人都愿意选择方便，为什么现在大多数的城市管理者都在倡导生态的宜居城市的概念呢？根据近些年的调查，分析大概有以下几个方面的原因。

盲目地照抄发达国家的经验。近些年我们的城市管理者出国多了，看到国外的城市居住环境很好，特别是一些发达国家（只是一部分发达国家）居住环境的规划空间尺度很大，绿色生态保护得很好。既然中国要搞现代化，肯定要学习这些国家的先进经验，所以也提出了自己的生态城市的概念。当然对于我们这样人口如此众多、环境条件有着相当大差距的国家来说，学习这些经验显然不适合我们的国情。

旧城改造的成本比较高，而低价拿农民的地比较方便。土地的限制较少，可以塑造生态的大尺度空间。目前中国的绝大部分城市之所以要选择生态宜居城市，实际上是在回避旧城的改造。旧城的基础设施欠账太多，改造起来成本太高，政府又没有足够的资金进行旧城改造。另外，旧城改造在视觉上看起来效果不明显，基本上都是地下设施，如给排水、道路的整修和小环境的塑造，可谓费力不讨好。新楼盘拿地基本在新区，低价从农民手里征用，塑造生态概念可以增加视觉效应，同时也和地产开发商不谋而合。

生态型楼盘开发成本较低，深受开发商喜爱。在中国，一般城市政府对开发商开发新楼盘没有公共服务设施的硬性要求。所以开发商拿地的成本较低，只是缴纳土地出让金或者解决搬迁问题就可以了。所谓生态型的楼盘，空间尺度大，对城市的富有阶层比较有吸引力，不需要兴建各类的公共配套设施，开发商有比较大的利润空间。在全国各地的城市新区，到处都可以看到一片片生态型开发小区，白天看起来绿树茵茵，夜里看起来漆黑一片。这里的居民的家只有睡觉的功能，其他的消费都要在城里进行。而对开发商来讲，只要把概念做完，房子卖出去，钱赚回来，就大功告成了。

一部分城市规划专家，由于专业的局限，也是生态型宜居城市的鼓吹者。我们国家的规划专家大概有两类，一类是技术型的空间规划专家，一类是环境地理学转为城市规划专家。这些专家偏重于城市的技术规划，忽略了城市的经济功能，在规划中也一般不考虑城市成本和相应的社会问题。正是由于专业的局限，他们谈生态问题驾轻就熟，而且也比较符合城市管理者的政绩观心理，所以一拍即合。城市管理者以城市规划专家的理论为依据，生态宜居的城市概念在全国产生了巨大的影响和仿效作用。

怎样让城市更方便？

其实道理很简单，就是回归城市原有的功能。现在讲学习科学发展观，讲以人为本，就是要从居民的基本需求出发，来解决城市的方便的问题。

首先要从观念上进行转变。城市是为居民服务的，满足居民的多样性需求，而不是满足领导的政绩观，不是要单纯地满足交通功能和视觉功能。所谓城市的功能，有就业的功能，有生活的功能，有商业的功能，有文化的功能，还有行政和政治的功能。哪些功能直接和居民的生活密切相关呢？我想就业和生活的功能是第一位的，其他的则是服务性的功能，也是辅助的功能。如果这个功能被摆正了位置，也许城市就会更为方便一些。

其次要从我国的国情出发，不要超越发展阶段，去盲目地建立不方便的所谓生态和宜居城市。当然，近些年一些城市也提出了建立国际性大都市的口号，其实都是一脉相承的。城市自有城市的发展规律，城市也决不能超越自己的发展进程。否则，会丧失了就业，丧失了人口的聚集，丧失了城市的服务业，丧失了城市的人气，而且还会带来城市的严重债务。当一些城市的负责人提出生态的目标时，实际上就是要加大城市的建设成本，降低城市的土地利用率。成本增加意味着债务的增加，意味着要平摊在管理成本和税收上，实际也就在降低城市的竞争力。

再次要考虑到未来的城镇化进程，要建立开放性的城市发展观。城市的成本的提高，城市向生态城市迈进，自然就要排斥新增人口。因为越来越多的农民进城，一定会和生态宜居的目标相悖。那也就意味着，城市一定要向外来人口关上大门。其实，城市发展到今天，越开放的城市越具有活力。开放就意味着城市要为所有进城就业和生活的人提供方便，只有这样才能提高人气，才能增加商气，才能改善城市的人口结构，才能早日在实质上加快我国的城镇化进程。

还有就是要把增加就业作为城市发展的重要目标或者是主要目标。就业直接关系到居民的生存能力。城市方便了，人口聚集了，自然会创造出新的就业需求，特别是创造出服务业的就业需求。如果考虑到就业，就要增加城市的容积率，增加城市的人口密度，给服务业的发展留出十分紧凑的空间，增加服务业发展的规模效益。据研究，城市发展到一定阶段，服务业的就业比重要远远超出工业。而服务业的发展恰恰依赖于一个方便的城市发展观。

让城市生活更方便，看起来很简单的道理，真正落实非常之难。毕竟在中国，"官本位"体制还在发挥着潜移默化的影响，短期行为和政绩观无时无刻不在城市的管理者头脑中发挥着作用。当然，不可否认，我们对于城市的理解，对于城镇化的理解，确实还面临着知识短缺的问题。我们只看到了一些发达国家表面的一面，反而忽视了其他国家或者其他城市已经走过的历程，其实是方便和低成本并行的过程。而这一过程不见得都展现出美好的一面，也许伴随着许多城市弊病的出现。但是，这是城市发展的必然规律，也正是在城市提供的各种方便中，城市开始聚集了人口，开始聚集了人气，开始逐步兴旺起来。之后就是政府不断地完善和改造的过程。

如果城市管理者的观念转变了，如果我们关于城市的方便的理念深入人心了，我们就不会再看到一些所谓的形象工程，我们也会把政府的工作中心转变到为居民的切实服务方面上来。那么，城市的形态、景观、公共设施肯定是应该更加实用，逐步随着城市的发展变成了"中看又中用"的城市，也就是方便而干净的城市。

（李铁，国家发改委城市和小城镇改革发展中心主任）

生态城市规划的理念与实践

——以中新天津生态城总体规划为例

杨保军　董　珂

阐述对生态概念的理解，指出中新天津生态城的示范意义，采用了"先底后图"的规划方法和生态主导型规划方法，从公共政策、平面布局理念、控制导则3个层面突出"生态"的主导地位，在"自然生态格局、用地布局模式、绿色交通理念、生态社区模式、文化保护理念、水资源利用理念和能源利用理念"7个方面总结平面布局理念的创新点。

一、前言

当前，我国的经济实力显著增强，但是长期形成的结构性矛盾和粗放型增长方式尚未根本改变，突出表现在对生态环境、土地、水资源、能源的低效率使用，以及对自然和人文历史景观的不同程度破坏；同时城乡居民收入分配差距拉大趋势还未根本扭转，统筹兼顾各方面利益难度加大。在资源紧缺、环境恶化、社会矛盾日益凸显的背景下，党的十七大报告适时提出了"建设生态文明"的目标。

生态文明的崛起是一场涉及生产方式、生活方式和价值观念的世界性革命。我国在现阶段提出"建设生态文明"不仅必要而且及时，它标志着我国的社会主义建设已从初期的以生产要素和投资驱动为特征的外延式、资源过度消耗型模式逐步转变为以创新和财富驱动为特征的，经济、社会、环境协调发展的内涵式、技术提升型模式。它是我国社会经济发展走向成熟阶段的必经之路，也体现了"以人为本"这一核心要义。

在这样的宏观政策背景下，国内出现了若干"生态城"的规划建设尝试，中新天津生态城就是其中影响和规模较大、启动较快的一个。

按照新加坡方面的设想，生态城应体现"三和"、"三能"。即：人与人和谐共存、人与经济活动和谐共存、人与环境和谐共存，能复制、能实行、能推广。而吴仪副总理则对生态城建设提出了"四项要求"：一是必须突出资源节约和环境友好型；二是要符合中国有关法律法规和国家政策要求；三是要有利于增强自主创新能力；四是要坚持政企分开。同时，明确了选址的"两条原则"：一是要体现资源约束条件下建设生态城市的示范意义，特别是要以非耕地为主，在水资源缺乏地区；二是要靠近中心城市，依托大城市交通和服务优势，节约基础设施建设成本。

按照上述要求和原则，2007 年 11 月 18 日，温家宝总理与新加坡李显龙总理共同签署了在中国天津建设生态城的框架协定，确定在天津滨海新区建设中新生态城，规划范围面积 34.2 平方千米。

《中新天津生态城总体规划（2008～2020 年）》自 2007 年 11 月开始启动，目前已按法定程序先后通过了各级审查，预计首期建设将于 2008 年 9 月动工。

二、中新天津生态城规划的总体思路

1. "生态"概念的理解

广义地理解"生态"的概念，包含了自然生态、社会生态等多个方面的整体生态，重点是阐述本体与其周边整体环境的共生关系，核心内涵是"关系的和谐"。

①在文化价值理念上，生态意识、生态道德、生态文化成为具有广泛民众基础的文化意识。

②在生产方式上，转变高生产、高消费、高污染的工业化方式，以生态技术为基础实现社会物质生产的生态化，使人类生产劳动具有净化环境、节约和综合利用自然资源的新机制。

③在生活方式上，人们的追求不再是对物质财富的过度享受，而是高质量、低消耗，既满足自身需要又不损害群体生存和其他物种生存的自然环境。

④在社会结构上，生态化渗入到社会结构和整个社会生活的多个方面。

2. 中新天津生态城的意义

首先，中新天津生态城建设具有示范意义。它是在国际和国内社会越来越关注"生态文明"的宏观背景下、由中新两国政府主导、起步较早、规模较大的生态城之一，同时它位于天津滨海新区这个国家综合配套改革试验区之中，具有"先行先试"的作用。规划提出生态城的发展目标是"建设成为国际生态环保技术的策源地、总部基地和引领可持续发展的示范区"。它的顺利建成，将对"生态文明"理念的普及、生态城运作与管理模式的推广具有极为重要的示范意义。

其次，中新天津生态城的规划也具有示范意义。在"建设生态文明"的宏观背景下，生态型规划理念已不仅是规划学科中的一个流派，而且是整个规划理念与方法转型的必然趋势。因此，作为"先行先试"的中新天津生态城规划，对国内外其他地区的规划实践也具有重要的示范意义。

3. 中新天津生态城的规划方法

（1）"先底后图"的规划方法

所谓"先底后图"的规划方法，就是首先根据生态结构完整性和用地适宜性的标准划定禁建、限建、适建、已建的区域，在此基础上再进行建设用地布局。新一轮《城乡规划法》和《城市规划编制办法》中都对此提出了明确要求。

规划采用了层次分析法与地理信息系统叠加结合的方法对规划范围用地进行基于生态因子的适宜性评价，分别对砂土液化区分布、天然地基利用、桩基利用、多年地面沉降累计量分布、地震烈度分布、地下水水位、盐渍化等因子进行了评价和叠加分析。在评价分析结果的基础上，结合蓟运河古河道、污水库缓冲带和廊道宽度限制要求划分禁建区、限建区、可建区和已建区，明确了生态绿地的边界。

以上述环境和土地承载力分析为基础，辅以基于紧凑城市理念、宜居城市理念、就业居住平衡理念的容量分析，规划最终确定生态城的合理人口规模为35万人左右，人均城市建设用地约60平方米，大大低于一般城市的建设用地指标。

（2）生态主导型规划方法

①公共政策层面

规划认为，用地空间布局仅仅是政府公共政策的手段之一，为实现社会、经济、环境协调发展的目标，生态城的建设还需要建立一套符合生态城建设目标的指标体系和配套政策。

指标体系以"经济蓬勃"、"环境友好"、"资源节约"、"社会和谐"作为4个分目标，提出26项指标，其中控制性指标22项，引导性指标4项。指标突出了生态保护与修复、资源节约与重复利用、社会和谐、绿色消费和低碳排放等理念，既体现了先进性，又注重可操作性、可复制性（表1）。

规划提出了涉及经济、社会、环境等多方面的配套政策，具体包括：

产业政策：设定产业准入门槛，禁止生态型产业、高新技术产业和无污染产业以外的产业进入；建立科技创新奖励制度、环保类研发财政投入制度。

公共财税政策：建立面向社会服务的公共财税体系，通过高端产业的引入保障公共财政；试行物业税制度。

住房政策：优化住房资源配置，探索住房制度改革，创新金融、财政等公共政策，建立科学、合理的住房建设和消费模式，形成多层次、多元化的住房供应体系；经济适用房、廉租房建筑面积比例不低于20%，妥善安置原有农村居民，回迁保障率100%，并提供就业保障。

表 1 　　　　　　　　中新天津生态指标（部分）

控制性指标						
指标层		序号	二级指标	单位	指标值	时限
生态环境健康	自然环境良好	1	区内环境空气质量	天数	好于等于二级标准的天数 ≥ 310 天/年（相当于全年的 85%）	即日开始
				天数	SO_2 和 NO_x 好于等于一级标准的天数 ≥ 155 天/年（相当于达到二级标准天数的 50%）	即日开始
		2	区内地表水环境质量		达到《地表水环境质量标准》（G8 3838）现行标准 IV 类水体水质要求	2020 年
		3	水喉水达标率	%	100	即日开始
		4	功能区噪声达标率	%	100	即日开始
		5	单位 GDP 面碳排放强度	吨 – C/百万美元	150	即日开始
		6	自然湿地净损失		0	即日开始
	人工环境协调	7	绿色建筑比例	%	100	即日开始
		8	本地款物指数		≥ 0.7	即日开始
		9	人均公共绿地	m^2/人		即日开始

社会保障政策：完善社会保障体系，注重社会公平，关注弱势群体，健全基本养老、医疗、失业、工伤和生育保险等制度，改革收入分配制度，提高居民福利水平。

公共事业政策：深化教育、卫生事业体制改革，建立符合国际化标准的基础教育、职业教育、高等教育以及医疗卫生保健体系，加强各类设施建设，形成功能完善和特色鲜明的服务网络，为居民提供便利、舒适的公共服务。

教育政策：加强生态科技人才高等教育和外来务工人员职业教育；推进环保普及教育、环保意识教育、绿色消费方式教育。

文化政策：对生态文化教育、创意产业予以政策扶植；对公益性文化设施免收门票或降低门票价格；鼓励开展社区文化、教育普及活动。

交通政策：制定利于绿色交通发展的小汽车拥有与使用政策、停车收费结构与收费方式等相关政策；深化交通投融资体制改革，提升城市绿色交通系统的公益性法律地位，形成政府定期资金投入制度。

环保政策：推行企业污染零排放制度、清洁生产制度、循环经济奖励制度；制定阶梯水价、征收节水税；实施绿色建筑制度。

公众参与政策：建立健全民主参与机制，组建社区居民自治管理网络。

区域协调政策：积极推进跨区域协调机制的形成，统筹区域自然生态格局、产业布局、城镇用地功能布局、公共服务设施布局和市政基础设施建设。

②平面布局理念层面

规划总结了体现生态目标的7大平面布局理念，包括：自然生态格局、用地布局模式、绿色交通、生态社区模式、文化传承、水资源利用和能源利用，这些创新点都体现了"生态"的广义概念，亦即社会、经济、环境的协调发展，以此为依据形成最终的规划方案。

③控制导则层面

规划对生态城产业发展的要求之一是：坚持把自主创新作为转变发展方式的中心环节，积极开发和推广节能减排、节约替代、资源循环利用、生态修复和污染治理等先进适用技术。

作为指导生态城建设的"总体规划"，本项目尚不能对具体的生态工程技术进行更为深入地规划和设计，但是，生态城最能被人所感知、理解和借鉴的"生态特色"却往往体现在这些生态工程的先进适用技术之中，因此，规划有必要采用"控制导则"的形式对下一步详细规划和建筑、市政工程设计提出要求。

规划提出的控制导则包括：道路断面设计、新型交通工具适用、坡地景观处理、绿色建筑、供水工程、排水工程、再生水利用工程、水循环体系构建、能源循环利用等方面。

三、中新天津生态城规划的七大创新

1. 与区域相连通的自然生态格局

规划范围位于蓟运河和永定新河入海口，是七里海湿地连绵区向渤海湾的延续，天津北部蓟县自然保护区、中部湿地自然保护区通往渤海湾的唯一入口。因此，其生态节点功能不可替代。同时，规划范围西侧是北京、天津北部区域共同的泄洪通道，洪泛风险高，应主动预留或扩宽泄洪通道。还应保护候鸟迁徙的通道，保证自然湿地零净损失。同时多建设自然型河道，构建多级的河流廊道系统，保护生物栖息地。

区域的整体生态格局与生态网络是城市生态发展的基础和保障，也是建设一个稳定健康的城市生态系统的前提。规划强调了内部生态结构与区域生态格局网络的衔接，这主要体现在湿地空间与区域湿地空间的联通、水域特征的保存与延续、生态廊道的构建以及城市防洪防暴和大气流动的生态流的控制等。

规划最终形成了以中心水域为核心的放射型、网络式生态格局。

依据景观生态学的原理，理想的生态"斑块"（patch）是接近圆形并保持自然曲线边界的，它应当与向外放射的指状"廊道"（corridor）连接在一起，通过廊道与外部的"基质"（matrix）相连。

中新天津生态城的核心"斑块"被称为"生态核"，是以清净湖（治理后的污水库）、问津洲（现状高尔夫球场，规划宜改为中央公园）组成生态城的开敞绿色核心，发挥"绿肺"功能，为生态城提供优美、宜居的生态环境。

核心"斑块"的边缘被称为"生态链"，是环绕"生态核"的蓟运河故道和两侧缓冲带，以及点缀其间的若干游憩娱乐、文化博览、会议展示功能点，结合健身休闲的自行车专用道形成"绿链"。

中新天津生态城的"廊道"一共有6条，从"生态链"向江海连通，将建设用地划分成尺度适宜的片区。

规划还在指标体系中强化了对自然生态保护的要求，2020年，绿地率达到40%，绿化覆盖率达到50%，人均公共绿地面积大于12平方米。

2. 集约高效的用地布局模式

规划坚持以下准则，以保证环境品质，集约、高效地使用土地资源，进行适度有序的高强度开发，形成紧凑的城市布局。

①组团布局准则：依据步行和非机动车的出行距离，采用组团式布局，通过生态廊道界定组团边界。

②公交引导准则：依托大运量公交系统引导土地开发，沿交通站点

周围适当提高开发强度。

③混合使用准则：充分利用现有地形，综合考虑土地使用、交通组织，通过平面和竖向的合理设计，减少土方挖填，实现高效的土地使用，创造丰富的城市景观。

④公共利益优先准则：保障生态城中心区、滨水区等高价值区域的公共性和开放性。

3. 以人为本的绿色交通理念

绿色交通理念的核心是从"以车为本"到"以人为本"，创建以绿色交通系统为主导的交通发展模式；实现绿色交通系统与土地使用的紧密结合；提高公共交通和慢行交通的出行比例，减少对小汽车的依赖；创建低能耗、低污染、低占地，高效率、高服务品质、有利于社会公平的城市绿色交通发展典范。

与绿色交通相辅相成的重要理念是职住平衡理念。减少机动化出行需求是实现生态城节能减排的重要方式，而尽可能地实现职住平衡是减少出行需求的首要途径。规划在指标体系中要求"就业住房平衡指数≥50%"，这是本规划空间布局的重要理论依据；另一个与绿色交通有关的理念是便捷的生活服务，规划要求步行300米内可到达基层社区中心，步行500米内可到达居住社区中心，80%的各类出行可在3000米范围内完成。

在职住平衡和生活服务便利的基础上，规划要求内部出行中非机动方式不低于70%，公交方式不低于25%，小汽车方式占总出行量10%以下。

规划提出了"促进土地利用与交通的协调发展、建立高品质的公共交通系统、实现慢行交通网络专用、加强机动车需求管理、执行严格的能耗与排放管理标准、推广先进交通管理技术的应用"等6大绿色交通发展策略。

为了实现"以人为本"、贯彻健康环保理念，将非机动车作为最主要的交通出行方式，并将非机动车出行时的外部公共空间环境作为规划重点考虑的内容，建立了一套非机动车专用路系统，包括休闲健身道路（滨河或环湖设置，满足城市居民散步、跑步或骑自行车等休闲健身活动）和通勤道路（城市居民日常非机动方式出行的道路，线型相对顺畅，连通性和便捷性高于机动车网络）。

4. 分级配置的生态社区模式

规划借鉴了新加坡新城建设中的社区规划理念，并与生态型规划和我国社区管理要求相结合，确定了符合示范要求的生态社区模式。

生态社区模式的理念之一就是社区和服务设施的分级配置体系，建立了基层社区（即"细胞"）—居住社区（即"邻里"）—综合片区3级居住社区体系。其中：

①基层社区由约400米×400米的街廓组成，基层社区中心服务半径200～300米，服务人口约8000人，满足社区居民就近获得日常医疗卫生、商业服务的需求。

②居住社区由4个基层社区、约800米×800米的街廓组成，居住社区中心服务半径约500米，服务人口约3万人，主要为居民提供日常医疗卫生、商业服务、文化体育、金融、邮电以及公共管理等服务。

③综合片区由4～5个居住社区组成，结合场地灵活布置。

这种分形结构符合当前最科学的"生成整体论"的哲学思想。即每一个构成系统整体的局部，都包含了整体的特性，局部是整体的表现。

生态社区模式的另外一个理念是绿色交通理念，包括机非分离、P&R模式、TOD模式、机动车车速渐变体系等概念，这也使其从新加坡的新城社区模式演化为生态城的生态社区模式。

5. 多样化的历史文化传承

规划还强调了对既有历史文化的保护与弘扬，突出体现在蓟运河文化的发掘和原有村庄的保护与更新上。

例如，规划对青坨子村肌理和空间格局进行积极地保护利用，通过修缮、整治和更新，改造成为集特色旅游、民俗活动等为一体的综合文化功能区；对五七村进行适度改造，结合景观设计对原有工业构筑物等设施加以利用，保留历史记忆。

6. 节约优化循环的水资源利用

以节水为核心目标，推进水资源的优化配置和循环利用，构建安全、高效、和谐、健康的水系统。利用人工湿地等生态工程设施进行水环境修复，并纳入复合生态系统格局。

水资源利用的主要策略包括：

①节约用水，人均生活用水指标控制在120升/人·日。

②采用非常规水资源，多渠道开发利用再生水、收集利用雨水和淡化海水，非传统水资源利用率不低于50%。

③优化用水结构，合理配置水资源，实行分质供水，提高水资源利用率。

④建立水体循环系统，加强水生态修复与重建，加强地表水源涵养，建设良好的水生态环境。

规划还编制了再生水利用工程规划，再生水主要用于建筑杂用（冲厕）、市政浇洒以及区内地表水系补水，剩余水量用于周边地区用水需求。

7. 低耗高效可再生的能源利用

能源利用的目标是促进能源节约，提高能源利用效率，优化能源结构，构建安全、高效、可持续的能源供应系统。能源利用的主要策略包括：

①降低能源消耗，充分利用新能源技术、绿色建筑技术及绿色交通技术，并加强能源梯级利用，增强居民节能意识，提高能源使用效率。

②优先发展可再生能源，形成与常规能源相互衔接、相互补充的能源利用模式。可再生能源使用率不低于15%。

③促进高品质能源的使用，禁止使用非清洁煤、低质燃油等高污染燃料，减少对环境的影响。清洁能源使用比例为100%。

对各种能源的利用方式包括：

①太阳能利用：利用太阳能热水系统为居民提供生活热水，全年太阳能热水供热量占生活热水总供热量的比例不低于60%；在技术经济条件许可的情况下，鼓励发展太阳能光伏发电；可在主要道路敷设路面太阳能收集系统，用于建筑供暖和制冷。

②风能利用：可利用风电建筑一体化技术为建筑供电，远期可利用外围风力发电厂为生态城供电。

③地热能利用：分散供热区内优先利用地热为建筑供热，地热占全

部采暖供热量的比例不小于 8%。

④能源综合利用：可采用热泵回收余热、热电冷三联供以及路面太阳能利用等技术并合理耦合，实现对能源的综合利用。

四、中新天津生态城规划的学术价值

在"建设生态文明"的宏观背景下，生态规划理念已不仅是规划学科中的一个流派，而是整个规划理念与方法转型的必然趋势。

中新天津生态城将是面向世界展示经济蓬勃、资源节约、环境友好、社会和谐的新型城市典范，它将为今后国内外更多的生态城市建设与管理提供宝贵的经验和教训。

中新天津生态城规划以广义的"生态"概念为基础，立足特有环境资源约束条件，借鉴了国际先进理念、方法和技术，丰富和发展了生态规划理念，形成了"先底后图"的规划方法和生态主导型规划方法。在"生态主导型规划方法"中，从公共政策、平面布局理念、控制导则 3 个层面突出了"生态主导"的规划特色，在"自然生态格局、用地布局模式、绿色交通、生态社区模式、文化传承、水资源利用和能源利用"7 个方面有所创新，形成一套能复制、能实行、能推广的生态规划理念、方法与步骤。

中新天津生态城规划顺应了城市规划学科的发展趋势，并将在国内外城市规划实践中起到重要的示范作用。

（杨保军，中国城市规划设计研究院副院长，总规划师；董珂，天津市城市规划设计研究院规划所主任工程师。原文载于《城市发展研究》，2008 年第 S1 期）

中国城市应走出"生态低碳"误区

郑明媚

苏联生态学家杨·诺斯基（O－Yanit－sky）于 1987 年提出生态城市的发展模式以来，得到了各国的积极响应。生态城市发展也成为国际和国内城市领域的一个研究热点。

讨论和研究生态城市发展的理念、政策和技术。21 世纪以来，环境

问题是全球关注的话题，尤其是发展中国的环境问题，是国际和国内社会共同关心的问题。

2012 年 6 月 12 日，在桂林召开的第七届"中国城市规划与发展大会"上，住建部有关官员指出，全国已有 200 多个地级以上的城市提出要建设生态低碳城市的目标。全国地级以上的行政区单位 332 个，地级市 275 个。从城市数量上看，绝大部分城市已对外宣称要打造中国的低碳城市。"低碳城市"似乎成为当下形容城市最时髦的名词。虽然，仅有的几个城市有一些生态低碳发展的好样板。比如保定市的太阳能之城，上海世博园区从选址、规划到建设和运营都在贯穿低碳理念，以及杭州、无锡等地陆续出台衡量生态低碳城市的标准，这些城市在努力探索生态低碳发展的路径。

可是，我们用了"低碳"的概念，城市真的就在低碳发展吗？真的实现了低碳吗？从全国一些生态城市样板中，并没有找到肯定的答案。北京大学建筑与景观设计学院院长俞孔坚教授称，中国许多城市或陷入生态低碳发展的误区。

主要误区

误区 1：发展生态城市 = 制造城市景观

很多城市提出发展生态城市，就是修广场，建设人工园林，美化大马路，种植昂贵的树种、苗木。有些城市为了美观，甚至把城里的河床都全部水泥硬化。表面上，这些城市似乎美了。实际上，这些做法并没有实现低碳发展，反而一定程度上会增加碳排放。

误区 2：生态城市 = 建生态新城

全国 20 多个城市提出要打造某某生态新城，包括天津、广州、青岛、宁波、铜陵等各类大、中、小城市都在提倡建设生态新城。许多城市提出打造生态城市口号，实际上是在建设生态新区，这些新区与老区距离较远，与旧城的相关设施保持分离的状态，他们是一个封闭的"生态王国"，与旧城、与这座城市的文脉甚至与市民隔绝开来。表面上看，生态新城比旧城更美了、更现代了，实际上他们正在远离城市最有活力的城市市民、城市文化。一件华丽的衣服、一副空洞的外表，能让人感觉到他们的美丽和魅力吗？

误区 3：生态城市 = 高技术投入

2012 年 5 月 30 日，北京京交会国际智能城市大会上，参会学者和一些公司负责人提出生态城市建设许多可以运用和值得改进的技术。一提到生态城市，建设低碳城市，我们一些城市就忙于上项目，追求技术的新颖、奇特。许多城市选择修建高标准的绿化设施，修建高标准的垃圾和污水处理设施，引进先进的技术装备，并不认真评估设备和技术的应用成本。上海世博会上展示的垃圾气力输送系统由于技术新颖很快得到国内多个低碳生态城市的青睐。有些城市动辄投入数亿元搞相关技术改造和设备引进，因为应用成本过高，导致许多场地和设施闲置甚至废弃。也有一些开发商，把生态与低碳作为城市住宅的开发理念，把一些环保节能材料用于新型建筑中，建筑成本大幅度提升。说到成本，恐怕 200 多个提出建设生态城市的市长们并没有仔细评估生态低碳城市建设需要投入的资金量。

关于生态低碳城市的再思考

生态低碳城市，到现在没有一个公认且通俗易懂的定义。中国城市和小城镇改革发展中心主任李铁认为，在不同的发展阶段应该有不同标准来定义的生态低碳城市。中国城市规划设计研究院副院长杨保军说，生态城市应该是一个自然、经济与社会共生的城市。

美国伊利诺伊大学终身教授张庭伟日前在广西桂林接受城市中国网专访时说到，生态低碳的城市是为了追求一个美的城市。何为美？自然朴素谓之美，自然和谐共生谓之美，人与社会和谐发展谓之美。一个生态低碳的城市，首先要尊重自然，尊重城市文脉，尊重人的生存环境。

俞孔坚教授强调，城市的生态与低碳发展，首先应该想到一个免费的生态和低碳的维护系统，那就是大自然。大自然是最美的、价格最低廉的生态保持系统，也是吸附碳排放最好的系统。

社会的主要财富是城市创造的，而创造这些财富最核心的主体是生活在城市里的人，我们发展生态和低碳的城市，要考虑到大部分城市人，而不是小部分人群。

生态和低碳的城市，必须是一个健康的城市，而不应是一个病态的城市。健康的城市本身是功能完善的。新加坡前城市建设局局长刘太格 3

月 24 日在上海接受城市中国网专访时说，如同一个人一样，身体健康的人，本身就会从内而外散发出一种朴素美，略加修饰打扮能让人感到很美；而身体不健康，无论怎么打扮也很难让人感到美。城市功能完善是一个系统工程，很多包括中国城市在内的一些城市政府把完善城市功能理解为做城市形象工程。这些形象工程可能最后并没有让他们的功能得到很好地发挥。城市是让在这里就业、居住生活的人建设的，应该让城市的功能完善，让这些人在城市中便利、舒适地就业和生活。

生态和低碳的城市，必须是让所有市民住得起、消费得起的城市。无论是在 2012 年 3 月 25 日上海中国城镇化高层（国际）论坛上，还是在 5 月 3 日中欧城镇化高层会议上，以及在 5 月 30 日北京京交会国际城市智能大会上，国际社会众多的企业、开发者都在给中国的城市管理者倡导绿色、低碳和环保技术的应用和普及。基础设施的投入和建设可以一次性投入完成建设，可是后期的维护却需要众多家庭、众多的民众来支付，目前很多的绿色和低碳设施和技术应用成本都比较高。在京交会上，城市中国网专访了中电联合会的管理人员，他们提出欧洲现在普遍推广的"被动式节能"、家庭太阳能发电装置等都需要支付昂贵的成本，德国弗莱堡被动节能房成本比普通房高出 15% 左右（德国弗莱堡在微博上公开的数据），在国内安装符合普通家庭所有装置的发电装置可能需要 3 万多元。按照我们市民现在的收入标准，这个成本普通家庭很难承受。

生态低碳的城市是可持续发展的城市。城市发展对能源、资源的需求和消耗是巨大的，特别是一些城市政府兴建大开发区、大广场、宽马路、大草坪，消耗了大量的能源，占用了大量的土地资源、水资源。俞孔坚教授提到，中国有 10% 的土地为优质土地，这些土地在平原，土壤、水等耕种条件较好，有 90% 的土地不适宜耕作，如果我们把城市建设在这 90% 的土地上，我们就完全能保证全国的粮食生产的土地需求。可是偏偏 90% 的城市都是建设在这适宜耕种的 10% 的土地上的。很多城市热衷于种草坪，提高绿化覆盖率，可是草坪灌溉需要大量的水，据测算，一平方米草坪年灌溉需用水 1 吨左右。对于北方干旱缺水的城市，种草坪是严重浪费水资源的发展方式。截至目前，中国各城市工业园区数量达 6000 多个，国家和省级开发区土地面积 1.5 万平方公里，这些工业园区90%以上都属于低密度、低容积率的建筑形式。珍惜能源、节约资源的城市，如同张庭伟在第七届城市发展与规划大会上发言时讲到的，创造条件让子孙能实现持久发展，才是城市追求的生态、低碳发展的最终目标。

中国的城市怎样走出误区？

全球都没有一个实现零排放的城市，发展生态低碳城市，中国与世界上其他国家的城市一样，都属于探索阶段。只是发达国家城市化比我们更成熟，技术研发得更早、资源更加丰富、人口更少，所以在一些小城市里，倡导并实施生态低碳的理念、应用高科技、环保节能材料更加容易。比如瑞典的哈马比市，是一个只有3万人的富裕城市，在推行生态低碳的城市发展理念中，城市政府和市民都支持，都能承担得起这些高投入。而很多城市，特别是人口众多的城市，像哈马比这样的生态低碳的发展模式还很少见。不同的阶段，我们对待城市实现生态低碳发展的标准和路径应该不同。中国是发展中国家，不宜照抄照搬欧洲甚至美国的经验，还是应该立足于国情、立足于市情、立足于本地居民的意愿和未来，发展符合中国实际的生态低碳城市。

鼓励各地政府走出去，借鉴国际国内众多城市的经验。中国的城市化，用30年走完了发达国家200年的历程，速度惊人。避免走弯路，还是应多取经。如同张庭伟教授在专访中提到的，中国的城市官员应向发达国家学习，应更多地学习其他国家发展生态低碳城市的机理而不是具体的作法或是某一项政策，因为中国的制度跟国外的制度是不同的。比如，欧洲很多城市会选择种草坪，那是因为欧洲大部分地区属于温带海洋性气候，温和多雨，适宜草和植被生长，草坪种植在欧洲的灌溉成本很低。而种草提高绿化率的方式却不能轻易就搬到中国的各个城市中。中国地域范围大，东、中、西部地区的城市发展也可以相互借鉴好的经验，避免重走一些弯路。

充分挖掘中国传统和优秀的文化，了解本地大自然赋予的禀赋和优势。俞孔坚教授提到，很多城市在提倡节能减排，这是一件好事。可是大家都知道减排很重要，却忽视了吸收已排出的二氧化碳同样很重要。吸收碳最好的主体就是大自然，不需要花费任何成本。例如雨水排涝，我们可以充分利用大自然这个绿色设施，而不能仅仅依靠人工这种"灰色"设施，要充分利用土地的自净能力，让草坪修建地低于路面，通过简易的技术改造，土壤吸收不了的雨水能在地下储存起来，争取用小低碳解决大问题。观念转变了，还需要充分了解当地的自然禀赋和人文资源，政府和市场可以筹备的资金，以及充分估量生态低碳需要投入的成本，通过比较和平衡测算，制定出可比较的方案才能让城市真正走上可持续发展的道路。

借助规划和相关的政策，共同推动城市生态低碳的发展。国际上很多发展中国家的城市在经济快速增长时期容易陷入盲目发展的困境，认为国际上最发达地区的规划和设计一定是最好的、最生态和最低碳的，实际上并不是如此。巴西利亚市聘请了国际的知名规划师、建筑师重新规划和建设，而众多的规划大师、城市发展专家看来，巴西利亚并不成功甚至是失败的城市规划和设计的案例。国际上最新、最奇特的技术或产品搬到中国城市中并不一定换来最美的视觉效果和心理认可。俞孔坚教授提出，还是应从国家层面、地方层面双管齐下来抓生态低碳的发展，要抓住大江大河的生态建设工程。地方城市在规划中要尊重大自然，不要盲目修建大量矫揉造作华而无实的形象工程。

市场配置与政府调控相结合，让市民积极参与到生态低碳的发展中来。一个城市要实现低碳生态的发展方式，少不了市民的身体力行。一个城市不能光为了富人而建，也不会仅为穷人而建，而是需要为所有的市民而建。市民的收入是多层次的，对生态低碳的理解和要求也是多层次的，政府应根据市民的收入水平制定相应的发展策略。国际上很多发达国家，比如美国和欧洲，国家和地方都会制定一定的支持政策，鼓励市民选择低碳生态的居住、生活方式。但是富人和一般的市民对新技术、新理念的接受程度并不是一样的，无论是富人还是穷人都应该有选择的权利，政府应该为他们提供多种选择方案。鼓励市场力量参与，通过减税、补贴等方式，吸引社会资金参与低碳生态的发展。

（郑明媚，国家发改委城市和小城镇改革发展中心战略策划部副主任）